U0604392

权威·前沿·原创

皮书系列为
"十二五"国家重点图书出版规划项目

广州蓝皮书

BLUE BOOK OF GUANGZHOU

广州市社会科学院／编

广州农村发展报告
（2015）

ANNUAL REPORT ON GUANGZHOU'S RURAL DEVELOPMENT
(2015)

主　　编／朱名宏
副 主 编／郭艳华　张　强

社会科学文献出版社
SOCIAL SCIENCES ACADEMIC PRESS (CHINA)

图书在版编目（CIP）数据

广州农村发展报告. 2015/朱名宏主编. —北京：社会科学文献
出版社，2015.8
　（广州蓝皮书）
　ISBN 978 - 7 - 5097 - 7864 - 7

　Ⅰ. ①广…　Ⅱ. ①朱…　Ⅲ. ①农村经济发展 - 研究报告 -
广州市 - 2015　Ⅳ. ①F327. 651

　中国版本图书馆 CIP 数据核字（2015）第 173326 号

广州蓝皮书

广州农村发展报告（2015）

主　　编／朱名宏
副 主 编／郭艳华　张　强

出 版 人／谢寿光
项目统筹／丁　凡
责任编辑／丁　凡

出　　　版／社会科学文献出版社·皮书出版分社（010）59367127
　　　　　　地址：北京市北三环中路甲 29 号院华龙大厦　邮编：100029
　　　　　　网址：www. ssap. com. cn
发　　　行／市场营销中心（010）59367081　59367090
　　　　　　读者服务中心（010）59367028
印　　　装／北京季蜂印刷有限公司

规　　　格／开本：787mm × 1092mm　1/16
　　　　　　印张：19　字数：288 千字
版　　　次／2015 年 8 月第 1 版　2015 年 8 月第 1 次印刷
书　　　号／ISBN 978 - 7 - 5097 - 7864 - 7
定　　　价／69. 00 元

皮书序列号／B - 2010 - 143

广州农村蓝皮书编委会

主要编撰者简介

朱名宏　男，1960 年生，广西藤县人。现为广州市社会科学院党组副书记，经济学研究员。美国加州州立大学访问学者，广州市优秀中青年社会科学工作者，广州市人民政府决策咨询专家，广东省政府发展研究中心特约研究员，广东经济学会理事。在《世界经济文汇》《上海经济》《西华师范大学学报》《广东科技》等期刊发表论文 100 余篇。先后出版了《人才激变：现代人力资源开发机制》《世界跨国公司经营模式》《奇迹的产生：中国农村经济体制改革的聚焦与透析》《广州建设华南汽车产业基地研究》《广州经济蓝皮书》《广州农村发展报告》等著作。获得国家人事部、省政府发展研究中心和广州市优秀成果奖等奖项 5 项，其中《人才激变：现代人力资源开发机制》获国家人事部第四次全国人事科研成果三等奖。

郭艳华　女，1964 年生，辽宁朝阳市人。现任广州市社会科学院经济研究所所长、农村研究中心研究员。2006 年，被广州市委、市政府授予广州市优秀中青年哲学社会科学工作者荣誉称号；2009 年，分别被市委宣传部和省委宣传部列为千百十优秀人才第二层次和第三层次培养对象；2010 年，被广州市总工会授予"五一巾帼英雄"（个人奖）荣誉称号。出版学术著作 6 部，发表专业学术论文 90 多篇，先后主持完成广东省、广州市社科规划课题，广东省、广州市软科学课题，广州市社会科学重大招标课题，以及广东省、广州市有关部门及企事业单位委托的各类研究课题 50 多项，共有 12 项成果获得社科成果政府奖。

张　强　男，1971 年生，新疆昌吉州人。现任广州市社会科学院经济研究所副所长，副研究员；广州市政协委员。广州市服务业引导资金、市科技软科学研究项目、市财政专项等评审专家库成员。参与《关于加快广州现代服务业发展的决定》《广州现代服务业综合改革与创新试点申报方案》等政府文件的起草。主持省、市、区等各级各类应用性研究课题 50 多项，共出版著作 10 多部，公开发表论文 30 多篇，获省、市级政府颁发的优秀成果奖励 12 项。

摘　要

习近平总书记强调，小康不小康，关键看老乡。从广州工业现代化的发展进程来看，广州农业还是"四化同步"的短板，因此，在广州经济社会发展进入新常态，"三农"发展的内外部环境条件不断发生变化的新形势下，"三农"工作依然重要，对广州加快实现新型城市化意义重大。

本书由四部分组成。

第一部分是总报告，在回顾和总结 2014 年广州农村发展取得成效的基础上，分析了农村发展存在的主要问题，对 2015 年农村发展形势进行判断，提出 2015 年广州农村加快发展的对策措施。

第二部分是改革发展篇。主要就促进广州城乡要素平等交换、广州市农业转移人口市民化的成本测算与分析、广州发展家庭农场、建制镇经济社会发展、农村社会管理、村级集体经济和公益事业发展等问题进行研究。

第三部分是专题研究篇。主要就实施食品安全战略、壮大广州本土乳业发展、发达国家农产品食品安全监管、广州农产品质量安全可追溯体系发展、广州市农村住宅建设与管理、农村基层治理机制、农村地区校车管理等进行研究。

第四部分是调查分析篇。主要就广州市农村常住居民家庭收支情况、广州市农业生产情况、广州市北部山区农村居民收入和消费情况、广州市贫困地区农民收支情况等问题进行分析研究。

关键词： 广州　农村　发展

Abstracts

General Secretary Xi Jinping stressed that the key to judge whether an area is fairly well-off is to look at the situation the fellow villagers. In the course of the industrial modernization of Guangzhou the short board of the synchronization of the four modernizations is still the agriculture. Therefore with the entrance into new normal of the economic and social development of Guangzhou and under the new situation that both the internal and external environment of the development of the *San Nong* (i. e the problems of the countryside, the peasants and the agriculture) keeps changing the work of *San Nong* is still very important. It is of great significance to quickening the step of building Guangzhou up into a city of new pattern.

The Development Report of Guangzhou 2015 consists of 4 chapters. The first chapter is the general reports. After a review and summary of the general achievements of the work of the countryside of Guangzhou in 2014, the reports make analyses of the main problems in the countryside development, form a judgement on the situation of the countryside development and put forward plans and measures to quicken the countryside development of Guangzhou in 2015.

The second chapter is the reform and development reports. The articles mainly include issues about promotion of equal exchange of essential factors between the rural and urban areas of Guangzhou, the cost estimates on and analysis on the urbanization of the moving agricultural population into the city, the development of family farms, the economic and social development of governance towns, the social development of the countryside, the development of village collective economy and public welfare establishments, etc.

The third chapter is the articles of special study. The articles are about the study of the execution of food safety strategy, how to promote the local milk industry of Guangzhou, the main experience of advanced countries in agricultural food product safety supervision and their enlightenment to Guangzhou, the development of the traceable agricultural product quality and safety system, the construction of the countryside houses and administration of Guangzhou, the governance system of the countryside grassroots, the ideas and suggestions for the administration of school buses in the countryside, etc.

The fourth chapter is the articles of investigation and analysis. They are mainly the analysis and study of the family income and expenditure of the permanent rural residents of Guangzhou, the agricultural production situation of Guangzhou, the income and expenditure situation of the rural inhabitants in the north mountainous areas of Guangzhou, the income and expenditure situation of the peasants in the poor areas of Guangzhou.

Keywords: Guangzhou; Rural; Development

目　录

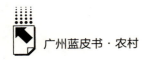
B Ⅲ 专题研究篇

B Ⅳ 调查分析篇

B Ⅴ 附 录

皮书数据库阅读**使用指南**

CONTENTS

B I   General Report

B II   Articles of Reform and Development

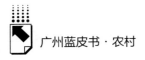
BⅢ Articles of Special Study

BIV Articles of Investigations and Analysis

BV Appendix

总 报 告

General Report

B.1

2014年广州农村发展形势分析与
2015年发展预测

广州市社会科学院课题组*

摘　要：　2014年广州农村取得的总体成效有：农业综合生产能力不
断提升，现代农业园区与基地建设加快推进，现代农业经营
主体持续发展，农产品质量安全水平稳步提升，农村扶贫开
发与新农村建设取得新成效，海洋经济管理服务进一步加
强。广州农村发展存在的主要问题：农业现代化基础比较薄
弱，农村资源环境约束加剧，农民持续增收难度加大，农村
环境卫生不容乐观，农村基层治理有待提高。对2015年广

*　课题组成员：朱名宏，广州市社会科学院党组副书记、研究员；郭艳华，广州市社会科学院
经济研究所所长，广州市社会科学院农村研究中心研究员；张强，广州市社会科学院经济研
究所副所长、副研究员。执笔：郭艳华。

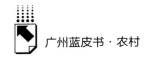

州农村发展形势的判断是：农业增幅保持稳定增长态势，农村改革发展进入全面深化期，挑战巨大，转变发展方式仍是农业发展的主线，绿色循环低碳农业发展前景广阔，增城撤市设区将有利于加快形成城乡一体化新格局，都市型现代农业将稳步发展。采取的对策措施是：加快推进广州农业现代化，促进农民持续增产增收，进一步深化农村改革，加强农村生态文明建设步伐，有序推进新农村建设和新型城镇化发展，大力发展都市型现代农业，推动农村各项事业全面上台阶。

关键词： 广州　农村发展　形势分析　对策建议

一　2014年广州农村发展的主要成效

长期以来，广州市委、市政府高度重视农业农村的基础性地位和作用，千方百计推动农业增产、农民增收和农村发展。广州市各级涉农部门认真贯彻落实上级和市委、市政府决策部署，有效推动农业农村经济保持平稳发展的良好势头。

（一）农业综合生产能力不断提升

一是农业生产能力增强。2014年全年实现农业总产值396亿元，同比增长1%；农业增加值237.52亿元，增长1.8%。粮食、花卉以及菜、鱼、禽、蛋、奶等"菜篮子"产品产量稳步增长或与上年基本持平，水果增产显著。粮食考评任务顺利完成，"菜篮子"主要产品自主供应率稳步提升。建设了21.3万亩高标准农田。新增申报5家省级农业龙头企业，专业合作社突破1000家。全年保持重大农产品质量安全"零事故"，农业科技进步贡献率达到61%。在省内率先开展家禽"集中屠宰、冷链配送、生鲜上市"试点。累计认定85家市外供穗生猪基地。

二是农民收入福利持续增长。农民年人均可支配收入达17663元，增长10.3%。农村平均低保标准达到577元/月，"五保"供养标准达到1304元/月。城乡居民基础养老金达到165元/月，平均养老金达到574元/月。落实市内农村扶贫资金4.74亿元，2560户贫困户提前达到新一轮脱贫标准，改造农村泥砖房、危房9000户。

三是新农村建设扎实推进。完成村"两委"换届选举，基本完成村庄规划。扎实建设27个美丽乡村和3个名镇、41个名村，新增认定25条市级观光休闲农业示范村。全面完成农村自来水改造工作，农村生活污水处理率达到44%。新增10万亩省级以上生态公益林。累计建成132条精神文明示范村，4个村镇入选第四届全国文明村镇。

（二）现代农业园区与基地建设加快推进

一是推动现代农业园区发展。继续采取竞争分配的办法，安排市级财政项目9个、资金4100多万元扶持市级现代农业园区规划建设。从化万亩花卉现代农业示范区等8个市级现代农业园区建成面积达到10.9万亩，引进各类农业企业534家。从化市成为省级现代农业示范区。白云水乡花田生态示范区、增城石滩万亩农业产业园等区级农业园区初具规模。

二是加强"米袋子""菜篮子"生产基地建设。4个国家级粮食高产示范核心区实现亩单产500公斤以上。重点蔬菜基地、专业村建成标准化菜田5520亩、大棚及喷滴灌设施2064亩。加强规模化生猪养殖场规划建设，在建年出栏10万头以上的生猪养殖场3个、年出栏3万头的1个。从化年产3万吨鲜奶的现代化奶牛场项目建设稳步推进。累计建成19家"农业部水产健康养殖示范场"。

三是开展市外"菜篮子"基地认定。分别与3省7市签订了农业合作协议。重点开展了对定点供穗生猪基地的认定、核查和补贴等工作。2014年有21个定点基地供穗生猪106万头，比2013年增加79万头，其中直接进入屠宰场的有85万头。

四是加强农田基础设施建设。安排资金1.5亿元，扶持标准化改造6.5

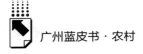

万亩农田和 0.61 万亩鱼塘。配合国土部门做好高标准农田建设规划、落实和验收等工作。

（三）现代农业经营主体持续发展

新增 5 家农业企业申报省重点农业龙头企业，总数将达到 28 家，农民专业合作社总数达到 1027 家，新增 197 家，其中市级以上示范社总数达到 60 家，新增 1 家国家级示范社和 6 家市级示范社，省级示范社约占全省总量的 1/10。

一是坚持完善扶持制度。修改完善《广州市农民专业合作社示范社评定及监测暂行办法》和《广州市农业龙头企业认定和运行监测管理办法》，开展了示范社评选和龙头企业认定活动，示范带动现代农业经营主体发展。

二是坚持推动金融服务。指导农业企业、合作社牵头成立了 2 家农村资金互助合作社，其中增城福享资金互助社是全国首家以农业龙头企业为主发起的资金互助社。推进农业保险，新开展了马铃薯等 5 个品种的政策性保险工作。组织农业企业参加上市系列培训，指导 5 家企业进入上市改制阶段。推广"政银保"合作农业贷款，组织全市农民专业合作社申报省"政银保"项目 800 多万元。完善贷款贴息办法，全年为 45 家农业企业、合作社提供贷款贴息和担保贷款贴息共 2300 万元。

三是坚持加强农业科技服务。2014 年全市新引进、展示农业新品种 1027 个，举办 130 期培训班，培训了 8000 名新型农民和 3000 名专业村农民。扶持农户购置农业机械 9300 多台（套），建设大棚、喷淋喷灌设施近 7100 亩。市属农业科研院所选育 14 个新品种、累计 170 个品种通过省审定，约占全省新品种审定总数的 30%，并有 1 个科研项目首次获得省科学技术奖一等奖。

四是坚持做好宣传与合作服务。成功举办 2014 年广州农产品博览会，共组织 101 家农业企业、合作社参展。大力推进与梅州、清远等市的农业交流合作和产业帮扶，组织三地近 220 家农业企业开展农业项目产销合作。积极组织参加中国农交会等农业展会和各类农业招商引资活动。

（四）农村集体"三资"管理服务平台建设初见成效

一是形成市、区、镇（街）三级农村集体资产管理交易平台体系。平台建设分市、区、镇（街）三个层面。市的层面主要负责农村集体经济有关信息的公开和监管、通报。区、镇（街）的层面普遍建立农村集体资产交易的管理机构和服务机构，其中交易管理机构设立在区、镇（街）两级，分别由区、镇（街）农业行政主管部门承担管理任务。各交易服务机构根据各区实际，采取"区交易平台＋联社交易站""镇（街）交易平台＋村/联社交易站""独立联社级交易站"三种模式运行。

二是初步建立了"三资"管理制度体系。先后起草、印发了《广州市农村集体资产交易管理办法》《广州市农村集体三资责任追究制度》《关于加快推进农村集体"三资"交易平台建设的实施意见》《广州市农村"三资"监管暨廉情预警信息平台建设指引》等文件，确保平台建设和交易的顺利进行，初步建立广州市农村集体资产交易管理的制度体系。

三是建立农村集体经济组织成员信息数据库。建立了包括村两委成员、党员、户代表、村民代表等在内的40万村民的个人信息和手机信息数据库，不定期推送农村集体党务、事务、财务和资产交易信息，确保信息公开及时、有效。

截至2014年底，全市已投入农村集体资产管理交易平台建设资金2825万元，配备人员1521人，建成交易平台308个（其中，区级5个，镇、街级62个，村联社241个）。交易平台的镇街覆盖率达97.69%，处于全省领先水平。目前，已在全市所有存在集体资产交易的区、镇（街）设立农村集体资产交易或管理机构。全市农村集体资产交易平台累计成交1.68万宗交易，成交金额187亿元，溢价率达到33.9%。

（五）农产品质量安全水平稳步提升

2014年广州市本地生产的农产品没有发生重大质量安全事故和重大动植物疫情，全市抽样检测农产品135万份，总体合格率99.9%。

一是完善农产品质量安全监管机制。落实了量化分级监管目标责任制。

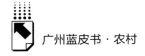

扶持从化农产品质检机构通过省级认证。新增 11 个农产品质量安全监测单位，累计建成 121 个监测点。

二是坚持做好动植物疫病防控。积极做好家禽 H7N9 防控工作，督促活禽批发交易市场、家禽饲养场落实休市制度和封闭式管理制度。做好从化无疫区的管理和维护工作，继续保持无疫状态。重大动物疫病强制免疫密度常年维持 100%。广州市动物防疫监督所实验室成功通过中国合格评定国家认可委员会认可；动物疫病预警联防区域扩大到 6 个地级市。

三是推进畜禽集中屠宰管理。配合市食品安全办在全省率先实行家禽"集中屠宰、冷链配送、冰鲜上市"试点工作，牵头制定了家禽屠宰企业准入、企业监管等制度，确定了 7 家试点家禽屠宰企业，设计屠宰能力可达到每天 41.5 万只。明确了第一批定点屠宰场点选址建设经营主体，制定了《关于推进牲畜定点屠宰场点建设工作的指导意见》。

四是加强农业面源污染防治。按照国家、省统一部署，完成 3761 个农产品产地土壤重金属普查点的样本采集。设立耕地土壤质量监测点 104 个，完成白云区等 7 个区耕地土壤监测报告。新增频振式杀虫灯 800 台，累计安装使用达 6000 台，覆盖面积 25.55 万亩（约为常用菜地面积的 50%）。组织番禺等 5 个区开展国家级测土配方施肥项目，应用面积达到 22 万亩。支持规模化畜禽养殖场建设大中型沼气工程 276 项。预计全市化学农药、化肥施用量均可减少 3% 以上，规模化畜禽养殖场废弃物资源化利用率可达到 85% 以上。

五是严格抓好农业执法。开展了 6 个农产品和农业投入品治理专项行动，坚持做好日常抽检、巡查工作。全市农业部门共出动执法人员 10.8 万人次，检查生产经营单位 3.9 万家次，立案查处违法生产经营 346 起，处理违法捕捞案件 160 宗，销毁问题蔬菜 5.2 吨、问题生猪 510 头、假冒伪劣农药产品 18.33 吨，查获私宰猪 541 头，取缔私宰窝点 32 个，移送公安机关案件 18 宗，涉案人员 20 人。

（六）农村扶贫开发与新农村建设取得新成效

2014 年已有 2560 户贫困户提前达到新的脱贫标准，占全市有劳动能力贫困户总数的68.5%。全市新建成一批美丽乡村试点和观光休闲农业示范村。

一是加强投入、土地等政策支持。落实市本级财政农村扶贫开发专项资金4.74亿元，其中扶贫"双到"工作1.125亿元。建立资金全程监管机制，做到资金到项目、管理到项目、核算到项目、检查到项目。强化地方主体责任，下放扶贫项目审批权限到区（县级市）。协调安排8个山区镇和从化"一镇三街"、增城新镇各100亩年度建设用地指标。

二是抓好产业就业帮扶。支持花都、从化、增城三地规划建设工业园扶贫标准厂房，以厂房租金作为贫困村集体经济收入来源。免费培训北部山区8个镇劳动力2815人，转移就业11066人。成功组织784名北部山区贫困户子女参加公交车、出租车驾驶技能专项培训。

三是落实民生帮扶。协调实施城乡学校、医院结对帮扶计划，选派优秀教师、医务人员支持北部山区镇。完成农村泥砖房和危房改造9000多户，农村低收入住房困难户住房改造6952套。全面完成农村自来水改造工作，其中北部山区镇共惠及108个自然村（社）1.69万人。

四是加强新农村建设。因地制宜发展观光休闲农业。全市新增认定25条市级观光休闲农业示范村、22家市级观光休闲农业示范园或特色农庄。良口镇、派潭镇被评为省休闲农业与乡村旅游示范镇。配合建成第二批市级美丽乡村试点27个、名镇名村创建点共3个镇41个村。

（七）海洋经济管理服务进一步加强

一是支持南沙新区发展。积极向省争取海域、海岛使用审批权限围填海计划指标等政策支持。做好广州港南沙港区三期工程等重点项目用海服务。推动广东（南沙）海洋经济综合试验区建设。指导南沙区做好海岸带综合整治试点。

二是加强用海服务管理。优化海域使用权续期审批工作流程，集中审核项目22个，17个项目获市政府批准。以海域监视监测管理系统为基础，启动海洋综合管理系统建设与升级改造。启动广州市海洋功能区划编制、海洋

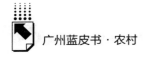

经济发展战略研究项目，开展了大陆海岸线及海岛岸线的测量工作。举办了风暴潮、海浪、海啸以及赤潮灾害应急演练。

三是搭建海洋经济发展平台。海洋高技术产业基地获国家批复；南沙新区国家科技兴海产业示范基地通过评审。推荐18个项目列入省海洋经济区域创新发展区域示范专项。持续开展海洋经济发展统计监测，据统计，2013年广州市海洋生产总值约2097亿元，同比增长15.53%，占全市国内生产总值的比重为13.6%。

（八）农村综合改革逐步深化

一是加强农村改革工作统筹。贯彻落实中央、省的部署，制定有关农村改革、农业现代化的实施意见，对全市农村改革、农业现代化做出系统部署。

二是完善农村集体经济规范管理体制机制。制定了《广州市人民政府关于规范广州市农村集体经济组织管理的若干意见》。配合市纪委抓好集体经济"三资"交易监管平台建设，镇街覆盖率达到97.69%，发生交易16368宗，交易额187.53亿元。

三是深化集体经济股份合作制改革。完成农村集体经济清产核资619亿元，清理合同13.8万宗。累计指导完成519个经济联合社（占40.1%）股份制改革，其中392个经济联合社实现股权固化到人（户）。

四是推动重点改革项目试点工作。白云区中央农办改革试验联系点建设方案获省批复，各项改革事项扎实开展。起草完成《广州市农村土地承包经营权确权登记颁证实施方案》，启动从化农村土地承包经营权确权登记颁证整体试点，试点村已完成外业调查、内业处理和张榜公示工作。推进番禺、白云和黄埔区三个区"政经分离"试点工作。

二　农村发展存在的主要问题

2014年广州农业农村发展虽然取得明显成效，但也要清醒地认识到，广州市农业农村发展仍然面临不少困难和挑战：农业现代化基础还比较薄弱，资源环境约束加剧，农民持续增收困难增加，农村基础设施和公共服务依然落后，农村卫生环境还不容乐观，美丽乡村和城乡一体化建设任重道远。

（一）农业现代化基础还比较薄弱

自党的十六大以来，广州农业农村发展进入一个相对快速发展、农民得实惠最多的阶段，特别是2011年以来，广州城乡居民收入差距不断缩小，2011年、2012年和2013年城乡居民收入比分别为2:32∶1、2.27∶1、2.23∶1，这一时期是广州农业发展一个新的黄金期，但农业农村发展仍然面临非常严峻的形势，主要是农业发展的资源约束条件趋紧，农业稳定发展和农民持续增收难度加大，迫切需要加快农业现代化进程，不断提高土地产出效率、农业资源利用效率和农业劳动生产率，为农村繁荣、农民增收、农业增产提供强劲支撑。在工业化生产中，只要多上几条生产线就能实现工业产能迅速增加，但农业自身发展的特性决定无论是种植业还是养殖业其扩大规模都是有限的，近年来广州农业增长率一般维持在1%～3%，因此，要加快农业农村发展，就必须走农业现代化的路子。而从广州农业发展的现实情况来看，一是农业作为一个多年来形成的自循环、自组织系统，外部物质和能量的输入有限；二是农业设施建设、装备等都较为落后，与现代化的大工业形成较大反差；三是农业生产的进步还更多地依靠经验而非科技。因此，从这几方面来看，广州农业的现代化基础还比较薄弱，还需加大力度予以推进。

（二）农村资源环境约束加剧

目前，广州正处在工业化、城市化快速发展阶段和关键时期，作为一个特大型城市，广州人口规模不断增长，城乡居民消费结构加快转变，对肉类、蔬菜、鸡蛋、牛奶、水果等农副产品需求也呈现刚性增长态势，"菜篮子"任务建设繁重，导致支撑农业生产的各种要素不断挑战增长的"极限"，资源环境压力越来越大。为了满足庞大的人口规模对农副产品的增长需求，为了在有限的土地资源中增加产出和产量，农村长期推行数量＋规模主导型发展模式，过度开发利用有限的农业资源，大量施用农药、化肥、农膜，造成土壤肥力下降。这种掠夺式开采利用农业资源，以牺牲农业生态环境为代价的发展模式必将影响农业农村可持续发展。

（三）农民持续增收难度加大

2014年我国农村居民人均收入增长实现"十一连增"，广州市农村常住居民家庭人均可支配收入达到17663元，同比增长10.3%，比城市常住居民家庭人均可支配收入（42955元）增长率高1.4个百分点。2012年、2013年和2014年广州农民收入增长速度分别为13.3%、12.5%和10.3%，增速呈下降趋势，说明近年来广州为促进农民增收而采取的政策红利效应正在逐渐消减，农民增收的渠道有限，导致农民收入增幅出现阶段性放缓，延续城乡居民收入差距缩小势头难度加大。一是我国经济发展在新常态背景下，经济发展处于转型升级的换挡期，经济增速的放缓对农民外出就业产生一定影响，工资性收入增长受到一定限制。二是农业农村经济发展已进入高成本时期，比较效益偏低。受多种因素影响，广州市农业生产资料价格持续高位运行，人工费用、机械作业成本、土地流转费用都呈上升趋势，虽然农业收入有所增长，但又被农资价格增长所抵消，农业比较效益依然较低。如果不能拓展新的增收渠道，农民收入增长有可能会进入新的波动期。

（四）农村环境卫生不容乐观

近年来，随着美丽乡村、幸福村居、农村清洁工程的实施，以及新农村建设、村村通公路、改水改厕等行动措施不断深入推进，农村居民对环境卫生在思想认识上有了一定程度的提高，加之广州生活垃圾处理全民战役打响后，一些必要的环卫设施逐渐配套，农村环境卫生设施也有了较大改善，但从整体上看，农村环境卫生不容乐观。一是农民环境卫生意识相对淡薄。随着新农村建设进程的不断推进，农民对改善居住环境，改变村容村貌的呼声较高，需求较为强烈，但多年来形成的陋习难以在短时间内改变，农村地区乱搭乱建、乱扔垃圾、乱堆乱放等现象还较为普遍，在村庄的街头巷尾、河涌山塘沟边，垃圾随处可见。二是农村卫生基础设施投入不足，虽然近年来不断加快美丽乡村、幸福村居等新农村建设步伐，逐渐投入和配备一些环境卫生设施，但由于欠账太多，还是不能满足农村卫生环境整治建设的需求。三是随着农民生活水平不断改善和提高，农村垃圾产生量也越来越多，垃圾成分较为复杂，不可降解甚至有害垃圾逐渐增多，对农村环境卫生产生一定影响。

（五）农村基层治理水平有待提高

当前，广州农村发展正在发生新的变革，农村基层治理面对诸多新形势、新问题和新挑战，加强和完善农村基层治理机制是推进新农村建设的基础保障。农村基层治理方面存在的焦点问题主要有：个别地方干群关系紧张，村务工作监督没有完全到位。个别村"两委"关系不和谐，部分村干部综合素质不高，服务意识不强。

三　2015年农村发展形势分析

当前，我国经济发展进入新常态，"三农"发展的外部环境条件和内部动因也随之发生深刻变化，广州市是国家中心城市，城市化水平较高，但无论农业人口如何减少，农业产值如何下降，始终不能改变"三农"的基础作用，不能改变"三农"工作"重中之重"的地位。党中央、国务院和省委、省政府对"三农"工作高度重视，对新时期"三农"工作提出基本遵循和工作要求。为了更好地推进广州市2015年"三农"工作，广州市要主动适应经济发展新常态，认真深入分析农业农村发展新形势，为农业农村工作提供有力保障。

（一）发展形势分析

1. 农业增幅保持稳定增长态势

伴随着经济发展进入新常态，广州经济发展呈现增速阶段性放缓、资源环境约束趋紧等特点，广州农业发展逐渐步入下行增长区间，呈现小幅回落态势。2014年，广州全年实现农业总产值396亿元，同比增长1%；农业增加值230亿元，增长2%；粮食、花卉以及菜、鱼、禽、蛋、奶等"菜篮子"产品产量稳步增长或与几年基本持平，预计这一趋势在2015年不会发生大的改变。展望2015年，广州农业发展面临新的机遇，党中央高度重视"三农"工作，把农业发展放在"四化同步"的基础地位，强农惠农政策支持力度进一步加大，为广州农业农村发展提供有力支持。2015年广东省农村工作会议要求以转方式、调结构为重点，加快推进广东特色现代化农业建设，广东省正在全面推进农村深化改革，这必将为广州农业经济发展注入强劲动力。如果不发生极端性天气和重大农产品质量安全事件，广州农业经济有望保持平稳增长，但考虑到广州整体经济增长放缓，主要农产品增产空间收窄，农民增收难度加大等因素，农业增幅尚不具备大幅回升的条件，预计2015年农业总产值、农业增加值增长速度会保持在2%左右。

2. 农村改革发展进入全面深化期，挑战巨大

作为发轫于基层、农民首创的家庭联产承包责任制，在改革开放初期极大地解放了被束缚的农村生产力，调动了广大农民的生产积极性，对推动农村改革与发展功不可没。但随着工业化、城市化、农业现代化进程不断推进，以及农村发展内外部条件的变化，这种农村基本经济制度所带来的机制体制创新活力正在逐渐减弱，迫切需要进行与家庭联产承包责任制密切相关的农村经营体制、农村土地制度、农村产权制度等一系列制度改革创新，可以说，目前农村改革与发展已进入全面深化期，局部的微调微改对农村经济发展的促进作用有限，必须对农村改革发展进行通盘统筹考虑，以土地制度创新为突破口，聚焦农村改革的重点领域和关键环节，激发农村发展活力，以改革创新重塑农村发展的动力机制。

3. 转变发展方式仍是农村农业发展的主线

随着广州经济发展进入新常态、改革进入全面深化期，经济社会发展进入新阶段，不仅农业发展的外部环境条件正在发生深刻变革，其内在动因也

处在不断变化之中，因而转变农业发展方式，加快现代农业建设，提升农业发展综合竞争力的要求更为迫切。一是广州农业发展面临的诸多问题迫切要求转变农业发展方式。近年来，广州农业现代化步伐加快推进，但多年来积累下来的结构性矛盾也日趋凸显。例如，农业生态环境恶化和农业资源产出效率低的制约，农村劳动力就业结构变化所带来的影响，农业比较效益低与国内外农产品价格倒挂的矛盾日益突出，对这些挑战和问题寻求合理的解决办法和措施都需要在转变发展方式上下功夫。二是实现农业发展从数量型向质量型转变，提高农业发展的质量和效益，也迫切要求转变农业发展方式。近年来，随着城乡一体化建设进程不断加快，农村农业发展保持良好的增长势头，但农业发展的总量规模与结构、投入与产出、成本与效益、农业增产与农民增收等方面的矛盾还比较突出。总体上来看，广州农业发展方式仍然是现代和传统并存，只有加快转变发展方式，才能提高农业发展的质量、水平和效益，才能从根本上提升农业产业竞争力。

4. 绿色循环低碳农业发展前景广阔

党的十八大和十八届三中全会要求加强生态文明建设，2015年4月25日颁布的《中共中央　国务院关于加快推进生态文明建设的意见》指出，要大力推进绿色发展、循环发展、低碳发展，加快建设美丽中国。广州是一个人口超千万的特大城市，虽然农业在三次产业、在地区生产总值中所占的比例不高，但这并不能说明农业不重要，农业在国民经济发展中的基础性地位绝对不能因此而动摇，"米袋子""菜篮子"工程建设与城乡居民生活密切相关，因而绿色循环低碳农业的发展前景和空间将十分广阔，农业生态文明建设也被提到重要议事日程。预计2015年及"十三五"期间广州将会加强农业生态文明建设，在农业生态环境整治、农业节能减排、发展生态循环农业上进一步加大力度，进而提升美丽广州建设水平，为生态文明建设做出新贡献。

5. 增城撤市设区后将有利于加快形成城乡一体化新格局

2015年5月29日，增城撤市设区，增城从一个由广州代管的县级市变为隶属的行政区，不仅有利于增城更好地融入广州发展的大战略、大格局，也对广州加快形成城乡一体化新格局产生积极影响。增城撤市设区后，虽然由县级市变成广州的城区，但增城仍然拥有农村、农业和农民，农村的发展依然重要，农村与城市的融合发展仍然是增城未来一段时期的重要任务；增城撤市设区后，要逐步按照城区的标准加强基础设施建设，配置公共服务设施，逐步缩小城乡发展差距，这对广州加快城乡区域协调发展有积极的促进作用，有利于加快推进城乡公共服务均等化，促进城乡要素均衡配置和有效流动，从而加快广州城市化进程，提升城市化发展质量。

6. 都市型现代农业将稳步发展

近年来，广州一直致力于实现城乡统筹、城乡和谐发展，然而如何缩小城乡居民收入差距是实现城乡统筹发展的最大难点，而大力发展都市型现代农业，大力发展高效优质农业产业，提高农业劳动生产率，是实现农业增效、农民增收的重要途径。另外，广州在快速工业化、城市化发展过程中，不断面临耕地减少、土地资源紧缺、劳动力价格提升等诸多问题的困扰，农业迫切需要转型发展，向建设"生态、安全、优质、集约、高效"都市型现代农业转型。而都市型现代农业也是农业发展到较高级阶段的形态是指以满足大都市市场需求为出发点，能够较好地实现生产、生活、生态等多种功能，经济效益、社会效益、生态效益明显的现代化大农业系统，都市型现代农业具有广阔的发展前景。到 2016 年，广州市将建成高标准基本农田 68 万亩以上，重点建设 4 个国家级粮食万亩高产示范区、5 个万亩蔬菜基地和 6 个规模化生猪养殖场，进一步提升 8 个市级现代农业园区发展水平，都市型现代农业将呈现稳步发展态势。

（二）发展指标预测

预计 2015 年广州市农业总产值将超过 400 亿元，增长率约为 0.9%；农业增加值约 242 亿元，增长率约为 1.5%；农村经济总收入约为 1978 亿元，增长率约为 -1.1%；农村常住居民家庭人均可支配收入超过 19000 元，增长率约为 11%（见表 1、图 1~图 4）。

表1　2015年农村经济主要发展指标预测

指　标	2009年	2010年	2011年	2012年	2013年	2014年	2015年（预计数）	2015年增长（%）
农业总产值（亿元）	295.6	322.1	350.6	366.8	390.0	398.3	402.0	0.9
农业增加值（亿元）	172.3	188.6	204.5	213.8	228.5	237.5	242.0	1.5
农村经济总收入（亿元）	2180.3	2292.6	2443.9	2633.0	2097.0	2000.0	1978.0	-1.1
农村居民人均纯收入（农村常住居民家庭人均可支配收入）（元）	11067	12676	14818	16788	18887	17663	19456	11.0

资料来源：历年《广州统计年鉴》和"广州统计信息网"。2014年"农村经济总收入"为估计数。表1中最后1行，2013年及之前为"农村居民人均纯收入"，2014年及以后为"农村常住居民家庭人均可支配收入"。

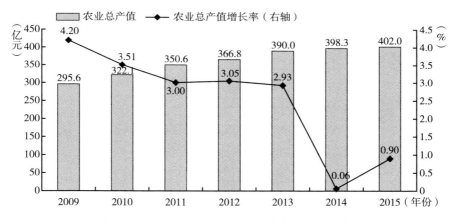

图1　2009～2015年广州农业总产值及其增长情况

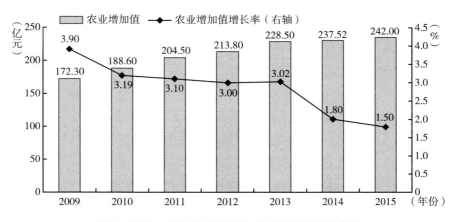

图2　2009～2015年广州农业增加值及其增长情况

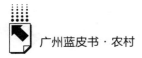
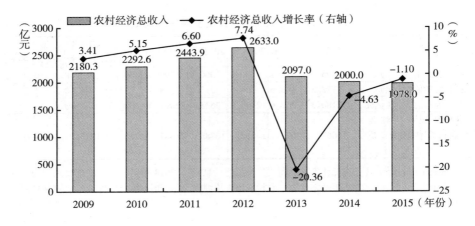

图3 2009~2015年广州农村经济总收入及其增长情况

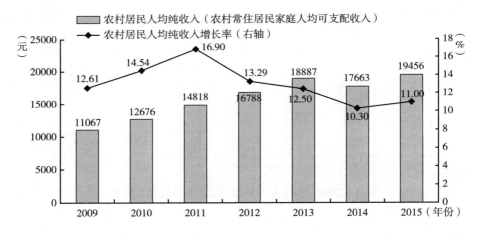

**图4 2009~2015年广州农村居民人均纯收入（农村常住居民家庭
人均可支配收入）及其增长情况**

四　对策措施

（一）走出一条具有广州特色的农业现代化路子

农业现代化是农业发展的根本方向，是实现农业提质增效的必由之路，也是实现"四化同步"的关键所在。习近平总书记明确指出："没有农业现代化，没有农村繁荣富强，没有农民安居乐业，国家现代化是不完整、不全面、不牢固的。发达地区在这方面一定要带好头、领好向，把工业化、信息化、城镇化、农业现代化同步发展真正落到实处。"2015年中央一号文件的主题就是"加大改革创新力度，加快农业现代化建设"。因此，必须结合广州实际，发挥好市场、吸进、科技、信息等优势，以建设都市型现代农业为方向，加快转变农业发展方式，努力走出一条具有广州特色的农业现代化路子。

1. 从数量型农业向质量、效益型农业转变

广州人口规模大，土地资源紧缺，要在有限的土地资源内更好地保障农业发展的基础性地位，以及满足市民的"米袋子"和"菜篮子"需求，就必须提高农业产出效率，引导农业生产者优化调整农业品种结构和品质结构，加强农业标准化生产，以标准化生产提高产品质量。完善农产品质量安全监管体系，按照农产品质量全过程、全产业链监管的要求，完善农产品质量安全风险评估、产地准出、市场准入、质量追溯等监管制度，建立覆盖从田间到餐桌全过程的监管体系。加强种养业良种、投入品安全使用、农产品生产操作规范、产地环境质量、产品等级规格等领域标准的制定与修订，用最严格的标准来规范农业生产，实现从重数量向重质量和效益的转型。

2. 提高科技进步对农业的贡献率

深化农业科技创新，推进"互联网+"在农业中的运用，推动农产品深加工、农产品电商发展，给农业插上科技的翅膀。着力在实施农业科技创新计划和农民致富工程等方面加强宏观指导，坚持以科技创新为引领，以农业科技人才团队为支撑，在农产品安全保障、品牌农业、特色农业等方面，明确目标任务，落实责任措施，提高科技进步对农业的贡献率；加快推进农村电子商务发展，首先政府要做好引导工作，协调各部门、各主体之间加强合作，加强对农业信息资源的共享程度，降低信息收集成本，实现农村电子商务平台的高效运行。加大对农村电子商务人员的培训力度，让他们在管理和组织农村电子商务建设的同时，不断学习各种先进农业信息技术，在发展

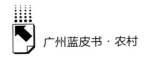
电子商务中带好头，做好示范。

3. 发展多种形式的土地适度规模经营

牢牢把握农村土地承包经营权确权、农业土地流转、现代农业园区建设、农业龙头企业发展等重要抓手，大力培育农业合作社、农业大户、家庭农场等新型经营主体。鼓励发展专业合作、股份合作、土地合作、金融合作等多种形式的农民合作社，引导农民合作社有序规范运行，引导财政资金直接投向符合条件的农民专业合作社。尽快制定新增农业补贴向符合条件的专业大户、家庭农场、农民合作社倾斜的具体实施办法。引导农户在自愿基础上，与新型农业经营主体形成稳定的土地流转关系，发展多种形式的土地适度规模经营，提高土地产出效率和农业劳动生产率。

4. 开发利用和拓展农业的生活、生态功能

积极发展观光休闲农业、生态农业，合理开发利用农业多种功能，提升农业生态价值、休闲价值和文化价值。广州是国家中心城市，城市化水平较高，因而发展现代农业一定要充分考虑其生产生活和生态功能，在促进农业生产的同时，放大生活和生态功能，结合正在推进的绿道、农家乐建设等，既为市民提供休闲娱乐观赏的好去处，也为农民开拓增收渠道。

5. 加强农业经贸交流与技术合作

鼓励广州市农业生产企业到周边省、市建立供穗农产品生产基地，大力推进广州农业总部经济和"走出去"战略，吸引国内外知名农业企业在广州设立区域性总部，通过参与21世纪海上丝绸之路建设，加强与东盟及海上丝绸之路沿线国家或地区农业经贸交流与技术合作，积极发展外向型、开放型农业。

（二）开拓多种渠道促进农民增收

农民增收问题是"三农"工作的核心。当前，全市农民收入总量和家庭经营性收入比重偏低、城乡居民收入绝对差距和地区间农民收入差距偏大的状况仍然没有发生根本性改变，2014年，广州城乡居民收入比达2.43∶1，高于发达国家和国内先进地区1.5∶1～2.0∶1的合理比值区间，绝对差距达

25292元。因此，要下力气抓农民增收，开拓更多渠道，让农民群众过上更好的日子。

1. 促进农村劳动力就业增收

广州农民外出务工务商收入占农民收入比重超过60%，今后农民增收很大程度上还得靠转移就业。广州现在经济增速虽有所放缓，但服务业增长很快，成为农民转移就业最大的"容纳器"。广州正在大力实施现代服务业和先进制造业"双轮驱动"战略，只有加强农民技能培训和职业教育，增加农民工资性收入才大有可为；健全农业保护支持体系，加强农产品价格支持力度，丰富价格保护形式，增加农民务农收益；同时加大力度扶持农民工返乡创业，提高农业人力资本水平，鼓励广州市土地流转比较集中的村建立农村劳务合作社，促进农村富余劳动力就业增收，增加工资性收入。

2. 增加农民财产性收入

广州农村集体建设用地约600平方公里，占全市建设用地总量的36%，还有价值1000多亿元的农村非土地集体资产，但农村集体土地产出率、集体资产收益率普遍低下，一部分资产还处于闲置、"沉睡"状态。要想办法释放农村土地潜在价值，推动农村集体资源变资产、资产变资本，增加农民财产性收入。深化农村产权制度改革，赋予农民更多的财产权利，重点要逐步探索土地承包权和经营权分离的有效实现形式，大力推进农村土地流转，积极开展土地承包经营权抵押贷款，发展土地股份合作社，盘活农村的"沉睡"资产，将财产性收入培育成农民增收的新亮点。

3. 提高农民家庭经营收入

全市还有近70万的农业从业人员，家庭生产经营收入仍然是一部分农户家庭的主要经济来源。因此，要强化农业基础地位，增强农业综合生产能力，发展高产、优质、高效、绿色农业，不断满足人民群众对农产品总量、质量、安全等多种需求，推动农业发展方式转变；大力培育家庭农场、专业大户、农民专业合作社等新型农业经营主体，发展多种形式的农业规模经营和社会化服务，有效解决农业"大市场"与"小生产"的矛盾，不断增加农民的家庭经营性收入；积极开发农业多种功能，加快构建现代农业产业体系，大力发展休闲观光农业、乡村旅游，增加农民家庭经营性收入，打造新的农民收入增长点。

4. 多方探索扶贫增收途径

广州市农村尤其是北部山区相对困难群众为数不少，扶贫任务还很重。要坚持不懈地推进扶贫开发，提高扶贫开发的有效性和精准度，增强北部山区贫困村自我造血能力和贫困户自我脱贫致富能力。转变扶贫方式，多方探索扶贫增收途径，通过为贫困村集体经济组织异地购买或兴建物业，提高造血功能，从根本上解决生态保护区内贫困村的自身发展问题，增强自身发展能力；建立农村扶贫开发长效机制，让前几年实施扶贫开发攻坚战略的成果长期施惠于民。逐步缩小城乡发展差距，实现区域协调发展。

（三）进一步深化农村改革

新形势下谈农村发展，谈"三农"问题解决，不能就农村而论农村，要把农村发展放在广州全局工作中、放在"四化"同步发展的格局中去统筹谋划，用改革的办法破解"三农"难题，全面激发农村发展活力，维护农村稳定和谐大局。加强顶层设计，按照中央、省的总体部署，完善顶层设计，抓好试点试验，不断总结深化，加强督查落实，确保有所改进、有所成效。

1. 扎实抓好重点改革任务

落实好构建新型农业经营体系、加强农村集体"三资"监管等重大改革任务，抓紧推进新型城镇化、村庄规划编制、农村金融改革等中央和省委部署的改革试点，继续抓好白云区中央农办农村改革试验联系点建设，积极谋划和争取新的农村改革试点；进一步健全城乡发展一体化体制机制，实现城乡建设统一规划、产业布局科学合理、基础设施互联互通，推进城乡要素平等交换，全面增强城市对农村发展的辐射和带动能力。

2. 深化农村产权制度改革

全面铺开农村土地承包经营权确权登记颁证工作，确保到 2016 年基本完成。完善农村土地承包经营权流转服务体系，放活农用地经营权，促进农业适度规模经营。开展农村土地综合整治，推进城乡建设用地增减挂钩项目审批实施。坚持做好农村建设用地和宅基地使用权确权登记颁证工作。改革完善留用地开发利用的政策措施。深化集体经济股份合作制改革，试点开展股权流转。深化农村金融体制改革，推进农村金融服务站、资金互助合作社建设，加快发展农业保险，推动土地承包经营权抵押、担保贷款试点。

3. 深化村居管理制度改革

按照统筹城乡基层党建新格局的要求，探索和创新党的基层组织的设置形式，巩固和加强村级党组织领导核心地位。理顺基层党组织、自治组织和经济组织的职能关系，建立健全村务监督组织，积极探索建立基层党组织、自治组织和集体经济组织联席会议，促进组织间联动，推进协同治理。建立完善以村党组织为领导核心，村民委员会依法自治、集体经济组织自主经营、村务监督委员会民主监督的新型农村社区治理结构。

4. 加快集体经济转型升级

在建成区和规划发展区要用足用活用好"三旧"（旧城镇、旧村庄、旧厂房）改造政策，按照规划稳定、权属清晰的原则，推进村留用地、历史用地、低效闲散用地的再利用、再开发、再建设。在推动连片规划过程中，划定城中村增长边界和改造范围，突出道路基础设施、公共服务设施、产业高端发展要求，按照先易后难原则，加强村集体旧厂房、低效闲散用地、旧批发市场用地规划，优先改造集体建设用地。按照成熟一片、改造一片的要求推动"三旧"改造工作。同时集体经济组织要把土地补偿费使用与留用地的开发有机结合起来，增强集体经济组织发展后劲。积极探索土地征收储备与"三旧"改造相结合的土地运营机制，创新土地征收储备与村留用地、村集体物业合作开发、共建共享模式，实现政府、村社、经营企业共赢发展，城市基础设施同步建设服务发展，切实提高村社土地使用效益，保障农民经济权益。

（四）加快农村生态文明建设步伐

区分不同区域发展现状和自身条件，分类推进农村生态环境保护和治理工作。按照"干净整洁平安有序"标准，进一步提升农村环境卫生水平，加快建成密闭、环保、高效的农村生活垃圾收运体系，加强各级卫生村创建。新建120个行政村生活污水处理设施，将农村生活污水处理率提高至46%。完成1.1万户农村泥砖房、危房改造。落实新一轮绿化广东行动计划，扩大生态公益林补偿面积，新增建设10万亩生态公益林。

1. 推进畜禽养殖污水治理与综合利用

一是优化调整畜禽养殖区域布局，引导畜禽养殖向规模化、标准化、集约化、产业化和环保化发展，逐步减少畜禽养殖场、户总数。以规模化畜禽养殖场为切入点，以发展养殖场沼气工程和畜禽养殖粪便资源化利用工程为纽带，促进畜禽养殖废弃物资源化利用，力争在广州市建设一批畜禽养殖治理示范工程。二是强化畜禽养殖业环境监管，对新建、扩建和改建规模化畜禽养殖场（区）严格执行环境影响评价和"三同时"制度，依法办理排污申报登记，切实加大畜禽养殖业执法力度，定期组织开展畜禽养殖业污染防治专项执法检查，查处畜禽养殖业的各种违反环保法律法规的行为，重点加强对饮用水源保护区的监管，依法关闭拆除饮用水源保护区内所有畜禽养殖场（区）。三是鼓励发展大型现代化生猪养殖场，重点扶持年出栏万头以上大型生猪养殖场的养殖设施、环保设施建设和标准化改造。完善大型养殖场污水治理设施建设，使全市年出栏万头以上的大型养猪场均实现养殖废水无害化处理。

2. 加强农业循环经济技术研究和开发应用

一是促进传统技术和现代技术、常规技术和高新技术的结合，重点开发研究和推广应用无污染、无公害、节地、节水、节肥、节药，以及耕地保护与改良、资源综合利用的农业生产技术。二是通过财政"以奖代补"等方式，鼓励、支持社会各界投资建设连片农业生产大棚、温室，建设畜禽、水产规模、健康养殖设施，推广应用喷微灌技术。三是通过引导推广应用农机提灌、喷灌、微灌，渠道防渗等节水技术与节水设备，有力推进农业节水技术在广州市推广应用，加强测土配方施肥工作，推广农药化肥减量使用技术，减少化学肥料使用比例，降低面源污染，全面提高耕地投入产出率和肥料利用率，推动沃土工程的实施和观光农业的发展。

3. 提升农业标准化和机械化水平

一是大力推进农业标准化生产。通过推进农业标准化生产，发展农业生产组织，有效实现农业生产基地环境监测和生产过程管理和控制，规范农业投入品（农药、肥料、兽药、渔药等）科学高效使用，减轻化学物质超量施用对农业水体、土壤和农产品的污染，促进生态循环农业健康发展。二是提高农业机械化发展水平。大力发展无公害蔬菜、水产养殖、花卉苗木等高效设施农业生产，深入实施农机购置补贴工程，扶持和引导农民购买先进适用的农业机械和装备设施，逐步淘汰一批老旧、落后的农用机械，推广高性能的联合收割机、农用排灌机械、植保机械、畜牧机械、渔业机械以及农产品加工机械、节水灌溉设施、温室大棚等，促进农业装备水平不断提高，增强服务农业生产能力。

4. 开展农村环境治理，建设现代美丽乡村

统筹城乡建设，加强农村基础设施建设，改善农村人居环境，实施"七化"工程，即，道路通达无阻化，农村道路光亮化，饮水洁净化，生活排污无害化，垃圾处理规范化，村容村貌整洁化，通信影视"光网"化。大力推进农村污水处理工程、农村"亮化"工程、"智慧乡村"建设工程和自然村村道建设等工程，进一步改善和提升农村环境。到2016年，实现城乡垃圾处理一体化，力争使农村固体废物资源化率达到55%，生活垃圾清运率及处置率达到95%以上，农药用量、化肥施用量分别比2011年减少30%和20%，主要农产品中有机及绿色农产品比重达到30%以上。

5. 控制农业面源污染，保护土壤

加强对农药等农业投入品中有害成分的监测，积极引导农民施用生物农药或高效低毒农药；推广杀虫灯，科学施用化肥，禁止施用含重金属等有毒有害超标的肥料，2015年广州市测土配方施肥面积达到118万亩。鼓励废弃农膜回收和综合利用，建立农药包装容器、农膜等废弃物回收制度，防止农业废弃物污染土壤。开展土壤优先区域及其周边影响土壤环境质量的污染源排查，编制污染源整治方案并实施。对严重影响土壤环境质量的企业予以限期治理，未达到治理要求的要依法关停，对造成土壤污染的要责令其治理

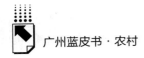

修复。探索建立土壤环境保护管理办法，严格优先区域划定、调整、建设与保护的具体办法，逐步建立土壤优先区域环境管理制度。

（五）有序推进新农村建设和新型城镇化发展

1. 建设新型城镇化示范镇

完善重点镇规划体系，增强公共服务和人口聚集功能，建设新型城镇化示范镇。统筹抓好第三批 47 个美丽乡村试点以及名镇名村、幸福村居建设，实施新农村示范区建设工程，推动美丽乡村由单村整治向连线成片升级拓展。大力发展乡村旅游，抓好北部山区农村生态旅游发展和流溪河、石门国家森林公园的整体提升工作，促进农民就近创业就业。继续抓好新一轮农村扶贫开发，实施区域开发与精准扶贫开发相结合，推进扶贫标准厂房等重点项目建设。

2. 加强城乡基本公共服务均等化

一是按照保障基本、循序渐进的原则，积极推进城镇基本公共服务由主要对本地户籍人口提供向对常住人口提供转变，逐步解决在城镇就业居住但未落户的农业转移人口享有城镇基本公共服务问题；推进城乡低保标准一体化，农村"五保"对象供养标准 100% 达到当地农村上年度人均收入水平。二是不断加强农村地区医疗救助力度，通过提高医疗救助标准、资助困难群众参加城乡居民基本医疗保险、实施慈善医疗救助、发放"医疗优惠卡"等方式，促进城乡地区医疗服务均等化，推进镇（村）卫生院（站）标准化建设，开展乡村医生管理体制综合改革。三是完善养老服务体系，通过全面加强福利机构管理、推进养老服务向农村覆盖、建立健全市老龄委工作机构等方式，加强广州养老服务体系建设。四是启动实施公共教育服务城乡均衡一体化行动计划，全面提升农村地区基础教育办学条件；加快广播电视"村村通"和无线覆盖升级，推进农村综合性文化服务中心试点建设，完善农村体育健身设施；加强农村自然村道建设，推动农村客车线路公交化改造。

3. 新城区、新城镇和新农村建设联动

党的十八届三中全会和中央城镇化工作会议提出，以人为本、四化同

步、优化布局、生态文明、文化传承的中国特色新型城镇化道路总体指导思想。广州要加快推进新型城镇化发展，加强城市、城镇和新农村建设的联动。新城区必须具有承载中心城市人口和集聚新的产业，带动区域发展的功能，成为有效融合经济、社会和生态等多种功能的载体；新城镇既是连接农村与城市的桥梁，又是促进农民就地转型、就业转移、生活方式转变的重要载体；新农村是与农业生产相适应的单元，通过集体或家庭经营的生产方式完善第一产业。新型城镇化绝不能让农业破产，必须同步推进新农村建设，城镇化也不能搞新的造城运动，必须有依托产业支撑，城镇化更不能让农业边缘化。

（六）大力发展都市型现代农业

1. 发展农业规模化生产

开展永久基本农田划定，加快建设高标准基本农田，到2016年建成高标准基本农田68万亩以上。开展耕地质量动态监测，加强耕地质量管理。继续抓好"菜篮子""米袋子"基地建设，重点建设4个国家级粮食万亩高产示范区、5个万亩蔬菜基地和6个规模化生猪养殖场。进一步提升8个市级现代农业园区发展水平。推动1~2家市级农业龙头企业上市，扶持并规范农民专业合作社、涉农企业协会发展。

2. 推进农业标准化建设

制定家庭农场登记管理办法，培训新型职业农民。推进农业科技创新，发展现代种业，妥善解决设施农业用地矛盾，加强农业设施化、信息化、品牌化建设。大力发展观光休闲农业、农产品加工业、检验检测业和农业电商，推动第一、第二、第三产业融合发展。推进农业标准化生产，完善农产品质量安全追溯体系，建立基层农产品质量安全监管队伍。深化禽畜屠宰管理改革，继续做好家禽"集中屠宰、冷链配送、生鲜上市"试点工作。

3. 发展高效生态观光休闲农业

以市场需求为导向，全面拓展农业生产、生态和生活功能，在充分考虑广州市农业资源特色及城市发展功能定位的基础上，重点发展高效生态农业和观光休闲农业，为城市居民提供观光、休闲、体验、度假的优质生态产品。近郊重点发展集生态、示范、观光、休闲为一体的综合性农业园区；远郊鼓励发展以观光、采摘为主的专业型旅游观光休闲农业园，发展融教育、休闲、观光和生产于一体的体验性农业。

4. 积极发展创汇农业

广州农业资源人均占有量小，由于级差地租、劳动力价格都高于周边城市的原因，农业生产成本比较高，因而必须走产业化、精细化、外向化的发展路子。广州地处珠江三角洲，气候温和，雨量充沛，河涌众多，交通发达，得天独厚的自然条件和地理环境，发展和培育一批名优特稀农副产品。今后，发展现代都市型农业要凭借广州新一轮对外开放的机遇，因地制宜地生产高附加值、高质量的优良品种，选择若干经济作物、园艺作物为主打产品，形成特色农业、精细农业、创汇农业，将农产品打入国际市场，增强广州农业发展的竞争力。

（七）全面推动农村社会事业上台阶

1. 建设美丽宜居环境

城市要美，农村必须美。广州有1142条行政村、6138条自然村，农业人口230万，占全市户籍人口的28%，有5827平方公里村域面积占全市总面积的78.4%。农村既是广州的重要组成部分，也是城乡群众生活居住、休闲观光的主要载体。如果把农村建设成为管理有序、服务完善、环境优美、文明祥和的社会生活共同体，那么把广州建设成为有文化底蕴、有岭南特色、有开放魅力的现代化国际大都市就有了坚实基础。必须坚持不懈地推进社会主义新农村建设，扎实开展美丽乡村建设试点，促进农村事业全面发展进步，让农村成为农民安居乐业的美丽家园。一要强化规划建设。不能搞"去农村化"、照搬城镇模式，不能千篇一律、一个模式、一种格调，不能失去农村味道，丢掉地域差异、民族特色。要建设类型多样、特征鲜明、风貌各异、多姿多彩的新农村。要充分考虑今后农村人口变化趋势，重视规划的科学性、前瞻性，科学安排镇村布局。

2. 加快农村环境卫生综合整治

推进村庄垃圾处理、污水治理、卫生改厕、村庄绿化，建立健全农村环境卫生管护长效机制，确保农村环境长期清洁。要挖掘各村人文历史资源和岭南乡村特色，突出岭南风格，注重保护古村落、古建筑，保护和传承岭南特色传统文化，让农村真正"各美其美"。要加强农村精神文明建设，提升农民综合素质，完善农村基本公共服务，健全农村留守老人、儿童、妇女关爱服务体系。

3. 强化基层组织建设

一是加强农村法治建设。农村是法治建设相对薄弱的领域，必须加快完善农业农村法律体系，同步推进城乡法治建设，善于运用法治思维和法治方式做好"三农"工作。同时要从农村实际出发，善于发挥乡规民约的积极作用，把法治建设和道德教化、乡土文化滋养紧密结合起来。坚持和完善"一村一法律顾问"制度，抓好法制宣传教育，推进农村法治建设。

二是突出抓好带头人特别是支部书记队伍建设，持续推进软弱涣散农村基层党组织整顿工作，落实"三严三实"要求，坚决查处"小村大腐"、"小官大贪"等问题，使基层党组织真正发挥领导核心和战斗堡垒作用。要完善农村基层群众自治机制，总结推广村民议事厅、村民监督委员会、村民理事会、"政经分离"等经验，健全农村基层选举、议事、公开、述职、问责等机制，引导和推动集体经济组织、群团组织和社会组织等各类组织参与基层治理，不断提高农村基层治理水平。

4. 建立健全农村基层治理机制

严格落实镇（街）领导干部驻点普遍直接联系群众制度，加强农村基层党风廉政建设，打造广州农村基层党建品牌。加强村支部书记队伍建设，完善大学生"村官"工作保障制度，推动村级组织办公场所和活动场所全面达标。宣传推广增城村民议事厅建设案例、番禺政经分离改革试点经验，落实村民理事会、村务监督委员会制度，完善村民自治机制。建立健全农村公共服务平台，加强农村社区化管理服务，推动政府管理重心下移、公共服

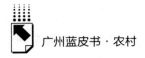

务重心下沉。完善农村集体"三资"交易监管平台，落实农村集体经济组织规范管理制度，促进涉农矛盾纠纷化解。

参考文献

涂圣伟：《2013 年我国农业农村经济形势及 2014 年展望》，《中国经贸导刊》2014 年第 3 期。

张红宇：《现代农业和农村体制创新》，《农经农业大学学报》（社会科学版）2014 年第 3 期。

王英平：《2013 年新疆农业农村经济形势分析及 2014 年展望》，《新疆农垦经济》2013 年第 12 期。

国家发展改革委农村经济司：《上半年农业农村经济形势分析与建议》，《中国经贸导刊》2014 年第 8 期。

李强、周培：《都市型农业的概念、属性与研究重点》，《农业现代化研究》2011 年第 7 期。

曾艳：《广州都市型现代农业发展现状和可持续发展研究》，《农业现代化研究》2012 年第 5 期。

李瑾、巩前文：《新形势下天津都市型现代农业发展思路研究》，《中国农业资源与区划》2011 年第 2 期。

杜琼、张辉：《当前农村产权制度改革面临的问题探析——以成都市农村产权制度改革为例》，《理论导刊》2009 年第 12 期。

姚士谋、张平宇：《中国新型城镇化理论与实践问题》，《地理科学》2014 年第 3 期。

沈清基：《论基于生态文明的新型城镇化》，《城市规划学刊》2013 年第 1 期。

改革发展篇

Articles of Reform and Development

B.2

促进广州城乡要素平等交换研究

郭艳华　佟宇竞　周兆钿　江彩霞*

摘　要： 本文探讨了广州城乡要素平等交换的理论基础；总结和分析广州城乡要素平等交换取得的成效与问题；提出促进广州城乡要素平等交换的总体思路，围绕一个核心——提高城乡要素流动效率，实现两大突破——户籍制度改革、土地制度改革，以及四大转变——从政府主导向市场主导转变，从单向流动向双向流动转变，从单个政策突破向政策集成突破转变，从底层推动向顶层设计转变。建立户籍制度改革相关的配套机制，建立城乡统一的劳动力就业市场，依法有序推进农民土地承包经营权流转，建立健全全市城乡统一的建设用

* 郭艳华，广州市社会科学院经济研究所所长、研究员；佟宇竞，广州康大职业技术学院硕士；周兆钿，广州市社会科学院软科学研究所副所长、副研究员；江彩霞，广州市社会科学院经济研究所副研究员。

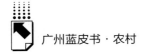

地市场，落实好"留用地"政策，发展农村集体经济，加强宅基地管理，合理解决农民住房需求，推动农村金融创新，提高农村金融服务水平，加大公共财政覆盖农村力度。

关键词： 广州　城乡要素　平等交换

一　城乡要素平等交换的理论基础

城乡要素包括诸多内容，本文将城乡要素界定为生产要素（Factors of Production）。通过阐述和厘清生产要素的基本内涵、基本特点和实现途径等基本问题，为后续研究奠定良好的理论基础和支撑。

生产要素是指进行社会生产经营活动时所需要的各种社会资源，是维系国民经济运行及市场主体生产经营过程中所必须具备的基本因素，这些生产要素通过城乡市场交换，形成各种各样的生产要素价格及其体系，而且这些内容随着时代的发展也在不断发展变化。生产要素是经济学中的一个基本范畴，一般被划分为劳动力、土地、资本、技术和管理五种类型，本文重点研究劳动力、土地和资本。城乡要素平等交换，主要是指劳动力、土地和资本等要素按市场规律等价交换，推进城乡主体权利平等化。

（一）城乡要素平等交换的基本条件

城乡要素平等交换是一项艰巨的系统改革工程，需要具备一定的条件作保障，其中，户籍制度、土地制度、公共服务均等化是最为关键的三个基本条件。

打破户籍制度。户籍制度是横亘在城乡要素交换之间的制度鸿沟，现行户籍制度既影响要素流动的形式，也影响要素流动的效率。因此，要促进和实现城乡要素平等交换，首先要打破户籍制度。户籍制度改革不是简单地实现从农村居民向城市居民身份形式上的转变，这种形式上的转变很容易实现，但难点在于形式转变之后内容要及时跟进，即依附于户籍制度之上的社会保障、教育、医疗、就业等城乡差别要逐步缩小乃至消失，使城乡居民真正实现户籍上的完全平等，让城乡居民享受完全同等的国民待遇。

终结土地二元制。目前，农村集体土地不仅没有与国有土地实现同权同价，而且还不能进入市场进行交易，实现土地应有的价值，这也是严重束缚农村经济社会发展，造成城乡发展差距日益扩大的重要因素。如果不能在土地二元制上有所改革和突破的话，则较难实现城乡要素真正意义上的平等交换。农民拥有的最大资本和资产就是土地，土地既是其安身立命之本，又是其致富奔小康的财富源泉。因而，要想缩小城乡发展差距，促进城乡要素平等交换，就必须终结土地二元制，让农民拥有的土地能够体现应有价值。

实现公共服务均等化。公共服务均等化既是加快构建城乡经济社会发展一体化的重要推进手段和实现形式，也是促进城乡要素平等交换的重要条件。公共服务均等化所倡导和主张的不分主次、不分轻重、不分地域的城乡规划、产业发展、文化教育、社会保障等城乡均衡发展与城乡要素平等交换的终极目标是一致的。所以，推进公共服务均等化的过程就是实现城乡要素平等交换的过程，公共服务均等化的渐次推进，为城乡要素平等交换奠定了良好的基础。

（二）城乡要素平等交换的实现途径

要素构成及其区域分布差异是客观存在的，但差异过大会影响经济社会发展。从某种程度上讲，资源要素配置格局直接决定着经济社会发展格局，城乡发展失衡的根源之一在于资源要素配置失衡。随着城市化进程的推进，城乡之间生产要素流动的规模和速度在扩大和加快，与此同时也出现了生产要素从农村流向城市远远大于从城市流向农村的不平衡格局。要建立起城乡平等的要素交换关系，从理论层面明确城乡要素平等交换的实

质，从实践层面明确城乡要素平等交换的途径。强化资源要素在城乡之间的平等交换，突破资源要素的瓶颈制约，推动资源要素向农村配置，扭转资源要素配置向城市倾斜的局面，促进城乡资源均衡配置，为统筹城乡发展提供强劲动力。

（三）促进城乡要素平等交换的现实意义

缩小城乡区域发展差距。推进城乡要素平等交换，能够使劳动力、土地和资本要素更好地发挥作用、体现价值，促进这些要素在城乡之间加速流动，提高要素流动的效率。特别是土地二元制有所突破后，农村经营性集体建设用地可以进入市场进行交易，与国有土地真正实现同权同价，能够在一定程度上缩小城乡区域发展差距，实现城乡共同促进、共同发展。

释放农村综合改革红利。推进城乡要素平等交换，就是推进农村综合改革的过程。劳动力、土地和资本是促进农村经济社会发展至关重要的生产要素，以城乡要素平等交换为载体和抓手，可以收到牵一发而动全身之功效，对农村经济社会发展改革进程的作用和影响尤为重大，可以有效释放农村综合改革的红利，极大地解放农村生产力，以改革引领农村经济社会步入快速发展轨道。

促进农民增收致富。实现农民增收致富是"三农"工作的重中之重和核心问题，农民拥有的最大资本就是土地，通过城乡要素平等交换，能够最大限度地活化土地资本，发挥和体现土地资本的最大使用价值，让土地资本成为农民增收的重要驱动因素和长效力量，使农民增收致富有持久的制度和机制保障。

转变重城轻乡发展理念。城乡要素平等交换作为农村综合改革的重要引擎，其更为深远的意义在于逐步改变重城市轻农村、重工业轻农业、重市民轻农民的传统发展观念和发展理念，使全社会更加重视和关注农业、农村和农民发展问题，形成以城带乡、以工促农、相互促进、协调发展的良性循环的工作机制。

二　广州城乡要素平等交换取得的主要成效与典型案例

近年来，广州积极开展推动城乡一体化的实践探索，深化统筹城乡综合配套改革，加快完善城乡发展一体化体制机制，在促进城乡要素平等交换和公共资源均衡配置上取得初步成效。增城区率先在全省开展统筹城乡综合配套改革试点工作，大力推进重点领域和关键环节改革；从化区在创新农村治理机制上不断探索，锐意创新，全面推进农村土地和集体资产管理。

（一）主要成效

1. 加强农村土地管理，促进土地承包经营权流转①

为加快建立形成"以工促农、以城带乡"长效机制，着力改革城乡二元土地管理体制，广州市采取积极稳健的措施，逐步在规范农村土地管理，加强土地承包经营权流转和留用地管理上积极探索，努力建立与广州经济社会发展和市场经济规律相适应的土地管理新机制。

稳步推进农村土地流转。加快推进农村土地承包经营权流转是党中央、国务院农村政策的重要内容，也是广州市推进农村经营管理的主要抓手。广州市于2009年制订了《广州市农村土地承包权流转实施方案》，全面铺开土地流转工作。一是确定了花都区花山镇、增城区小楼镇，从化区城郊街3个试点，先行探索推进土地股份合作社等新型土地流转形式，促进土地规模经营。二是夯实土地流转的工作基础。全力做好农村土地承包经营权确权颁证工作，全市集体土地所有权登记覆盖率已达到96.5%，为加快推进土地流转打下扎实基础。三是加强土地流转的管理和服务。广州市在3个试点镇（街）成立了农村土地流转服务管理中心，积极开展流转服务。加大了财政

---

① 农村土地经营权流转，不仅指农民家庭土地承包经营权的流转，广义上的农村土地流转还包括农村集体建设用地、林地等流转，广州市目前大力推进的是家庭承包经营权的流转。

扶持力度，鼓励农户将土地流转给龙头企业、种养大户。

广州首创农村集体土地"只征不转"模式。广州积极探索农村集体土地管理模式，在全国首创农村集体土地"只征不转"用地模式①，成为全国城乡统筹土地管理创新试点城市。位于市中心的海珠区的万亩果园，总面积近两万亩，是广州市面积最大的湿地，被称为"广州绿肺"。为更好地协调保护"广州绿肺"与保障保护区范围内村社农民利益之间的关系，广州探索性地提出对万亩果园"只征不转"的保护模式。"只征不转"，是对城市规划区范围内成片用于生态、农业用途的非建设用地依法定权限收为国有，但不改变其原有用途，不占用城市建设用地规模指标和年度土地利用计划指标。这样既有利于加强对中心城市生态绿地的保护，又能有效破解特大城市中心城区用地规模不足的难题。

积极挖掘农村土地潜力。土地制度改革关系农民的切身利益，广州市还在切实保护基本农田、确保耕地占补平衡、开展多种形式的易地补充开发耕地资源、建立耕地保护利益激励机制上进行了积极探索。此外，在挖掘农村集体土地潜力，规范集体建设用地管理，推进"城中村"改造，加快征地制度改革，建立征地保障新机制方面也一直在努力寻求适应广州农村发展实际情况的改革举措。

2. 推进户籍制度改革，实施城乡统一的户口登记制度

为更好地统筹城乡发展，实现城乡经济社会一体化新格局，要加快推进一元化的户籍管理制度改革，逐步消解户口的社会区隔功能。根据推进"城乡户籍一元化"分三步走的战略部署，目前，广州市正在如荼如火地推进第一步，形成一元化户籍制度的"总体框架"。户籍虽然在形式上统一了，但针对农民和城镇居民的各种配套政策还未改革，还需要继续推进后续工作。虽然各项工作推进与预期目标相比还有一定的差距，但毕竟在户籍制度改革上迈出了一步。可以说，实施户籍制度改革，是近年来广州推进城乡

① "只征不转"用地模式是指广州市万亩果园湿地保护区，即只征地，不改变土地用途及性质，将原属农民集体所有的万亩果园变为国有的果林湿地公园，不转为建设用地，但给农民的征地款一分不少，相关安置政策一样不少。

要素平等交换，实现城乡经济社会一体化新格局最重要的改革举措。其重要意义在于，不仅动摇了城乡二元体制的根基，实现了城乡居民的"身份对等"，还为其他相关改革措施的推进奠定了良好的制度基础。例如，对推进城乡居民劳动就业制度的统一，对城乡居民医保、社保、低保等的一体化对接，都将起到积极的促进作用。

3. 以创业促就业，农村劳动力转移就业成效凸显

鼓励农村劳动力自主创业，形成创业促就业倍增效应。广州市、区就业服务机构根据辖区内农村劳动力的就业意向及文化技能水平等实际情况，大力开发岗位信息，建立岗位信息发布平台，有针对性地组织企业到镇、村举办小型招聘会，增加就业机会，帮助就业困难群体、有就业意向的农村劳动力实现就地就近就业。2013 年，全市共举办 594 场招聘会，提供岗位约47.08 万个，切实有效地保证农村劳动力就近就地转移就业。同时，积极开展创建充分就业村工作，2013 年全市共创建 871 个充分就业村，创建率为76.53%，超额完成 75% 的目标任务。花都区积极创建农业创业（孵化）基地，其中广州市花都区万绿红剑花创业基地和广州市花都区保灵火龙果种植创业基地共进驻 137 户农户，带动周围农村 1581 人就业。

实施积极的就业政策。2009 年，广州市相继出台《关于印发广州市推进农村劳动力技能培训及转移就业工作的实施意见的通知》（穗劳社就〔2009〕1 号）、《关于广州市农村劳动力技能培训及转移就业补贴问题的通知》（穗劳社就〔2009〕3 号），对农村劳动力、职业中介、各类用人单位等对象给予相应的扶持补贴。同时，各区结合区域特点，制定了一系列的创业促就业政策。比如花都区开展"鼓励农民自主创业和转移就业资助资金"的补贴工作，2013 年共发放补贴 315 万元，惠及 5531 人；支付农村劳动力职业技能培训资助配套资金 147.66 万元。2008~2013 年，广州市已累计转移就业人口 42.80 万人。其中，2013 年，广州市新增农村劳动力转移就业人口 68971 人，超额完成省下达 3.2 万人的目标任务，完成率为 215.53%。

4. 建立农村产权交易机构，为"三农"提供有力支撑

建立广州农村产权交易所。2010 年 5 月，为更好地推动农村产权交易，

促进农村经济社会发展，根据国家、省、市的有关法律、法规和政策，经市人民政府批准，广州市成立了农村产权交易服务机构——广州市农村产权交易所，旨在推动农村土地承包经营权、农村资产等要素进入专业市场流转。农村产权交易所自成立以来，开展办理了农村各类产权交易，提供农村各类产权交易咨询、策划、信息发布、资金监管、鉴证等服务，出具各类农村产权交易凭证，提供农村产权交易相关知识培训，提供农村产权投融资项目相关配套服务。

建设全国首个农村金融服务区。为缓解农村个体工商户和农民贷款难问题，优化农村金融发展环境，广州市在增城区建立了全国首个农村金融服务区，打造农村"一站式"金融服务集聚区，引进村镇银行、小额贷款公司等新型的农村金融机构，建立农业产业基金、孵化器等资金互助社和农资担保公司，建成农业资产交易平台。到2013年底，广州市设立村镇银行6家，存款余额27.8亿元，贷款余额35.5亿元。设立小额贷款公司34家，其中在越秀区金融街批准设立10家。在全市5镇8村开展农村金融示范镇（村）建设，建设农村金融服务街区、金融服务站和信用村，不断完善农村金融服务体系。

5. 加快社保和教育发展，构建公共服务均等化体系

广州市在整合原城镇老年居民养老保险制度和新型农村社会养老保险制度的基础上，出台了城乡一体化的城乡居民社会养老保险文件《广州市城乡居民社会养老保险试行办法》（穗府办〔2012〕34号）。广州市城乡居民养老保险制度的实施，标志着广州市在社会保障领域进一步打破二元体制障碍，逐步由二元走向一元，从差异走向均等，实现城乡共同发展、共同富裕、共同进步，迈出可喜的一步，也标志着广州市社会养老保险制度真正实现覆盖城乡全体居民的目标。

到2012年底，广州市共有166万16岁以上的城乡居民参加了社会养老保险。其中，16～44岁、45～54岁、55～59岁和60岁以上的城乡居民参加社会养老保险的人数分别达到76.2万、33.3万、16.1万、40.4万人，上述各年龄段城乡居民的社会养老保险覆盖率分别达到68%、100%、

100%和100%，实现了统筹城乡全体居民的社会养老保险制度从"制度全覆盖"迈向"参保对象全覆盖"的目标。

着力促进民办教育改革与发展。一是做好引进社会优质教育资源到两个新城区、三个副中心投资办学工作。为了扩大两个新城区、三个副中心的优质民办教育资源，满足两个新城区、三个副中心群众的教育需求和区域发展对教育配套的要求，广州相关部门积极开展调研并制定了《关于引进社会优质教育资源到两个新城区、三个副中心投资办学的实施方案》，将其作为广州市基础教育做大做强总方案的子方案。此外，2013年广州开展了"百校扶百校"对民办学校的帮扶工作。二是开展义务教育阶段民办学校租赁场地办学风险专题调研。对民办学校租赁场地情况，以及各区对义务教育阶段民办学校租赁场地办学风险问题的预案情况进行深入调研，目前已形成调研报告上报市政府，供有关部门决策。

完善公共财政扶持机制。积极落实民办教育扶持政策，2013年，市民办教育发展专项资金安排1亿元，改善民办学校的办学条件，推进义务教育规范化民办学校建设以及优质民办学校建设。其中2000万元用于扶持民办学前教育，643万元用于民办学校师资培训，7357万元用于资助和奖励民办学校。该专项资金共资助115所民办学校的302个建设项目，奖励了70所获市义务教育规范化学校等奖项的民办学校。此外，免费开展民办学校举办者培训工作，对80名民办学校举办者进行了封闭式培训。

（二）典型案例

1. 增城区：在全省率先开展统筹城乡综合配套改革试点

增城区在推进城乡要素平等交换，实现统筹协调发展过程中，规划建设三大主体功能区，积极探索工业化、城镇化、生态产业化带动城乡一体化发展的有效途径，积极推动机制体制创新，为实现统筹城乡一体化发展提供制度保障，2009年在全省率先开展统筹城乡综合配套改革试点工作，大力推动重点领域和关键环节改革，统筹城乡一体化发展取得初步成效，主要做法有以下几方面。

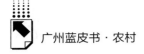

积极推动机制体制创新，为统筹城乡一体化发展提供制度保障。体制机制创新是科学发展的条件，也是科学发展的成果。增城区创新体制机制，以资源配置机制和生态补偿机制促进主题功能区建设，以组织保障机制和干部绩效分类考评稳定干部队伍，为实现统筹城乡一体化发展提供制度保障，增城成为全省唯一的统筹城乡综合配套改革试点区。

创新土地利用和利益分配机制。该区按主体功能区规划，实施差别化的用地分配机制，建设用地规划指标分配以保障优化开发区和重点开发区的城市发展和重要产业用地需求，合理安排限制开发区内旅游用地需求为原则，推动建设用地向南部集中，发挥生态用地、林地、园地的功能；充分发挥农村预留用土地的作用，统一规划、统一招商，增城制定了《集体土地房屋拆迁补偿安置办法》《鼓励农村集体经济发展用地统筹利用试行办法》，让农民失地不失利，失地还得利；制定了《征收集体土地补偿管理办法》，变"拆迁户"为"拆迁富"；制定了《增城市农村集体土地承包经营权流转补贴奖励实施细则》，鼓励和促进农村集体土地流转。

建立健全推进基本公共服务均等化的长效机制。增城编制了《基本公共服务均等化五年规划实施纲要》以及公共教育、公共卫生、公共交通、公共文化体育、生活保障、就业保障、住房保障、医疗保障等八项基本公共服务实施细则。同时进一步完善镇级财政体制，对镇街收取的基础设施配套费等行政事业性收费和土地出让收益等全部留归镇街安排使用，提高镇村基本公共服务的能力和水平。此外，增城还建立了政府投资的竞争性扶持机制，对部分基础设施建设项目、公共事业经营性项目、新农村建设项目、农林水利项目、专项资金扶持项目实行竞争性安排资金。

2. 从化区：农村土地和资产管理取得新突破

构建农村集体资产监管平台，规范农村集体"三资"工作管理。2010年，从化区作为集体林权改革试点，2011年建立了林权交易平台。2012年完成全部行政村的清产核资工作，2013年全面铺开经济社一级的清产核资工作。全面实施了"村账镇记"和"社账村代记"制度，2013年8月制订了《从化市农村财务监管平台建设方案》，力争在2014年10月底全面完成农村财务监管平台建设和应用工作。为推进覆盖区镇村级农村"三资"交易监管平台建设，2014年区政府专门拨出专项经费，城郊街农村"三资服务"中心已于2013年11月20日开始运行，2013年全区各镇街全面完成农村集体资产交易中心建设工作。

构筑金融服务"三农"平台，促进农村全面发展。在中国人民银行从化支行的大力支持下，从化区农民征信中心已于2012年12月28日正式启用，并在城郊街西和村开展信用户、信用村试点创建工作。为实现农民不出村就能享受小额取款、转账结算等金融服务，在城郊街西和村设立了村级金融服务站。成立了从化区柳银镇村银行，广州农村商业银行"政银村"对接也于2012年12月28日正式启动。各镇街均建立了政策涉农保险服务站，近年又相继推广实施了政策性能繁母猪保险、水稻种植保险和农村住房保险。目前，政策性能繁母猪保险参保率达到80%，水稻种植保险参保率达到85%，农村住房保险参保率达100%。

深化集体土地管理制度改革，推进农村土地和房屋确权登记。开展农村土地和房屋确权登记工作。从化集体土地所有权的经济联合社和经济合作社应确权登记发证18005宗，面积166554.5公顷；已发证17204宗，面积160361公顷，发证率分别为95.5%与96.3%。其中，应发证的经济合作社2827个，16941宗，面积148912.4公顷；已完成2635个，16229宗，面积144167.1公顷，发证率分别为93.2%、95.8%和96.8%。现正全面推进农村土地承包经营权和农村住房确权到户工作，在完善登记试点工作的基础上，扩大试点范围，为下一步全面推进土地承包经营权确权颁证打好基础。

三　广州城乡要素平等交换存在的主要问题

近年来，广州逐渐把"三农"工作纳入统筹城乡发展的大战略之中，对破除城乡二元体制，改变农业作为弱势产业、农民作为弱势群体的地位起到积极的促进作用，但是二元体制所形成的城乡有别的两种制度安排与政策产生的矛盾仍然存在，城乡统一的生产要素体系还未真正建立起来，城乡土

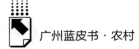

地、劳动力与资本等生产要素处于不平等交换状态，农村要素流入城市不易，城市要素流入农村更不易。

（一）农民工享受城市公共福利和待遇不对等

在城乡二元结构、体制和政策的影响下，城乡劳动力要素交换存在着不平等，农民工不仅没有享受到与城市居民同等的国民待遇，甚至在农民工身上还存在一些歧视性政策，与城镇居民存在明显差别。主要表现在：一是农民工所在的企业，少有工会组织来维护农民工的合法权益。二是农民工在工伤事故、健康保险、节假日、探亲假、退休养老等社会福利保障方面，极少享有与城镇居民完全同等的权益。三是在教育、住房、交通、政治民主参与、司法等各方面，农民工也可能享有与城镇居民同等的权益。四是农民工的工资偏低，农民工从事的多是危险、重体力的工种工作，尽管如此，他们的实际收入却与城镇居民有一定的差距。即使表面上看起来同工同酬，但由于城乡社会福利和社会保障制度不一样，农民工实际收入所得仍然低于城镇居民。

（二）农民土地承包经营权不能抵押担保

国家赋予农民最重要的财产权利是农村土地承包经营权，承包地是农民最基本的生产资料和社会保障。允许农民有条件地处理自己的财产，既符合财产属性和特点，又符合保障农民利益的基本要求，尤其在各种农村合作社经营发展壮大的过程中，允许合作社将入社农民的土地承包集中抵押对于合作社的发展无疑非常重要。但问题是目前我国《农村土地承包法》《物权法》只允许土地承包经营权转让，却未明确允许抵押。

农村土地承包经营权抵押对农民而言，是一种重要的融资手段，对充分发挥农地的使用价值、促进资金融通、实现农业产业化和新农村建设具有重大意义。由于广州尚未启动农村土地承包经营权和宅基地抵押贷款试点工作，农地作用的发挥以及这一稀缺资源如何实现合理配置都由此受到影响，使得农民无法由农村土地承包权维系的生产力和生产关系中解放出来，实现资金融通和资本积累。有鉴于此，广州下一步应继续鼓励各区开展农村集体土地所有权、集体建设用地使用权、承包经营权、宅基地使用权以及宅基地地上房屋所有权的确权、登记、发证工作，启动农村土地承包经营权抵押贷款试点工作。

（三）农村金融体系不完善，金融服务不发达

农村金融体系不完善，农村金融收益低。随着农业银行在农村地区营业网点的减少，农商银行成为农村信贷资金的主要供给者。但在实际运作中，农商银行过分看重业绩增长，难以达到支持"三农"、服务"三农"的发展目的。此外，不少农村金融机构贷款审批程序环节多、时间长，与农村企业和农户"急、频、少、高"的信贷需求不相适应。

农业保险、信贷抵押担保发展滞后。一是农业保险品种少。由于农业受自然灾害的影响较为普遍，农业经营风险大，因而农业保险发展较为缓慢，农业保险的险种也极为有限。目前，农业保险开展的业务范围主要有：能繁母猪保险、水稻保险和农房保险等少数几种，远远不能满足农村发展对保险的需求。二是缺乏抵押担保物品。农村金融机构之所以"惜贷"，主要是农民缺乏合格的抵押担保品，这是由农村土地产权制度所决定的，因为农村集体土地不能担保，所以用不动产担保有很大的制约，而农村房产不能流通，没办法作抵押品，造成农民贷款难上加难。

（四）涉农固定资产投资比例偏低

近年来，广州市城乡固定资产投资逐年增长，但城镇和农村固定资产投资各自占比变化不大；城乡之间比较，固定资产投资差距较大。从表1可以得知，广州市固定资产投资额从2006年的1696.4亿元增加到2013年的4454.6亿元，年均增长14.79%，其中城镇固定资产投资额从2006年的1628.9亿元增加到2013年的4284.9亿元，年均增长14.82%；农村固定资产投资额从2006年的67.4亿元增加到2013年的169.7亿元，年均增长14.09%。城镇与农村的固定资产投资额差距较大，2010～2013年城镇固定资产投资额基本是农村固定资产投资额25倍左右。

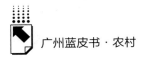

表1　2006～2013年广州市城乡固定资产投资情况

单位：亿元，%

年份	固定资产投资额	城镇固定资产投资额	农村固定资产投资额	城镇固定资产投资额占比	农村固定资产投资额占比	城乡固定资产投资比
2006	1696.4	1628.9	67.4	96.02	3.98	24.15∶1
2007	1863.3	1760.6	102.7	94.49	5.51	17.14∶1
2008	2105.5	2020.0	85.5	95.94	4.06	23.62∶1
2009	2659.9	2576.3	83.5	96.86	3.14	30.85∶1
2010	3263.6	3138.9	124.7	96.18	3.82	25.18∶1
2011	3412.2	3285.4	126.8	96.28	3.72	25.91∶1
2012	3758.4	3612.2	146.2	96.11	3.89	24.71∶1
2013	4454.6	4284.9	169.7	96.19	3.81	25.26∶1

说明：2013年"城镇固定资产投资额"和"农村固定资产投资额"为估计数。

（五）城乡居民收入和消费水平差距较为明显

城乡居民收入和消费既是衡量城乡和谐发展的重要内容，也是分析城乡居民资本要素中收入与消费水平差距的重要指标之一。通过对广州市2006～2013年城乡居民收入水平、城乡居民消费水平、城乡居民恩格尔系数进行对比，分析广州城乡居民资本要素中实际收入和消费水平状况。

1. 城乡居民收入

随着广州经济不断发展，城乡居民收入和生活水平不断得到改善和提高，城乡居民收入差距逐步趋于合理。由表2得知，2006年以来广州城乡居民的收入都有较快增长。其中城市居民人均可支配收入从2006年的1.98万元增加到2013年的4.2万元，年均增长率为11.32%；农村居民人均纯收入从2006年的7788.3元增加到2013年的18887元，年均增长13.49%。2008年以来，农村居民收入的增长速度超过城市居民收入的增长速度，城乡居民收入之比从2006年的2.55∶1逐步下降到2013年的2.23∶1，城乡居民之间收入差距正逐步趋于合理。

表2 2006～2013年广州市城乡居民收入对比情况

单位：元，%

年份	城市居民人均可支配收入	城乡居民收入之差	农村居民人均纯收入	城乡居民收入之比	城市居民人均可支配收入增速	农村居民人均纯收入增速
2006	19850.7	12062.4	7788.3	2.55：1	8.50	10.00
2007	22469.2	13856.4	8612.8	2.61：1	13.20	10.59
2008	25316.7	15488.6	9828.1	2.58：1	12.70	14.11
2009	27609.6	16542.9	11066.7	2.49：1	9.10	12.60
2010	30658.5	17982.9	12675.6	2.42：1	11.00	14.54
2011	34438.1	19620.4	14817.7	2.32：1	12.30	16.90
2012	38053.5	21265.0	16788.5	2.27：1	11.40	13.30
2013	42049.0	23162.0	18887.0	2.23：1	10.50	12.50

图1 2006～2013年广州市城乡居民收入对比情况

2. 城乡居民消费水平

随着广州城乡居民收入的不断提高，其消费水平也水涨船高。广州城市居民消费支出从2006年的15445.0元增加到2013年的33157元，年均增长11.53%；农村居民消费支出从2006年的5628.9元增加到2013年的11688元，年均增长11.00%（见表3）。近年来城乡居民消费水平的差距保持稳定，2010年以来城乡居民消费支出之比都在2.8左右。

表3 2006～2013 年广州市城乡居民消费情况

单位：元

年　份	城市居民消费支出	农村居民消费支出	城乡居民消费支出之比
2006	15445.0	5628.9	2.74:1
2007	18951.0	6341.5	2.99:1
2008	20836.0	6837.7	3.05:1
2009	22821.0	7742.2	2.95:1
2010	25012.0	8987.1	2.78:1
2011	28210.0	10100.9	2.79:1
2012	30490.0	10964.5	2.78:1
2013	33157.0	11688.0	2.84:1

从表4来看，虽然广州城市和农村居民的食品支出逐年升高，但2011年以来的恩格尔系数基本保持稳定，城市居民的恩格尔系数大约为34%，农村居民的恩格尔系数大约为45%。广州农村居民的恩格尔系数一直大于城市居民的恩格尔系数，2013年城市居民的恩格尔系数约为农村居民恩格尔系数的77%，与城市居民相比，农村居民需要用他们收入中更多的份额用于购买食品。

表4 2006～2013 年广州市城乡居民恩格尔系数比较

单位：元，%

年份	城市			农村			城乡恩格尔系数之比
	消费支出	食品支出	恩格尔系数	消费支出	食品支出	恩格尔系数	
2006	15445.0	5722.0	37.05	5628.9	2397.9	42.60	0.87:1
2007	18951.0	6218.0	32.81	6341.5	2715.5	42.82	0.77:1
2008	20836.0	7021.0	33.70	6837.7	3246.0	47.47	0.71:1
2009	22821.0	7571.0	33.18	7742.2	3402.4	43.95	0.75:1
2010	25012.0	8326.0	33.29	8987.1	4126.3	45.91	0.73:1
2011	28210.0	9592.0	34.00	10100.9	4516.4	44.71	0.76:1
2012	30490.0	10360.0	33.98	10964.5	4879.2	44.50	0.76:1
2013	33157.0	11240.2	33.90	11688.0	5166.1	44.20	0.77:1

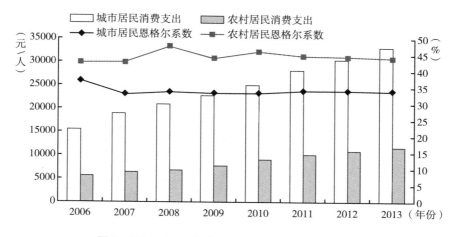

图2   2006～2013年广州市城乡居民消费情况对比

四   促进广州城乡要素平等交换的总体思路

（一）一个中心：提高城乡要素流动效率

自党的十六届三中全会提出加快城乡统筹发展以来，广州市在促进城乡和谐发展，加快构建城乡经济社会发展一体化新格局方面进行了多方面的实践与探索，取得显著成效，但在城乡要素配置与流动上仍有不足，而促进城乡要素均衡配置和平等交换的前提条件是提高要素流动效率，通过要素流动促进要素平等交换，缩小城乡发展差距，实现城乡和谐发展。

——提高劳动力要素流动效率。促进农业转移人口市民化，合理确定农业转移人口市民化的成本分担机制，让在城市就业并有固定住所的农民能够在城市安居，转化成城市居民。

——提高土地要素流动效率。土地是最基本的生产要素，劳动力和资本等要素都必须依附于一定的土地才能形成生产力，土地为其他各种要素配置在农业生产上提供了空间。一是加快家庭承包经营地流转。只有不断加快家庭承包经营地流转，才能有效解决农业生产分散、小规模与大市场、规模化之间的矛盾，更好地发挥土地使用效益。

——提高资本要素流动效率。一是强化农村金融服务，大力支持新型金融机构发展，为农户提供相关金融服务的机构，加大乡镇及以下网点布设力度，引导农村中小金融机构广泛布设金融电子机具，加大自助服务终端推广力度，进一步改善农村的信贷结算和服务环境，解决农村金融机构网点少、金融服务缺位、融资难、资金使用效率低等现实问题，让农民享受到与城市居民大致相等的金融服务。二是提高村镇银行在村居覆盖率。实施农村阳光信贷和富民惠农金融创新工程，对"三农"开辟信贷"绿色通道"，解决农村"贷款慢"问题；进一步强化服务产品创新和担保方式创新，积极推进信贷资金回流农村，破解农村地区"融资难"问题，提升金融服务"三农"水平，促进农村金融与经济互动发展。

（二）四大转变

——从政府主导向市场主导转变。城乡要素均衡配置和平等交换除了要发挥政府的引导作用外，还要结合中央十八届三中全会精神，积极发挥市场在资源配置中的决定性作用，坚持和遵循市场经济发展原则，推进城乡要素平等交换，力避以往政府采取过多行政手段，违反市场经济发展规律又收效甚微的弊端，充分发挥市场在城乡要素交换中的供需调节功能。

——从单向流动向双向流动转变。综观目前广州城乡要素流动，基本以单向流动为主，双向流动、互动仍比较欠缺。劳动力、土地、资本要素大规模向城市流动，这种生产要素单向流动也是导致城乡发展差距不断扩大的重要原因。因此，要促进城乡要素平等交换就必须改变目前生产要素单向往城市流动的现状，加大劳动力、土地和资本向农村流入的力度，实现城乡之间要素均衡流动。

——从单个政策突破向政策集成突破转变。自党的十六届三中全会以来，广州市加大了城乡统筹发展力度，出台了一些涉及城乡要素均衡配置的政策文件，但这些政策文件往往都局限于某一领域，因而实施效果有限。为发挥政策的引导和导向作用，必须从单个政策突破向政策集成突破转变，使政策形成合力，发挥政策的综合指导作用。

——从底层推动向顶层设计转变。以往，在推动城乡要素配置和交换中，建立城乡统一的劳动力市场、推进农民家庭承包地流转、改善农村金融服务等，基本是从底层做起。现在改革已进入深水区，从底层推动无可厚非，但必须加强顶层设计，实现从底层推动向顶层设计转变，尤其要强化城乡要素平等交换的制度建设。

（三）发展目标

1. 2016年发展目标

力争到 2016 年，提高对农民的征地补偿标准，推进城乡劳动力同工同酬同保，并逐步实现同城同待遇。改善农村金融服务，积极发展农村新型金融机构，提高农村金融服务水平。建立城乡资源要素自由流动、公共服务均衡配置、城乡体制机制完善的新型城乡关系，推动全市经济社会发展跨入新阶段。全市城乡居民收入比由 2013 年的 2.23∶1 缩小到 2.18∶1 左右。

2. 2020年发展目标

力争到 2020 年，城乡要素平等交换管理体制和运行机制更加完善，城乡一体化发展水平全面提高，二元体制基本破除，资源要素自由流动，土地逐步实现同权同利，劳动力实现同城待遇，农村金融服务体系健全，城乡物质文明、精神文明、生态文明建设差距逐步缩小，城乡要素平等交换新格局基本形成，"共谋、共建、共富、共享"新型城乡关系有新突破。

五　对策措施

加强城乡要素均衡配置和平等交换，必须改革户籍制度，让农民工享受到与城市居民基本相同的福利待遇，加速农村经营性集体建设用地流转，让农民宅基地用益物权得到充分体现，提高农村金融服务水平。

（一）依法有序地推进农民土地承包经营权流转

土地既是农民赖以维持生存与发展的重要生产资料，也是提高农民收

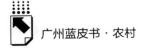

入、改善生活质量最重要的资源之一，但前提是必须赋予农民更加充分而有保障的土地承包经营权，让土地能够自由地在市场流动，使土地资源能够变现为土地资本，这样才能让农民充分享受土地资本带来的收益。

1. 盘活土地资本，让农民分享土地的多重收益

土地承包经营权流转是一个再造农业生产主体的过程，在推进土地规模化经营的同时，让转出土地的农民实现了身份的转化，获得租金、股息及工资等多种收入。由于拥有土地承包经营的收益权，因此，这部分农民实际上是"兼业"的"地主型"市民，可以在城镇获得土地流转后的经济收益。

2. 加强土地承包经营权流转的管理与服务

推动土地承包经营权流转，政府必须加强管理，引导土地承包经营权流转进入良性循环的发展轨道。一是要搭建土地流转的公共信息服务平台。建议在镇一级政府建立土地流转服务机构，可以通过建立网站、做公共告示栏等多种手段收集、发布土地流转的信息，让农民及需求方及时了解和掌握土地流转的信息。二是对流转土地的农民进行必要的指导和辅导。镇政府、村委会要对有流转需求的农民进行必要的辅导，指导农民起草土地流转合同或协议书，规范土地流转程序和手续，推动土地流转健康发展。三是处理好土地流转的纠纷。发生纠纷时，镇政府、村委会要公正处理，保护农民进行土地流转的积极性。

（二）加强宅基地管理，合理解决农民住房需求

为更好地推进土地制度创新，加速实现农村城市化，要努力探索土地换保障、宅基地换住房的实现途径，对自愿放弃土地承包经营权和宅基地使用权的农民，在城镇集体安置住房，并享受与城镇职工同样的养老保险和医疗保险待遇，实行"双放弃换双保障"的政策。

以土地换社保，解决失地农民的养老问题。土地换社保是在农村公共服务体系尚未健全和公共财政制度不完善的制度背景下的一种有效的过渡办法。事实上，广州近年来也一直在不断完善被征地农民的社会保障政策，颁布了

被征地农民社会保障的相关管理办法和措施，对于解决农民的后顾之忧起到一定的促进作用，但这毕竟是土地征用之后的补偿，而对于自愿放弃土地承包经营权的农民，如何以土地换社保，广州还要出台具体的操作办法和措施。

以宅基地换住房，加速城镇化进程。第一，鼓励农民向中心镇、中心村集中居住。鼓励农村宅基地依法流转，允许农民在城镇规划区内，按规划统一建设公寓式农村新居。对农民自愿退出原宅基地，并在镇购买商品房的，可由所在镇给予一定的经济补助，鼓励农户向中心镇、中心村集中。第二，对具有稳定收入来源，且自愿退出宅基地和承包地的农民，给予购买城市保障房的资格。鼓励社会闲置房改建为适合面向农民工出租的经济型公寓；在工业园区和农民工集中的地区，鼓励社会投资机构修建保障性租赁房，按保障性租金标准租给农民工。

（三）推动农村金融创新，提高农村金融服务水平

农村金融是现代农村经济的核心，农村金融能否健康发展不仅直接对农业建设影响重大，而且间接影响农民增收。由于国家对金融监管比较严格，而农村工商户及农民贷款需求又非常强烈，因而，必须以解放思想、先行先试的理念和思路推动农村金融创新。

1. 为农村经济社会提供优质金融服务

面对农村持续增长的金融需求，建立村镇银行，为农民提供微型金融服务势在必行。而目前广州市村镇银行数量远不能满足广州市广大农村地区的金融需求。因此，一是建议农商银行、邮政储蓄银行将扶持农村工商户及农民作为信贷支农重点工作，积极为农村生产和发展提供优质的金融服务。农商银行要积极调整信贷结构，合理安排资金，对规范经营、符合贷款条件、生产经营正常、经营收入稳定、有还款能力的农村工商户及农民，优先给予贷款支持。

2. 引导小额贷款公司规范发展

小额贷款公司对于改善农村金融服务，有效配置金融资源等具有积极的推动作用，但要规范发展：一是坚持小额贷款公司为"三农"服务的原则。

小额贷款公司是由自然人、企业法人与其他社会组织投资设立，不吸收公众存款，小额贷款公司在立足服务"三农"的基础上，要坚持"小额、分散"的原则，面向农户和中小企业提供信贷服务，着力扩大客户数量和服务覆盖面。二是小额贷款公司要进一步拓宽融资渠道，增强资金实力，不断提升为"三农"和中小企业融资的水平，要与其他金融机构相互补充相互促进，为新农村建设、中小企业和个体工商户的发展提供有力的金融支持，成为面向农村的一支重要金融力量。三是引导小额贷款公司健康发展，逐渐替代农村地区有可能存在的地下钱庄或者是高利贷公司，通过推进小额贷款公司发展，引导民间融资走上合法化轨道。

参考文献

张日新、万俊毅：《要素配置与新农村建设研究》，中国经济出版社，2011。

沈彭：《广东农村土地改革实践与理论》，暨南大学出版社，2012。

沈彭：《城乡统筹发展与土地优化配置》，暨南大学出版社，2012。

王建成、葛涛安：《城乡要素配置及变动分析——以江苏省淮安市为例》，《企业技术开发》2013年第6期。

蒋建森：《农业转移人口市民化的制度创新及其实现途径》，《中共浙江省委党校学报》2013年第5期。

周学馨等：《重庆市统筹城乡要素配置的做法与启示》，《探索》2012年第4期。

魏丽莉：《论生产要素市场二元性转化中政府作用的发挥》，《重庆交通大学学报》2011年第10期。

苏华、陈伟华、陈文俊：《要素生产率和要素配置作用下的中国城乡收入差距》，《经济地理》2012年第4期。

B.3

广州市农业转移人口市民化的
成本测算与分析

周晓津　阮晓波*

摘　要：　农业转移人口市民化成本巨大，问题的解决取决于市民化之后的预期收益是否大于目前城乡二元结构维持现状的收益，市民化过程涉及城乡居民利益重新分配。学界理论上注重计算市民化成本，而很少将农民自身的劳动及财产收益加以考虑。就广州的情况而言，农村土地及住宅资本化和农民预期劳动收益完全可以抵消市民化的巨大成本，农业转移人口市民化具有一条可行的路径。

关键词：　农业转移人口市民化成本　土地资本化

一　农业转移人口市民化的动因分析

（一）动因之一：市民化的巨大成本能否负担

中国科学院于 2005 年发布的《中国可持续发展战略报告》进行过测算，城市每加入一位成员，需要的公共支付成本约为 1.5 万元；根据《农民工进城对城市建设提出的新要求》（国家建设部调研组，2006）估算，不

---

* 周晓津、阮晓波，广州市社会科学院经济研究所副研究员。

同城市新增一位市民需要增加市政公用设施配套费各有不同，其中小城市仅需要 2 万元，中等城市需要 3 万元，大城市需要 6 万元，特大城市需要 10 万元，且不包括市政公用设施的运行和管理成本；中国发展基金会于 2010 年发布的《中国发展报告》给出的市民化成本约为 10 万元/人；国务院发展研究中心的《农民工市民化的成本测算》给出的数据为 8 万元/人。

2013 年 9 月，由中国社会科学院城市发展与环境研究所主办的"转型期的城市化：国际经验与中国前景"国际学术研讨会在京举行，据与会专家单菁菁研究员测算，农业转移人口市民化的人均公共成本为 13 万元，若国家在 2025 年基本解决农业转移人口的市民化问题，政府财政每年就需要负担大约 6500 亿元，农业转移人口市民化成本障碍已经成为阻碍农业转移人口市民化的重要门槛。

北京师范大学国民核算研究院发布的《国民核算研究报告（2014）》显示，按照 2011 年的数据，农业转移人口市民化的公共成本只要 3422.55 元，大大低于此前其他研究机构的结果。报告对此做出的解释是，农业转移人口市民化的公共成本是指给予农业转移人口城镇户口，各级政府在教育、医疗、社会保障和城市管理费用等项目的必要支出。显然，政府对农民也有类似的开支，因此，在实现农业转移人口市民化过程中的户籍成本只要计算在城镇居民和农村居民之间的政府行政开支的差别。因此，单从政府支出负担看，农业转移人口市民化是完全可以负担的。

（二）动因之二：市民化后的预期收益是否大于现状二元结构收益

广州城乡二元结构比较突出，7434 平方公里的面积中，农村土地面积占了 67.3%，特别是北部山区镇，基本上处于欠发达水平。2014 年，广州城市居民人均可支配收入 42955 元，同比增长 8.9%；农村居民人均纯收入 17663 元，同比增长 10.3%，扣除价格因素，实际增长 7.7%。从 2008 年起，广州农村居民人均纯收入增速连续五年快于城市居民人均可支配收入增速。2014 年广州常住居民家庭人均消费支出 33385 元，增长

8.7%；农村常住居民家庭人均消费支出 12868 元，增长 10.1%。城市常住居民恩格尔系数为 32.9%。城市常住居民消费支出中教育文化娱乐服务所占比重为 12.8%。农村常住居民恩格尔系数为 42.9%。农村常住居民消费支出中教育文化娱乐服务所占比重为 10.9%。农村人均住房面积显著高于全市平均水平，2014 年常住农村居民年末人均拥有房屋面积 60.1 平方米。

社会保障水平进一步提高。各项社会保险覆盖面继续扩大，保障标准不断提高。60 周岁以上农村居民养老保险参保率达 100%。2014 年医疗救助 58.03 万人次，比 2013 年增长 42.6 倍。民政部门资助农村合作医疗的人数达 10 万人。全社会保险基金收入 797.33 亿元，增长 10.6%；年末五种保险基金累计结余 1417.61 亿元，增长 13.9%。年末享受低保救济的困难群众达 7.24 万人，其中，城镇 2.92 万人，农村 4.32 万人。年末享受失业保险金人数为 6.44 万人，增长 13.2%。

通过调研发现，广州的农村收入情况基本上可以分为三个层次：处于收入最低层次的是北部偏僻山区村，这些山村与外界的联系基本上是一种单向行为，山区镇劳动力外出务工比例低于全国平均水平，更低于湖南、四川、广西等中西部省区，劳动力外出务工比例只有 55% 甚至更低，留村工作的劳动力年人均收入 3500 元左右，而外出劳动力年人均收入水平与全国农民工收入水平大体相当，年人均收入 3 万元左右，换算成月劳动力人均收入为 2500 元左右，其中基本工资和加班工资各占 50%。农村劳动力占农村人口总数 50% 左右，换算成农村年人均纯收入为 8925 元。

处于中等层次的农村具有一定的旅游文化资源，近年来乡村旅游的兴起为这些村庄带来了生机。以从化溪头村为例，2014 年村年人均收入可达 5000 元左右，村民收入可以分为四大项：游客住宿租赁、游客餐饮购物、农作物收入和村民外出打工收入。我们将前三项收入平均到村民身上，村民的年人均收入就已经达到 1.5 万元左右，再将一半的劳动力外出打工收入计算在内，该村年人均收入实际达到 2.75 万元。

处于高收入层次的农村基本上已经城市化。以我们实地调研的番禺区东环街蔡一村为例，该村户籍人口2300人左右，外出工作的劳动力1000余人，外来流动人口6000多人，收入主要来源于厂房出租、商铺租金、耕地及土地出租收益，村集体年收入1500万元左右。村民所有的出租屋600余栋（套）。我们估计该村实际年人均收入3万元。根据不同层次的农村所占比例及人口比例，我们保守估计广州农村实际年人均纯收入为1.8万元至2万元，城乡人均收入比在2.0以下。因此，无论从广州还是全国的情况来看，城乡收入差距并不是中国农村真正的问题所在，而农村群体内部的收入差距才是问题的关键。未来广州农村基本公共服务目标，重点在农村内部群体之间的收入差距如何缩小。

（三）动因之三：城市居民和农村居民利益上的重新分配

农业转移人口市民化之后，城市居民和农村居民主要在公共服务方面存在着利益重新分配，利益重新分配领域包括：城市公共交通、教育、治安、就业、住房、社会保障等。若能有效地保护农村居民产权，农村居民市民化之后，其所拥有的农村产权将有很大的提升空间。在邻近中心城区的农村，农民市民化意愿较低。虽然在二元体制下，农村居民宅基地无法在全市范围内依法流转，但农民仅仅依靠其在所拥有的宅基地上建房就可带来可观的收益。白云区和番禺区农民建房数量惊人，每个农民家庭至少建有一栋出租房，平均每年的出租收益在3万元以上。笔者认为，在推动城乡公共服务均等化的过程中，对近郊农民财产的快速增值必须有健全的税收体制跟进，从而避免近郊和远郊居民财富差距急剧扩大。近年来，相当数量的近郊农民在村改居之后获得大量房产，不少农民家庭仅房产价值就超过1000万元，而在远郊，有相当数量的农村居民处于赤贫行列，家庭财富甚至在10万元以下。由于缺乏有效的财产增值税收调节机制，不但造成近郊新市民财富远高于远郊居民，同时也造成老市民与近郊新市民财富的巨大差别。因此，在城乡平等、同权的过程中，一要明确产权，二要公平自由交易，三要对财富增值进行税收调节，从而形成公平、合理的利益分配新格局。

二 农业转移人口市民化需要支付较大的初始成本

（一）农业转移人口市民化成本的理论解析

学界和政府对于农业转移人口市民化究竟需要支付多少成本，有很多不同的看法。2006 年，住房城乡建设部所做的一项调研显示，不同城市每新增一位市民所需要增加的市政公用设施配套费差异较大，小城市新增市民所需增加的市政公用设施配套费用最低，仅需要 2 万元即可，中等城市新增市民的市政公用设施配套费用增长到 3 万元，而大城市则是中等城市的 2 倍，达到 6 万元，特大城市新增市民费用最高，为 10 万元。2009 年，云南大学发展研究院张国胜所做的一项调研显示，第二代农业转移人口较第一代农业转移人口市民化成本要低，东部沿海地区高于内陆地区。东部沿海地区第一代与第二代农业转移人口市民化成本分别约为 10 万元与 9 万元，而内陆地区则分别约为 6 万元与 5 万元。中国发展研究基金会研究成果显示，2010 年中国农业转移人口市民化的平均成本为 10 万元左右。范红忠（2006）指出：农业转移人口政策是我国农村劳动力转移速度的主要决定因素，政府放松其农业转移人口政策，将促进城市化进程，但城市政府必须支付庞大的显性成本，而能够降低城市政府显性成本的农业转移人口政策有着巨大的机会成本，即造成城市化滞后，拉大城乡和地区经济差距。王桂新等认为，中国城市农业转移人口总体上已达到 54% 的市民化水平，特别是其社会关系、心理认同等非物质维度的市民化都已达到或接近 60% 的较高水平；即使受到户籍制度和以此为基础的二元体制的束缚，我国农业转移人口市民化仍然取得很大进展。张国胜等（2008）根据农业转移人口的聚集地与细分特征分地区、分类型地测算了东部沿海地区第一、第二代农业转移人口市民化的社会成本，内陆地区第一、第二代农业转移人口市民化的社会成本。张国胜（2009）通过构建农业转移人口市民化的社会成本模型，度量分地区、分类型的农业转移人口市民化的社会成本。云南财经大学经济研究院的李妮、杨

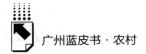
志银（2010）系统地分析因二元户籍制度存在引起的新生代农业转移人口市民化的经济成本和非经济成本，通过相应的制度改革降低市民化成本，可使新生代农业转移人口顺利市民化，真正融入城市中。

由于农业转移人口之间存在许多方面的差别，因此市民化的成本也相差很大。从来源地看，有的农业转移人口来自本市，有的来自市外省内，有的来自外省。从年龄看，大多数新生代农业转移人口较为年轻，但也有许多第一代农业转移人口仍然在城市打工。其他的还存在诸如性别、受教育程度、子女情况等多种差别。一般而言，计算代表性农业转移人口市民化成本时需要对其进行一定的假设。2010 年，国务院发展研究中心《促进城乡统筹发展，加快农业转移人口市民化进程的研究》课题组对代表性农业转移人口进行了如下设定：①假设代表性农业转移人口的平均年龄为 29 岁。②假设男女职工的平均退休年龄为 55 岁，农业转移人口寿命假设为当前我国平均人口寿命，即 73 岁。③代表性农业转移人口需抚养的人口比例等同于全国平均水平，即每个劳动力抚养 0.714 个非劳动力。假设在市民化过程中，农业转移人口所抚养的人口也随之市民化。④不考虑农业转移人口市民化过程中，其所承包的土地等置换或相关费用，仅考虑打工地政府赋予农业转移人口与本地市民同等公共服务所需的支出。⑤许多城市已经给予农业转移人口一定程度的公共服务，例如许多城市已经给予农业转移人口子女教育权利，城市基础设施建设已经考虑农业转移人口的需求等。

（二）公共成本——农民市民化公共成本

国务院发展研究中心课题组（2010）对重庆、武汉、郑州和浙江省嘉兴市的农业转移人口市民化的公共成本进行了重点调研，调研主要采用座谈会和访谈的形式，各个城市的教育、医疗卫生、民政、财政、公安等相关部门参加座谈并提供了详细的资料。这四个城市分别位于我国的东部、中部和西部地区，其中武汉、郑州和重庆为中西部地区的省会城市（直辖市），嘉兴为东部地区的地级市，因此对分析我国大中城市的农业转移人口市民化成本具有一定的代表性。课题组测算政府负担的农业转移人口市民化成本大致包括教育、医疗、养老、各种民政补助救助和社会管理（包括基础设施）等方面（见表1）。

表1 四市农业转移人口市民化的成本测算

项目	重庆市	嘉兴市	武汉市	郑州市
1. 义务教育小学生（元）	3021.0	5807.6	7898.3	3252.2
中学生（元）	3077.6	7321.9	10067.7	4931.3
校舍（元）	2773.3	2659.3	2919.3	3016.8
2. 居民合作医疗保险（元/年）	62.4	118	52.0	31.2
3. 基本养老保险（元/年）	35816.3	36089.0	29753.9	42049.3
4. 民政部门的其他社会保障意外伤害保险（元/年）	5.0	—	—	—
低保（元/年）	85.9	76.5	80.7	59.0
医疗等救助（元/年）	9.0	8.2	49.4	15.9
妇幼保健等（元/年）	13.5	46.1	6.3	
孤寡老人（元/年）	14.2	8.0		
5. 城市管理费用（元/年）	490.7	338	401.0	259.8
6. 住房（元）	8570.1	10284	9975.6	8696.9
合计总成本（元）	80408	83690	85087	77361

中国社会科学院城市发展与环境研究所在北京发布城市蓝皮书《中国城市发展报告 No.6：农业转移人口的市民化》称，中国东、中、西部地区农业转移人口市民化的人均公共成本分别为 17.6 万元、10.4 万元和 10.6 万元，全国平均约为 13 万元。北京师范大学国民核算研究院发布的《国民核算研究报告（2014）》显示，按照 2011 年的数据，农业转移人口市民化的人均公共成本只要 3422.55 元，大大低于此前其他研究机构的结果。报告对此做出的解释是，农业转移人口市民化的公共成本是指给予农业转移人口以城镇户口，各级政府相应地提供其在教育、医疗、社会保障和城市管理费用等项目上的必要支出。显然，政府对农民也有类似的开支。因此，在实现农业转移人口市民化过程中的户籍成本只要计算城镇居民和农村居民之间的政府行政开支的差别。

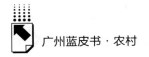

（三）个人成本——农业转移人口市民化个人成本

个人成本主要指农业转移人口及其家庭人口在城镇定居所需要支付的生存和发展费用。农业转移人口市民化之后，其所负担的个人成本将同城镇居民家庭一样会有如下几项成本支出：一是消费性支出，主要用于日常生活消费，其中服务性消费支出占有较大比重；二是财产性支出，如用于各种投资等；三是转移性支出，如交纳所得税、捐赠、赡养等支出；四是个人支付的社会保障支出；五是购房或建房支出。2013 年广州城市居民中等收入家庭人均现金支出为 38249.27 元，中等偏下家庭人均现金支出为 30305.39 元。本文在此以中等收入家庭为例，2013 年广州城市居民家庭人均消费性现金支出为 30934.16 元，占人均总支出的 80.88%；财产性支出 4384.44 元，占人均总支出的 11.46%；转移性支出 2798.28 元，占人均总支出的 7.32%，用于社会保障支出只有 132.39 元，不到 0.35%，而购房或建房支出则没有（见图 1）。

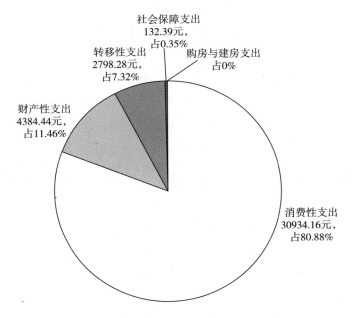

图1 2013 年广州城市居民中等收入家庭人均现金支出情况

从全国的情况来看，据《中国城市发展报告 No.6：农业转移人口的市民化》（2013）测算，我国东部城镇人均生存发展成本为 2.0 万元每年，该标准与广州城市低收入家庭人均支出大致相等。2013 年广州城市居民低收入家庭人均现金支出为 19740.39 元。由于农业转移人口在城市一般没有住房，因此需要支付购房或建房成本。据《中国城市发展报告 No.6：农业转移人口的市民化》（2013）测算，按住房建设成本计算，2011 年，我国东、中、西部城镇农业转移人口分别需要支付 12.6 万元/人、8.4 万元/人和 9.1 万元/人的购房成本，全国平均为 10.1 万元/人。以农业转移人口人均生存 40 年计算，以 2013 年不变价格计算，广州农业转移人口市民化所支付的个人成本至少需要 92 万元（低收入标准）。

三 农业转移人口市民化成本估算

国内有关农业转移人口市民化成本研究，与其说是经济学意义上的成本分析，倒不如说是从财务成本管理的角度来列举农业转移人口市民化的进程中所必须支付的看得见的成本。所以，我们可从福利经济学的视角，探讨农业转移人口成为市民后的福利变化导致的补偿标准。

（一）不同城市农业转移人口市民化成本

长期以来，中国农村和城镇的人均收入明显不同，城市人均可支配收入目前已经是农民纯收入的 3 倍以上。在考察农业转移人口市民化成本的时候，为方便起见，笔者假定农业转移人口的需求曲线在不考虑等价补偿的情况下，农业转移人口市民化成本可以近似地采用图 2 阴影部分中的长方形部分来度量最低成本。

$$CV = （本市居民预期人均寿命 - 农业转移人口市民化时的年龄）× 全市城市居民人均年消费支出金额$$

从国际视角看，移民成本与农业转移人口市民化成本基本类似。移民接收国家和地区通常对他国和外地移民设置各种条件和障碍，其中最重要的一条就是资本障碍，资本障碍的实质就是外来移民本国化成本。以我国香港地区为例，在没有取消投资移民前，中国内地居民越来越多地选择投资移居香港，其最低投资额大致等于内地移民成为香港市民后没有工作收入的情况下香港地方财政向移民转移支付的总和。

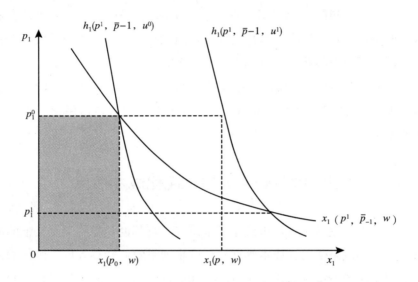

图2　农业转移人口市民化最低成本

如果考虑到大城市地方政府每年在教育、医疗和社会保险等社会公共福利领域的巨额投资（通常这类投资占到其财政支出总额的30%），则这些大城市农业转移人口市民化成本将会更高。以1600万常住人口计算，2010年广州用于民生领域的人均支出达到1569元，由此推算2010年一个25岁的外地农业转移人口成为广州市民后，其随后的50年内为保证该市民生活质量稳定需要支付的财政投入为7.85万元。事实上这种财政投入是稳定增长的。2014年，广州市本级用于民生和各项公共事业支出435.8亿元。

同样以1600万常住人口计算，2014年广州用于民生领域的一般预算财政支出达到435.6亿元，比2010年增加184.5亿元，增幅高达73.5%。常住人口人均一般预算财政支出达到2722.7元，由此推算2014年一个25岁的外地农业转移人口成为广州市民后，其随后的50年内为保证该市民生活质量稳定需要支付的财政投入上升到 13.61 万元。地方政府公共财政为每个农业转移人口所必须支付的真实成本大致可通过计算常住人口人均一般预算财政支出得到。

（二）对农业转移人口市民化成本进一步解读

表面上看，以 2010 年的成本来计算，一个 25 岁的外来务工人员成为广州市民必须支付的最低成本为 119.7 万元（周晓津，2011）。2010 年广州农业转移人口人均月收入 2000 元左右，年收入 2.4 万元，到其 60 岁退休，该农业转移人口收入的现值最低不少于 84 万元，高于广州本地居民同期中等收入户当年的消费性支出。

2014 年全国农民工总量已经达 2.74 亿人，其中，外出农民工 1.68 亿人，外出农民工月平均收入 2864 元，年均收入 34368 元。一个 25 岁的农民工工作到 60 岁退休，其预期现金收入 120.288 万元。根据周晓津（2011）的方法，2014 年广州城市常住居民家庭人均消费支出 33385 元，一个 25 岁的外来农村转移劳动力成为广州市民必须支付的最低成本已经上升到 116.848 万元，其收入已经超过广州城市居民家庭人均消费支出，在不考虑其在广州组建家庭生儿育女的情况下凭自身劳动其就可完全支付其市民化的成本。若政府医疗、教育、社会保障和环境保护等民生领域的公共服务支出不计算在农业转移人口市民化成本之内（即我们通常所说的公共服务均等化，让外来务工人员享受与本地户籍人口同等的公共服务待遇），则大部分年轻外来务工人员完全可以支付其城市生活所需的成本开支。

广州 800 万外来务工人员中，约有 240 万从事商务工作，560 万来自本省和外省的农业转移人口。广州从事第二、第三产业的劳动力中，缺乏社会保障的外来务工人员约 420 万人，而这 420 万人当中，有 120 万以上的外来务工人员具备自我保障的能力。因此，广州能够从经济上支付其市民化成本的外来务工人员有 500 万人左右，占全部外来务工人员的 62.5%；难以支付市民化成本的外来务工人员只有 300 万人，仅占全部外来务工人员的 37.5%，这部分人口大多年龄较大，其子女大部分已经长大成人。

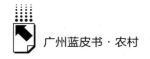

四　农村土地资本化是解决市民
化成本难题的有效途径

社会保障实行统筹和个人账户相结合，按国家制定的制度规范执行。实现由农业人口到城市居民的转变，依靠农村土地的资本化来完成其成本的支付是解决市民化成本难题的有效途径。

（一）农用地使用权的流转收益可用于支付社保成本

国际上一般认为，一个国家的社会保障支出，至少应当包括社会保险支出、社会福利救济支出、军人优抚支出和自然灾害救济支出、住房保障、农村社会保障等内容。社会保险支出是一种将风险集中而转移给政府服务机构的制度措施，它是社会保障支出的核心内容。它具有强制性、互济性、社会性、福利性等特点。根据国际劳工局的规定，一个国家的社会保险支出应包括以下内容。

1. 养老保险支出

我国的养老保险覆盖范围为城镇各类企业的职工、各类从业人员、企业化管理事业单位的职工（不含机关、全额拨款事业单位），采取现收现付"（统筹基金）＋部分积累（个人账户）"，实行20%（单位工资总额）＋8%（本人工资）的形式筹集资金。从2009年开始，在部分农村地区试点建立新型农村社会养老保险制度。

2. 失业保险支出

失业保险支出是指对被保险人因失业而失去生活来源所付的津贴，以保障其生活。领取失业津贴只限于非自愿失业工人，而且失业工人在领取津贴前必须去政府就业管理部门登记。我国的失业保险覆盖范围为城镇各类企业、事业单位的全体职工，职工失业后，可享受12～24个月的失业救济，采取2%（单位工资总额）＋1%（本人工资）的形式筹集资金。

3. 医疗保险支出

我国的医疗保险覆盖范围为企业、机关、事业、社会团体、民办非企业单位及其职工，采取社会统筹＋个人账户，以6%左右（单位工资总额）＋2%（本人工资）的形式筹集资金。

4. 工伤保险支出

工伤保险支出是指对被保险人在工作时间内或执行职务时所受伤害给予的补偿。伤害包括工业伤害和职业病伤害两种。我国的工伤保险覆盖范围为城镇各类企业单位的全体职工，采取现收现付，行业工伤事故及职业病风险程度的高低实行差别费率，由企业工资总额的1%筹集资金。

5. 生育保险支出

生育保险支出是指国家对被保险的女职工，因生育不能工作所带来的经济上的损失予以补偿，以保障其生活。我国的生育保险覆盖范围为城镇各类企业单位的全部职工，采取现收现付，包括孕产期医疗费用（检查费、接生费、手术费、住院费、药费以及并发症治疗费用）和产假期间的生活津贴（按上年度平均工资100%发放）。

6. 遗属保险支出

遗属保险支出是指政府对因家庭主要成员死亡而失去经济收入来源的其他家庭成员给予的抚恤金或救济金。1953年出台的劳动保险制度从一开始就规定，只要被认定为死亡职工（包括退休职工）的受赡养的亲属，都可以享受相应的遗属抚恤。但因工（公）死亡和非因工（公）死亡（包括因病死亡）的待遇有所不同：前者可以享受定期抚恤，按死亡职工工资的一定比例给付；有特殊困难的，还可以由发给抚恤费的单位酌情给予补助。后者只能享受一次性救济，相当于死亡职工生前6~12个月的工资。一次性补贴往往不能解决遗属的长期生活困难，因而在实施中逐渐变为定期或不定期的遗属补助。但是，按当前的生活标准看，遗属抚恤和遗属补助的标准往往偏低，甚至达不到当地的最低生活保障标准。

2013年，广州社保基金总收入720.5亿元，增长13.6%，其中市本级总收入 709.6 亿元，增长 13.6%。全市社会保险基金主要收入项目：企业职工基本养老保险 339.2 亿元，增长 15.7%；失业保险 35.2 亿元，下降 20.1%，收入下降主要是根据国家和省的要求，2013 年 4 月和 7 月两次调整费率，全年综合费率从 3% 降至 2%；城镇职工基本医疗保险 244.6 亿元，增长 16.2%；工伤保险 9.7 亿元，增长 31.5%。社会保障基金收入大幅增长主要是由于根据国家和省的要求，2012 年下半年阶段性下调工伤缴费比例 50%，2013 年恢复原缴费比例；生育保险 12.5 亿元，增长 21.2%；其他保险基金收入 79.3 亿元，增长 15.3%。

2013 年，广州社保基金总支出 522.3 亿元，增长 17.3%，其中市本级总支出 511.4 亿元，增长 17.6%。全市社会保险基金主要支出项目：企业职工基本养老保险 272.3 亿元，增长 14%；失业保险 10.5 亿元，增长 10.6%；城镇职工基本医疗保险 166 亿元，增长 25.96%；工伤保险 5.4 亿元，下降 8.0%，支出下降的主要原因是 2012 年一次性向省里上缴了历年欠缴的工伤保险储备金 0.8 亿元，导致 2012 年收入基数增大；生育保险 10.02 亿元，增长 44.23%；其他保险基金支出 49.08 亿元，增长 22.93%。2013 年广州社保基金当年结余 198.2 亿元，历年滚存结余 1245 亿元，其中市本级当年结余 198.2 亿元，历年滚存结余 1241 亿元。

（二）宅基地使用权的流转收益可用于支付住房成本

自 2003 年以来，与全国其他城市相同，广州房价经历一个快速增长时期（见图 3）。截至 2014 年 8 月 24 日，广州二手房均价：21081 元/平方米，环比上周上涨 0.4%，同比 2013 年上涨 21.3%。

表面上看，广州农业转移人口市民化之后的住房成本巨大，以一个四口之家计算，2014 年进城购买 80 平方米的住房均价高达 162 万元。广州各区房价差异较大，越秀区住房均价已经高达 31200 元/平方米，承载较多农业转移人口的白云和番禺两区的住房均价分别为 15900 元/平方米和 13900 元/平方米，新兴的花都城区住房均价则只有 8700 元/平方米，最低的从化仅 7600 元/平方米。

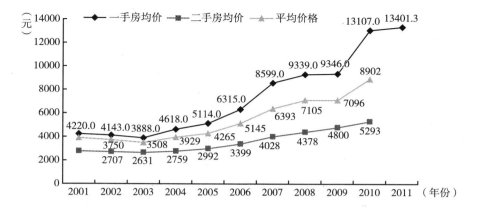

图3 2001～2011年广州房地产市场一手以及二手房均价走势

资料来源：新浪地产，http：//dichan.sina.com.cn/gz/zt/gzfdc/。

从实际情况来看，广州农业转移人口的住房成本可大幅度降低。除从化、增城、花都和南沙等地区较为落后的农村转移人口市民化住房成本较高之外，其他城区的农业转移人口若能将宅基地使用权有效流转，将获得相当大的收益来支付住房成本。从广州高清卫星影像上可以看出，广州本地户籍人口建造的房屋超过100万栋，其中白云和番禺两区占60%左右。

（三）宅基地对应的建设用地指标流转可用于支付公共成本

宅基地对应的建设用地指标流转或者宅基地直接对城市居民开放之后形成的资本化收益完全可以用于支付公共建设成本。目前，农村居民宅基地流转仅限于农村集体，尚没有对城市居民开放。很明显，若农村居民宅基地向城市居民开放，通过市场交易才能真正实现其内在的价值，政府仅需对这类交易收取印花交易税或增值税就可以为公共建设支出筹集可观的资金。

参考文献

傅晨、任辉：《农业转移人口市民化背景下农村土地制度创新的机理》，《经济学家》

2014 年第 3 期。

陈锡文：《当前农业和农村经济形势与"三农"面临的挑战》，《中国农村经济》2012 年第 1 期。

国务院发展研究中心课题组：《促进城乡统筹发展，加快农民工进城研究》，《发展研究》2011 年第 12 期。

韩长赋：《中国农业转移人口发展趋势与展望》，《经济研究》2006 年第 12 期。

李培林、李炜：《农业转移人口在中国转型中的经济地位和社会态度》，《社会学研究》2007 年第 3 期。

单菁菁：《中国农业转移人口市民化研究》，社会科学文献出版社，2012。

张日新、万俊毅：《要素配置与新农村建设研究》，中国经济出版社，2011。

赖华东：《循序渐进推动农业转移人口市民化——以浙江省为例》，《浙江经济》2013 年第 16 期。

魏后凯等：《中国农业转移人口市民化进程研究》，《中国人口研究》2013 年第 5 期。

广州市家庭农场发展研究

陈风波*

摘　要： 本文通过实地调查了解广州市家庭农场的发展现状和可能的发展前景，分析家庭农场发展的难点和制约因素，结合国家、省级层次有关家庭农场政策，确定广州市家庭农场标准及其相关扶持政策，为促进广州市家庭农场良性发展提供政策建议。

关键词： 家庭农场　家庭劳动力　认定标准

一　广州市家庭农场发展基础和现状

（一）广州家庭农场发展的基础

1. 农业产业基本情况

从三次产业结构来看，广州市已经进入后工业化阶段，达到中等发达国家产业结构水平。农业 GDP 所占比重一直处于下降趋势，进入 21 世纪，工业 GDP 所占比重也开始不断下降，第三产业 GDP 所占比重不断增加。截至 2012 年，农业 GDP 占比为 1.57%，工业所占比例为 34.83%，第三产业为 63.58%。

从不同地区来看，产业结构也存在较大差异。2012 年，天河、越秀、

＊ 陈风波，华南农业大学经济管理学院副教授。

荔湾、海珠、黄埔和萝岗的农业 GDP 所占比重已经下降 1% 以下，从化和增城农业 GDP 所占比重相对较高，分别为 8.53% 和 6.55%，南沙为 5.29%，其他各区农业所占比例均不超过 5%。天河、越秀、荔湾、海珠、白云和番禺区的第三产业占 GDP 的比重都已经超过 50%，越秀区和天河区与荔湾区已经转化为以服务业为主的城市，而黄埔、花都、南沙和萝岗制造业的比重较大，增城和从化制造业所占的比例还处于上升之中。

从农业内部产业结构来看，20 世纪 80～90 年代，种植业产值占比不断下降，畜牧业和渔业产值占比不断上升。进入 21 世纪之后，基于对环境的考虑，畜牧业发展有所限制，其产值所占比例有所下降，种植业出现恢复性发展，但其所占比例一直没有超过 60%。2012 年，种植业产值所占比重为 51%，林业占 0.87%，畜牧业占 20.9%，渔业占 17.3%，农林牧渔服务业占 9.79%。

就种植业内部结构而言，粮食种植已经大面积减少，其种植面积只占农业生产土地面积的 27%，而蔬菜和水果则分别占到 41% 和 19%。2011 年，粮食作物产值只占农业总产值 8.96%，蔬菜占到 36.35%。可见农民农业收入也主要来自经济作物，粮食生产已经处于非常次要的地位。

2. 广州市农业人口和耕地

自改革开放以来，广州市户籍人口一直处于上升状态，从改革开放初期的 480 万增加到 2010 年的约 800 万。尽管农业人口占总人口的比例不断下降，但在 2000 年以前，广州市农业人口一直稳定在 240 万左右。随着广州市"城中村"改造的进行，大量原来属于农业户籍的农业人口转变为城市居民，2001～2003 年，农业人口从约 250 万下降到约 100 万，农业人口比例下降到 13.7%。截至 2012 年，农业人口进一步下降到约 78 万人，农业人口比例下降到约 9.5%。

不同地区农业人口比例存在较大差别。其中增城、从化、花都、番禺和白云的农业人口均接近或超过 10 万人，萝岗和南沙农业人口相对较少，越秀区已经完全没有农业人口。从不同地区农业人口所占比例来看，南沙农业人口比例最高为 27%，其次是从化为 25%，花都区、萝岗区和增城区约为

20%，番禺区和白云区约为12%，越秀区、荔湾区、天河区、海珠区和黄埔区已经实现城市化，农业人口所占比例不到5%，天河区和越秀区农业人口所占比例不到1%。

随着广州市城区扩张，道路和厂房修建，农业生产的基础——耕地处于不断萎缩状态。从1978年到2012年，广州市耕地面积从25万公顷下降到10万公顷以下，农业人口人均耕地面积从1.5亩下降0.5亩以下，农业劳动力人均耕地面积从3.15亩下降到2.2亩。尽管人均耕地不断减少，但耕地流转比例和规模却在不断增长和扩大。2013年全市家庭承包耕地流转面积63万亩，占家庭承包经营耕地面积的43%，较上年新增流转面积0.68万亩。部分区县土地流转比例更高，以番禺区为例，2012年底，番禺区家庭承包耕地流转总面积（含南沙三镇）22.9万亩，占全区家庭承包耕地面积68.6%。2013年底，番禺区家庭承包耕地流转总面积12.3万亩，占全区家庭承包耕地面积80.9%。其他地区也存在类似的情况。农村人口减少和土地流转面积的增加为广州市家庭农场的发展提供了条件。

3. 广州市农民收入及其结构

从收入结构来看，2012年农村家庭人均纯收入中，来自工资性收入为10384元，约占人均纯收入的61.85%，约80%的工资性收入来自当地乡镇务工收入；来自家庭经营性纯收入为1306元，约占人均纯收入的13.74%，而来自农业经营性纯收入只有1318元；来自财产性收入为3201元，占人均纯收入的19%；来自转移性的收入为895元，约占人均纯收入的5%。可见工资性收入和财产性收入是广州市农民收入的主要组成部分，真正来自家庭农业经营人均纯收入所占人均纯收入比例已经下降到8%。但此数据为每个价格的平均数，反映了广州市农村居民收入中，农业所占比例已经很小，这也为农村居民脱离农业创造了条件。

（二）广州市家庭农场发展现状和问题

通过对广州市家庭农场发展基础的分析，可以了解到广州农村居民已经成为一个少数群体，真正以农为业的人更少，大部分农民以兼业为主，来自非农之外的工资性收入已经占到绝大部分。从这个角度来看，广州市农民大部分已经不是职业意义上的农民。造成这种状况的原因在于本地非农就业机会和非农收入的大量增加。农业逐渐变成一个稀缺的产业，农民变成一个稀缺的群体，农村社区逐步成为城市居民休闲的场所，农业所具备的生态功能和文化功能在不断强化。与此同时，随着农村人口的大量减少，家庭农场的发展正在具备条件。由于广州市没有出台关于家庭农场的政策，缺乏相应的统计数据，本部分的分析主要依赖于政府提供的调研报告和调查组对各区县的调查和访谈。

1. 增城区

增城区已经认定注册的农民专业合作社 320 个，合作社成员 12000 多户，基本上是家庭农场。家庭农场类型中以从事种植业为最多，约占 60%；水产养殖业约占 30%，从事蛋禽养殖占 3% ~ 5%，从事园艺生产占 2% ~ 3%，从事种养结合型约占 10%。从家庭农场规模来看，经营面积在 100 亩以下的占 60%，100 ~ 500 亩的占 30%，500 ~ 1000 亩的占 7%，1000 亩以上的占 3%。[①]

对增城农业局的访谈显示，增城暂时没有制定针对家庭农场的扶持政策。增城农业局的同志反映，自从 2013 年中央一号文件提出鼓励家庭农场发展之后，并没有说明什么是家庭农场，相关统计数据主要是通过估算，具体政策依然需要等上面出台决定。

增城农业局的报告显示，家庭农场发展存在的问题有以下几方面。

（1）产业化程度较低。目前家庭农场 500 亩以上的占 10% 左右，很难形成产业规模，产品市场竞争力弱，经济效益不高。

（2）职业技术教育发展滞后。针对家庭农场职业技术教育培训相对较少，而农民则受文化知识基础差、年龄大等因素的制约，对培训缺乏积极性。

---

① 资料来源于增城农业局的统计数据。

（3）短期性土地流转制约家庭农场发展。目前增城土地流转期限普遍偏短，以三五年居多，甚至一年一租。大户对修建灌溉设施、培肥地力等事关长期发展的项目不愿也不敢投入。

（4）人多地少制约家庭农场发展。家庭农场需要相应的规模才能施展才干和实现规模效益，但目前增城人多地少的总体格局制约着家庭农场的发展。

（5）缺乏具体扶持政策。目前的农业补贴都是直接发放给有承包土地的农民，通过土地流转的种粮大户、家庭农场以及农民专业合作社等新型农业经营主体基本上享受不到或者只能享受到很少一部分。

2. 从化区

从化现有耕地面积321732亩，山林地1883402亩，可供渔业开发利用水面17851亩。截至2013年底，全市土地流转面积达59903.45亩。从流转形式来看，以转包、出租为主。全市在工商注册的农民专业合作社总数达276家。近年来，因村施策发展"一村一品"农业，大力推进农业规模开发。经摸底调查从化市规模经营家庭户数4603户，其中规模经营种植业有2046户，规模经营畜禽业有1593户，规模经营水产养殖有297户，规模经营林业种植有543户，规模经营其他副业有127户。与合作社对接家庭为1033户，与龙头企业对接家庭为57户，在工商部门登记注册的规模化经营家庭78户。

整体来看，农业规模经营主体趋于多元。当前仍以农户家庭承包经营为主，且占比持续下降，专业大户、农民专业合作社、农业企业三种模式的规模经营占比持续增加。但从化家庭农场的规模和数量还不大，所占农业总产值的比重也不大；传统农业经营模式投入高、成本高、风险高，集约化、专业化、组织化和社会化程度低；家庭农场经营主体积极性不高，经济效益不显著，同时，其受教育程度也普遍偏低。

其面临的主要问题有以下几方面。

（1）自然条件影响规模化生产。从化农村人口人均耕地约0.74亩，农户承包地块零星分散，集中连片的规模经营受到制约。

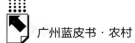

（2）农民依恋土地制约规模流转。农民仍把土地作为重要的生产资料和生活保障手段，大量农村劳动力即使离乡也不愿离土，影响了土地的规模流转。

（3）经营主体实力不强难以推动规模化经营。大部分农民专业合作社资金实力不强，农业龙头规模偏小，带动能力不强，制约农业规模化经营。同时，农业生产以单体经营为主，经营规模不大。

（4）政策不够完善。一是政策措施不配套，财政资金、用地用电、金融保险等支持规模经营的政策及土地流转、科技信息等方面服务仍不足。二是服务体系不完善，甚至有的服务组织缺乏科技力量和发展资金，难以提供技术指导和市场信息。三是保障机制不健全，比如目前高效种养业等品种还没有纳入承保范围。

3. 番禺区

番禺区对家庭农场没有进行系统统计，但从土地流转和合作社发展情况可以大致了解家庭农场发展状况。番禺区现有行政村 177 个，下辖 1367 个生产队，属一级经济的村 129 个，属二级经济的村 48 个。2013 年，农村在册人口约 40 万，农户总数约 15 万户，劳动力约 28 万人，农村居民人均纯收入 20206 元，全区农村集体所有农用地总面积 18.8 万亩。

区农业局专门制定了土地流转补贴政策《关于印发番禺区统筹城乡经济社会发展一体化相关实施办法的通知》（番农〔2009〕8 号），对把土地流转集聚到连片 100 亩的农业企业（种养大户）的农户，每年每亩给予 100 元的补助，补贴期限暂行三年，该补助由区、镇（街）财政按 8∶2 的比例分担。经区政府常委会议讨论提出农村土地承包经营权规模流转"以奖代补"的方式，从 2014 年起，对直接与村股份合作经济社或小农户签订土地承包合同连片经营面积 100 亩以上且合同经营期限 5 年以上（含 5 年，即从 2013 年 1 月 1 日之后签订合同）的土地集约单位，在获得市级以上财政农业项目补助的基础上，区财政一次性按照 200 元/亩的标准给予补助。财政资金不再直接补贴至出租农户方。

鼓励农村土地承包经营权有序流转。2012 年底，全区家庭承包耕地流转总面积（含南沙三镇）22.9万亩，占全区家庭承包耕地面积68.6%。2013年底，全区家庭承包耕地流转总面积12.3万亩，占全区家庭承包耕地面积80.9%。2011年9.4万亩土地流转了经营规模100亩以上的种植大户，比上年增加1.3万亩，占当时家庭承包耕地流转总面积42%。其中，经营规模为100~199亩的流转面积4.7万亩，200~299亩的流转面积1.7万亩，300亩以上的流转面积2.9万亩。区、镇财政安排2009~2011年土地流转补贴合计2447.03万元，其中区财政为1957.624万元，镇财政为489.406万元。

番禺区土地流转经营模式主要有三种：一是种养专业大户转包模式，村民以合理地租把土地转包流转给当地或引进的种养能人发展种养业，开展规模经营。二是土地入股利益返还经营模式。三是村民小组按农民自愿的原则集中连片地将土地出租流转给农业龙头企业的经营模式，企业又优先安排出租土地的村民打工，达到农业增效、农民增收、私营企业获利的双赢效益。其中第一种经营模式较为接近家庭农场模式。

此外，农民专业合作社的发展也在一定程度上体现了番禺区家庭农场的发展。2014年，全区共有农民专业合作社36个，社员817人，注册资本共1059万元，带动农户5360户，合作社成员人均增收约1063元。农民专业合作社主要从事蔬菜、水果、花卉种植，水产、禽畜养殖，农机维修租赁服务，销售特色农产品等。其中，5个农民专业合作社被评为"市级示范社"，占全区示范社总数的15%。

4. 花都区

2014年8月下旬，调查组和广州市农业局的工作人员对花都区农业局进行访谈，并参观了当地一些农场。花都是调查区县中唯一对家庭农场进行调查并出台家庭农场扶持办法的地区。花都区有60多万人，20多万亩水田，人均不到1亩。目前花都区的土地流转率已经超过50%，现在农村土地绝大部分由经济社统一流转，政府每亩补助100元给农民。当地农村劳动力较少从事农业生产，由于当地靠近机场和皮具厂，大部分农村劳动力在皮具厂和机场打工，大部分土地流转给外地农民或老板种植蔬菜和花卉。

2013 年 10 月份的调查数据显示，花都区家庭农场中本地户籍有 1761 户，外地户籍有 1529 户。其中种植业中粮食生产和蔬菜种植基本以外地农户为主，水果种植基本上是本地农户，苗木花卉种植本地户和外地户数量相当。牲畜饲养户中本地户和外地户都有，但基于环保压力政府进行了限制。生猪养殖户中，50～100 头的以本地户为主，而 100 头以上的以外地户为主。水产品养殖以本地户为主，户均养殖面积在 30～50 亩之间居多。肉鸡养殖户以本地户为主。

与此相应的，区农业局制定了家庭农场的扶持办法，估计在 2014 年会在区政府通过。对获得国家、省、市示范家庭农场称号的，分别一次性给予 10 万元、6 万元、3 万元奖励。重点扶持对象是有本地户籍的农户，尤其是农村户籍的。

水稻连片种植的很少，种植面积逐年下降。花卉种植面积增加一般在 20 亩左右。外来商一般连片承包不低于 50 亩，但是现在地租上涨很多，每亩 1000 元的租金已经很难租到土地，基本上是亩租 2000 多元。

花都区家庭农场发展面临一些制约因素，具体包括：①市场风险过大影响家庭农场发展。家庭农场受很多不确定因素影响，如农产品价格变化太快，农民只关注生产，很难把握市场，产品多了不能及时销售，损失很多。②请工很困难，依靠家庭劳动力又不够。③外地户承包期限短，有很多短期行为，由于存在很强的流动性，当地政府很难进行管理。

5. 南沙区

2014 年 9 月，调研组和广州市农业信息中心工作人员对南沙区榄核镇涁湄村进行了走访。

2013 年南沙农业总产值是 73 亿多元，农业人口 28.5 万，其中劳动力约 19 万人。南沙区农业产业结构主要为种植业和养殖业。种植业面积为 28 万亩，水产养殖面积为 12 万亩。种植业分品种主要是粮食、蔬菜、水果和花卉。粮食每年种植面积为 9 万多亩，占种植业用地面积为 3 万亩左右；蔬菜面积接近 7 万亩；水果面积为 6.5 万亩（不包括果蔗，其中，山地荔枝有 1.8 万亩，香蕉有 3500 亩，其余都是不成规模的其他品种）；果蔗种植面积有 8 万多亩；花卉和苗木约 3.5 万亩。水产养殖以高档咸淡水养殖品种为主。畜牧养殖主要是禽类和生猪。禽类包括鸡和鸭，一年出产 500 多万只，生猪一年的出栏量是 25 万头。

总体来看，南沙还没有制定家庭农场的相关政策。由于缺乏具体的、可操作标准，相关部门很难对家庭农场进行认证，目前没有家庭农场拿到牌照。南沙区政府在制定的《南沙区优农富民工程 2014—2016 年实施计划》中也提到了按家庭农场的面积，对成立家庭农场的农户给予奖励，但具体的标准及操作还在进一步商讨之中。当前区政府对农民扶持的政策有：对种植蔬菜的农户，按照建造设施成本的 1/2 给予补助。对种植非蔬菜的农户，按照建造设施成本的 1/3 进行补助，而且对家庭农场和农民专业合作社是优先安排补助。虽然全面进行提供贴息贷款，但是家庭农场、农民专业合作社很难提供相应的抵押物。目前相关部门正在探索，贴息贷款要到 2015 年才开始启动。

从当前情况来看，南沙区种植面积 20～30 亩的农户比较多，经营 50 亩以上的有 100 多户（不包括北部三镇），占到整个面积的一半，粮食规模种植达到 100 亩以上的只有少数几户。

农民专业合作社发展比较迅速。从 2007 年开始到 2013 年底发展了 110 多家，其中 2013 年就发展了 50 多家。但实际运作的不多，虽然区镇都发动成立合作社，但真正达到统一生产、统一管理等标准的很少。合作社规模参差不齐。5 户就可以成立合作社，大部分的合作社不到 10 户，少量的有 20～30 户。这些可规范的小合作社要申报市里的示范县合作社比较困难，因为基本条件都达不到。

但发展农民专业合作社还是比较困难的，其中的问题主要包括如下几方面：①农民的土地流转问题，因为在 2005 年土地股份化以后，95% 的土地都给农民了，但是农民土地流转是比较麻烦的，所以很难弄到土地。②政府政策扶持没有具体标准，工商局很难对家庭农场进行认定。③税收和财务问题。虽然家庭农场可以申请免税，但要递交账目，手续很麻烦，按照规定家庭农场的账目必须由财务人员来做，财务人员一年薪水支出要 6000 元，加

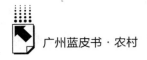

重了家庭农场经济负担。④国土局对土地的使用审批严格，家庭农场的建设用地很难获得国土部门的批准。

二 国内家庭农场确定标准和扶持政策

（一）国内家庭农场的确定标准

中国农业部认为家庭农场是以农民家庭成员为主要劳动力，以农业经营收入为主要收入来源，利用家庭承包土地或流转土地，从事规模化、集约化、商品化农业生产的新型农业经营主体。从此概念来看，家庭农场的确定标准应该围绕三方面：依靠家庭劳动力为主，农业收入为主，符合现代市场农业的特征。

如果要制定家庭农场的扶持政策，必须先对家庭农场的标准进行确定。农业部的观点是家庭农场一定要流转别人的土地，达到适度规模，但规模达到多大可以由地方来制定标准。[①] 郭熙保（2013）提出家庭农场的标准包括：农村户口，以家庭为经营单位；农场主年龄50岁以下，高中以上文化程度，5年以上务农经验；常年至少有两个劳动力以从事农业生产为主，少量雇用季节工；对耕地至少拥有10年的经营权；经营耕地面积在100～300亩之间；农业收入占家庭全部收入的80%以上。但不同地方差异很大，不能形成一个统一的标准。中国社会科学院农村发展研究所研究员党国英认为，要想让农户平均收入赶上城市水平，我国就必须把农户数量减少到3000万左右。这意味着我国农户的平均经营规模应在60亩以上，其中种粮户规模应更大一些，而水果、蔬菜生产的经营规模应更小一些。[②]

附表1是不同省市对家庭农场的确定标准。从中可以看出，不同地

---

① 《经济参考报》，2013年7月19日。
② 《经济参考报》，2013年7月19日。

方家庭农场确定标准基本类似，主要从不同经营种类、经营规模、经营模式和营业收入几个角度来确定，但具体的标准，不同地区差异较大。从种植业角度来看，耕地规模是主要的确定依据，以南方种植的水稻、蔬菜和水果来看，确定的规模水稻普遍在 100 亩以上，蔬菜为 20～50 亩，水果在50～100亩之间；牲畜家庭农场标准主要根据养殖规模，主要由存栏规模和出栏规模确定，不同地区差异更大，不同养殖品种之间的差异也较大；水产养殖家庭农场标准主要以养殖面积为主要标准，为30～50 亩；种养结合的家庭农场标准则一般在 50 亩以上。另外，设施农业家庭农场标准以设施面积和投资金额为主，不同地区标准不同。涉及土地租赁期限的，普遍标准是土地承包或租赁期限在 5 年以上。少数地方对家庭农场经营者的户籍限定在该县农村户籍之内，并对雇工数量做了一定的限制。

（二）国家层面和地方层面家庭农场扶持政策

1. 国家层面的家庭农场扶持政策

2013 年中央一号文件明确指出，要"创造良好的政策和法律环境，采取奖励补助等多种办法，扶持联户经营、专业大户、家庭农场"。长远的政策需要改革户籍制度、社会保障制度等各项配套制度，为农业转移人口定居城市创造更好的条件。其次，要改革农村土地制度，通过土地确权为农村土地流转创造更好的条件，为适度规模农业创造基础。在此方向指引下，国家不同部委出台了一系列扶持家庭农场的政策。

对于公司的注册，家庭农场申请人可以以货币、实物、土地承包经营权、知识产权、股权、技术等多种形式、方式出资，可选择申请设立为个体工商户、个人独资企业、合伙企业和有限责任公司。

2013 年 3 月在《2013 年国家支持粮食增产农民增收的政策措施》[1] 中强调将实行新增补贴向专业大户、家庭农场和农民合作社实施倾斜政策。鼓

---

[1]　农业部产业政策与法规司：《2013 年国家支持粮食增产农民增收的政策措施》，2013。

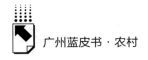

励和支持承包土地向专业大户、家庭农场、农民合作社流转，发展多种形式的适度规模经营。鼓励有条件的地方建立家庭农场登记制度。

2013年7月底，《中国农业银行专业大户（家庭农场）贷款管理办法（试行）》针对专业大户和家庭农场规模化农业生产经营的大额资金需求，规定单户贷款额度最高可贷1000万元，贷款期限最长可达5年。

2014年4月《2014年国家深化农村改革、支持粮食生产、促进农民增收政策措施》[①] 大量政策涉及家庭农场。包括：新增补贴向粮食等重要农产品、新型农业经营主体、主产区倾斜政策，鼓励和支持承包土地向专业大户、家庭农场、农民合作社流转，发展多种形式的适度规模经营，重点针对家庭农场主进行，培育新型职业农民。

2014年2月，农业部下发了《关于促进家庭农场发展的指导意见》，从工作指导、土地流转、落实支农惠农政策、强化社会化服务、人才支撑等方面提出促进家庭农场发展的具体扶持措施。

2014年6月《农业部办公厅财政部办公厅关于做好2014年农业高产创建工作的通知》[②] 提出中央补助资金要优先安排用于标准化生产技术和生态栽培物化技术改扩建，家庭农场被纳入申报项目申报对象，在完成菜果茶标准化创建建设任务后，根据验收结果给予50万～100万元的财政补助，北方城市设施蔬菜种植基地原则上按每亩5000元的补助标准实施。

2014年8月农业部《关于推动金融支持和服务现代农业发展的通知》[③] 明确要聚焦专业大户、家庭农场等新型农业经营主体日益增长的金融服务需求。要推动组建政府出资为主、主要开展农业信贷担保业务的融资性担保机构，争取现有融资性担保机构将新型农业经营主体纳入担保服务范围，逐步

---

① 农业部产业政策与法规司：《2014年国家深化农村改革、支持粮食生产、促进农民增收政策措施》，2014。
② 农业部财务司：《农业部办公厅　财政部办公厅关于做好2014年农业高产创建工作的通知》，2014。
③ 农业部：《关于推动金融支持和服务现代农业发展的通知》，2014。

构建覆盖全省（区、市）的农业信贷担保服务网络。鼓励农业企业为带动农户、家庭农场、农民合作社提供贷款担保。

2014年11月中共中央办公厅和国务院办公厅印发《关于引导农村土地经营权有序流转，发展农业适度规模经营的意见》，其中进一步明确了适度规模农业和家庭农场发展的方向。

政府扶持政策方面郭熙保（2014）认为有两点是非常重要的，即土地制度改革和培训体系的构建。我国家庭农场的主要特征是实现规模经营和集约经营。这就需要家庭农场所经营的土地具有长期稳定性，使农场主对农场发展有一个长期规划，愿意进行投资，因为他预期会从长期经营中收回这些成本。而且很多专业大户经营者的素质不高，文化程度较低，年龄偏大，缺乏创新意识和长远规划。政府应该制定一些支持政策吸引那些年轻、有知识且具有开拓精神和创新意识的人把农业经营作为一生追求的伟大事业，把农民作为终身职业。各级政府应增加财政支出，以现有培训机构为基础建立和完善家庭农场主的培训体系。

2. 地方层面的家庭农场扶持政策

附表2列出不同地方家庭农场的扶持政策，具体包括如下几方面：建立家庭农场认证注册体系；对家庭农场注册登记、商标申请、生产标准实施采取补贴；为家庭农场办理税务登记、免税申报、发票领用等事项提供便利和指导；对家庭农场获得各级示范农场称号给予奖励；对土地流转进行补贴；对家庭农场购买机械等设备进行补贴；对家庭农场的基础设施建设给予资助；对家庭农场在金融上给予支持，政府提供担保或者相关政策性金融项目优先支持。总体来看，不同地方扶持政策侧重点不同，相同方面扶持标准也存在较大差异。

三 广州市家庭农场认定标准和扶持政策

从小农到经营性农场的转变是绝大多数发达国家曾经的经历，对于正在进行城市化和工业化的中国而言，这一过程也不可避免。广州市农业和农村改革开放 30 年来，已经发生巨大变化，在城市地区，农民已经完全转化成城市居民，而在农村地区，也经历了农村劳动力大量向城市迁移的非农化进程。从产业结构来看，广州市已经达到发达国家水平，而相应的人口结构和生产模式则需要进一步调整。农产品市场的扩大，土地市场的形成，劳动力迁移带来的劳动力市场的发育已经为广州市农业规模化经营奠定基础。事实上，国家相关政策出台之前，在种植业领域，广州市已经出现大量家庭经营的规模化农场，公司制的农场蓬勃发展，而在更容易商业化的养殖业和花卉苗木产业，公司化经营已经成为主导。制定广州市家庭农场的确定标准和扶持政策已经刻不容缓。

（一）广州市家庭农场的认定标准

根据农业部提出的家庭农场定义，应该是衡量家庭农场的依据：农场经营中的劳动力主要来自家庭；家庭收入主要来自农业生产；生产出来的农产品主要在市场销售。家庭农场和小农经营的相同之处在于农业生产都是依赖于家庭主要劳动力，但区别是：家庭农场是为市场而生产，而小农经营则主要是为家庭直接消费而生产；家庭农场和公司制农场的相同之处在于都是为市场而生产，但家庭农场的管理主要由家庭进行，而公司制农场的经营者和所有者是分离的，产权结构和委托代理机制存在差异。对具体经营规模的大小，农业部家庭农场定义并没有进行规定。

广东省农业厅提出家庭农场经营者原则上应是农场所在地县级行政区域内农村居民或长期从事农业生产的人员，农业净收入占家庭农场总收益的 80% 以上，家庭成员收入水平与当地城镇居民接近或相当，经营规模与经营者的劳动生产能力相适应，无常年雇工或常年雇工数量不超过家庭务农人数，具有较为完整的财务收支记录。收入和经营规模成为广东省确定家庭农场的主要依据，而经营规模则是基于家庭劳动力在现有技术水平下能够经营的规模。从事粮食、蔬菜、水果种植和林下经济生产经营的，土地经营面积应不低于 50 亩，且租期或承包期在 5 年以上；从事其他经济作物种植、养殖或种养结合的，经营规模应该达到县级以上农业部门确定的规模标准。

农业厅提出粮食、蔬菜、水果种植和林下经济生产的家庭农场面积不低于 50 亩，没有考虑到不同作物之间的劳动投入水平上的差异，也没有考虑不同作物经济效益的差异，对于年粮食生产主体而言，这可能是合适的，但将大部分蔬菜种植者排除在外。这意味着粮食、蔬菜、水果种植和林下经济生产以外的其他种植、养殖或种养结合的家庭农场标准由县市地方来决定，主要取决于当地种植或养殖农产品类型和整体生产效率与技术装备水平。

在了解到广州市不同区市城镇居民人均纯收入，农村家庭户均人口数，以及不同种养对象单位的纯收益，即可得到家庭农场规模的最低标准，如以雇工为主的农场列入家庭农场，则可根据农村家庭平均劳动力数乘以每个劳动力在现有技术装备水平下能承担的种养数量来确定家庭农场规模的上限，考虑到适度的雇工，可以乘以一个系数。不同农业生产对象单位纯收益存在较大区别，与此同时，单位劳动力能够承担种养规模也存在较大区别，这取决于农场的技术和装备水平，由此需要找到具有代表性的劳动力生产水平。

除了户籍和雇工上的要求，可以得出家庭农场规模的计算公式。考虑到城乡居民收入上的巨大差异，这里将获得农村居民人均纯收入水平作为家庭农场经营目标的下限，即

$$家庭农场规模 \geq \frac{广州市农村居民人均纯收入 \times 家庭人口平均数}{单位纯收益}$$

并同时满足在现有经营规模条件下，家庭劳动力能够承担相应的工作：

$$家庭农场规模 \leq 家庭平均劳动力数 \times 单位劳动力能承担的养殖或种植单位数$$

结合 2013 年国务院农产品成本收益资料汇编中几种主要粮食、蔬菜、水果和畜禽产品的单位产品成本收益数据和亩均用工数据，可以计算出在当前情况下一个家庭农场的适宜规模（见表 1）。

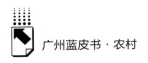

表1 几种主要大田种植作物家庭适宜规模（甘蔗、水稻和柑橘）

项目	甘蔗	早籼稻/晚籼稻	柑橘
每亩净利润（元）	215.69	65.67/254.96	3401.02
每亩用工数量（工日）	14.22	7.73/7.95	42.37
按农村人均纯收入计算家庭农场规模（亩）	389	262	25
按城市人均工资计算家庭农场规模（亩）	506	341	32
按家庭劳动力能够负担计算家庭农场规模（亩）	53	48	18

说明：按2012年广州市农村居民人均纯收入为16788元和城镇人均工资性收入31203元，以及户均人口约3.5人，每个家庭两个主要劳动力，假定雇工一人，每个人每年250个工作日用于农业生产，一共能提供750个工日从事农业生产。这里甘蔗、籼稻和柑橘利润和亩均用工量数据来自成本收益资料汇编中广东省的数据。

从表1中可以看出，种植水稻的农户如果仅仅依赖家庭劳动力，在当前一般技术水平下，只能种约50亩，如果要达到当地农村一般收入水平，则种植规模要达到262亩，如果要达到当地城镇人口一般工资水平，则要种植341亩。这和制定的标准存在冲突。也就是说，在当前技术水平下，仅仅依靠家庭劳动力，甚至很难达到当地农村人均纯收入水平。甘蔗和柑橘种植均存在类似的现象。除非出现新的技术，提高劳动力的工作效率才能使家庭农场达到正常的收入水平。考虑到农业机械的使用和推广，水稻种植家庭农场规模可以考虑设定在50～350亩；由于广州市甘蔗种植以果蔗为主，其成本收益与一般甘蔗有较大差异，结合南沙的调查，可以考虑甘蔗种植家庭农场规模设定为30～50亩；而柑橘种植家庭农场规模可考虑设定为15～40亩。

对于蔬菜种植为主的农户，如果主要依靠家庭劳动力进行生产，则能种植的耕地规模在14～24亩之间，如果要达到农村人均收入水平，则种植规模应在12～24亩之间，如果要达到城市人均工资水平，则种植规模在22～44亩之间。因此可考虑将广州市蔬菜种植家庭农场的耕地规模设在10～50亩（见表2）。

对于畜禽生产的家庭农场，从表3可以看出，如果主要依靠家庭劳动力

表2 蔬菜种植家庭农场适度规模

类别	蔬菜平均	西红柿	黄瓜	茄子	菜椒	露地豆角
每亩净利润(元)	2455.00	5019.58	4105.89	2870.29	3015.22	2785.52
每亩用工数量(工日)	33.84	52.85	50.28	47.14	40.19	31.12
按农村人均纯收入计算家庭农场规模(亩)	24	12	14	20	19	21
按城市人均工资计算家庭农场规模(亩)	44	22	27	38	36	39
按家庭劳动力能够负担计算家庭农场规模(亩)	22	14	15	16	19	24

说明：同表1。

计算规模，每户全年可以养肉鸡14764只，而养蛋鸡3534只，奶牛15头，生猪294头，肉牛56头。而要达到当地农村人均收入水平，则每个家庭农场需要养殖肉鸡34948只，蛋鸡24047只，奶牛12头，生猪338头，肉牛25头。要达到城市人均工资水平，则需要养肉鸡64956只，蛋鸡44694只，奶牛22头，生猪627头，肉牛47头（见表3）。

表3 几种主要畜禽产品家庭农场适宜规模

类别	肉鸡	蛋鸡	奶牛	生猪	肉牛
净利润(元)	168.13	244.35	4995.85	174.08	2348.03
每核算单位用工数量(工日)	5.08	21.22	51.33	2.55	13.42
按农村人均纯收入计算家庭农场规模(只/头)	34948	24047	12	338	25
按城市人均工资计算家庭农场规模(只/头)	64956	44694	22	627	47
按家庭劳动力能够负担计算家庭农场规模(只/头)	14764	3534	15	294	56

说明：由于缺乏广东省小规模肉鸡、蛋鸡、散养肉牛和散养肉羊的数据，采用全国的平均成本收益数据，小规模生猪来自广东省数据，小规模奶牛采用了来自广西的数据。小规模肉鸡和小规模蛋鸡净利润和核算单位用工数量以100只为单位，而奶牛、生猪、肉牛和肉羊则以头数为单位。

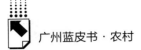

如果以家庭劳动力为主要依据，可以考虑畜禽家庭农场的规模为肉鸡单次存栏在3000~15000只之间，蛋鸡年存栏在3000只以上，奶牛在10~30头之间，生猪单次出栏在100~200头，肉牛在25~60头。

国务院成本收益资料汇编缺乏水产养殖的数据，结合在花都炭步镇和南沙榄核镇的调查，一个劳动力能够管理的水面为50亩左右，可以将水产养殖家庭农场养殖面积确定在50~150亩，如果是精养鱼池，则面积可以缩小在10~50亩。

一个综合而简单的选择可以参考美国对农场的定义，超过1000美元销售额的农产品生产者都被认定为农场主，即农户销售自产农产品金额达到一定水平即可被认为是家庭农场。以家庭农场的销售额来确定家庭农场的标准，可以减少不同产品之间的差异带来具体操作上的困难，增加政策的可行性。

家庭农场销售额标准可以考虑使农户人均纯收入达到或超过当地农村居民人均纯收入水平，低于当地城镇人均工资收入水平，当地农业平均利润率可以综合考虑不同农产品成本收益率，成本中必须考虑劳动力成本。如果以2012年广州农村人均纯收入为16788元，城镇人均工资性收入为31203元，依然以每户3.5人计算，农业平均利润率设定为30%，则广州市家庭农场销售额应该在195860~364035元，可以考虑大致以家庭农产品销售额20万元为底线，50万元为上限。

（二）针对广州市家庭农场的扶持政策

考虑到省农业厅的政策文件和其他地区的做法，可以考虑从以下几方面制定广州家庭农场的扶持政策。

（1）建立家庭农场的注册登记制度和信息管理制度，明确家庭农场经营主体类型和注册登记程序，并在家庭农场的注册登记中简化相关手续和程序，减少注册登记的时间成本和实际成本，对家庭农场申领发票和减税手续予以帮助。考虑到家庭农场经营特征，建议家庭农场注册为个体工商业的非法人类型经营主体，在经营比较规范以及财务制度健全之后，再考虑转为企业法人。为了对广州市家庭农场进行有效管理，政府有必要建立相应的数据库以记录每个家庭农场基本情况及未来的发展情况，需要对家庭农场财务系统的建立给予相应的补贴，让他们能真实有效地上报农场基本信息和经营财务信息，为将来的有效管理奠定基础。

（2）土地是种植业家庭农场发展限制的首要因素，通过土地市场促进耕地向家庭农场集中应该是扶持政策的重点。规范土地流转，保证土地流转的有序性和长期性，将为家庭农场的持续性发展打下基础，广州市政府可以通过调整与扩大土地流转补贴的标准和范围，以促进土地流转。广州可以借鉴日本和欧洲国家，对愿意放弃土地的农民，可以在社会保障上给予特殊政策，提前退休的农民，可以给予相应的养老金，减少他们因失去土地带来的影响。

（3）建立家庭农场保险制度。家庭农场和传统小农经济不同，其面临的自然风险和市场风险更大，家庭农场在繁忙的季节必须雇用劳动力，其土地也并非全部归自己所有，劳动力和土地的开支农户必须承受，而小农往往利用自己的土地和劳动力进行生产，成本压力要小得多。家庭农场生产的产品必须销售给市场，由于生产规模相对较大，价格波动会给家庭农场造成巨大的影响，长期亏损会导致家庭农场破产倒闭。政府需要将家庭农场纳入政策保险范畴，减少自然灾害对家庭农场的影响。

（4）通过小额贷款、政府担保、土地承包经营权抵押等方式对家庭农场进行金融上的支持，增加对家庭农场的补贴。随着经营规模的扩大，农场购买物资的增加和固定投资增加，家庭农场对长期投资和短期流转资金需求增加，但仅仅依靠家庭内部的资金供给会使家庭农场发展缓慢，如果从市场上募集资金将是家庭农场发展的重要途径。政府可以通过鼓励金融机构向家庭农场发放小额贷款、政府担保和推动实施土地承包经营权抵押贷款等方式为家庭农场提供金融支持。在难以通过农户自己解决资金问题的情况下，可以考虑结合扶贫计划、综合开发计划和"菜篮子工程"等项目对家庭农场的基础设施建设和机械购买等方面进行补贴。

（5）改革普惠式的农业补贴制度，针对适度规模的家庭农场进行补贴。补贴可以以户籍为依据，其他补贴应以土地实际经营面积为依据，按

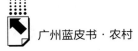
农户规模实行弹性补贴，对小于适度规模区间值的农户，由小到大实行累进补贴，而对大于适度规模区间值的农户实行不补贴政策。对起示范带头作用的家庭农场给予优先享受农业方面的良种补贴、农机补贴、种粮补贴等资金补贴。

（6）对家庭农场主进行职业技能培训。家庭农场规模的扩大将带来生产管理问题和产品销售问题，如何有效地管理一个农场将成为专门技能，需要对农场主进行专业的培训，如家庭农场的生产技术及相关设施设备的利用、财务制度和税务制度、市场营销等。

（7）构建家庭农场自己的合作组织，并提供资金支持，促进家庭农场之间的信息和技术的交流沟通。家庭农场多是专业化和规模化的生产，对技术和市场信息需求渴望，通过组建家庭农场的合作组织将比一般的农民专业合作组织具有更强的凝聚力和市场开拓能力，生产相同产品的农场主可以通过组织进行充分的交流与沟通，齐心协力开拓外地市场，相关技术培训工作都可以通过合作组织来进行。

（8）每年进行市级示范家庭农场的评比，对建设较好的家庭农场给予奖励，并建立相应的信息发布系统，扩大获得优秀奖的示范家庭农场的社会影响力。

四 结论和讨论

（一）研究结论

本研究实地调查了解广州市家庭农场的发展现状和可能的发展前景，分析家庭农场发展的难点和制约因素，结合国内外家庭农场发展经验以及国家、省级层次有关家庭农场政策，确定广州市家庭农场标准及其相关扶持政策，为促进广州市家庭农场良性发展提供政策建议。通过前期研究，本文可以得出如下结论。

（1）广州市家庭农场的发展条件已经具备。广州市已经步入高度城市化阶段，广州农村居民和农业从业者已经成为一个少数群体，大部分农民以兼业为主，来自非农之外的工资性收入已经占到绝大部分，农村土地市场已经形成，随着农村劳动力进一步非农化，广州市家庭农场发展已经具备条件，专业化、规模化和市场化生产将成为未来广州农业的主要特征。从不同地区的调查来看，适度规模的家庭农场、公司制农场已经开始成为农业生产的重要力量，在农产品价格上涨的情况下，他们盈利可观，但也面临巨大的市场风险和一定的制度障碍。

（2）当前国内家庭农场确定的标准非常多，国外没有专门针对家庭农场的扶持政策。从国内收集的资料来看，基于生产规模的指标成为重要的核定标准，相关的扶持政策主要集中在基础设施建设专项资金投入、机械购买补贴、金融支持、职业技术培训、税收优惠和发票申领等方面。国外绝大部分发达国家曾经历过从小农到家庭农场的转变，但基本没有制定专门针对家庭农场的扶持政策，而我国农场相关政策可以在规模差异上倾向于小规模的家庭农场。

（3）基于收入和家庭劳动力承担的经营规模的标准，可以得出广州市相关家庭农场的适度规模。分品种的家庭农场规模，水稻生产可以考虑设定在 50～350 亩，甘蔗种植可以考虑设定在 30～50 亩，柑橘种植可考虑设定在 15～40 亩之间，蔬菜种植规模在 10～50 亩之间；畜禽家庭农场的规模为肉鸡单次出栏在 3000～15000 只之间，蛋鸡年存栏在 3000 只以上，奶牛在 10～30 头之间，生猪单次出栏在 100～200 头，肉牛在 25～60 头；水产养殖家庭农场养殖面积确定在 50～150 亩，如果是精养鱼池，则面积可以缩小到 10～50 亩。

（4）考虑到分品种核定家庭农场的现实困难，采用销售额来作为确定的主要标准，年销售额标准在 20 万～50 万元。

（5）可以考虑放开家庭农场的登记，让农户自己选择登记为不同类型的农场，通过工商登记系统积累农场基本信息、产量和交易量等数据，为未来制定家庭农场政策奠定基础。上述确定的家庭农场标准可以作为未来广州市对家庭农场进行扶持的标准，而不是核定标准。

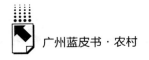

（二）相关政策实施中可能遇到的问题

从世界范围来看，各国政府有针对农场的扶持政策，在产业和规模上存在支撑水平上的差异，但没有专门针对家庭农场的扶持政策，以经营规模、家庭特征和户籍等因素来确定政策扶持对象在实施过程中可能面临较大的问题，具体可能有以下几方面。

（1）家庭经营以家庭自有劳动力为主，但自有劳动力占多大的比例可以算作是家庭经营，在现实中很难确定。缺乏农场经营中的劳动投入记录，多大比例来自家庭，多大比例来自市场雇佣，只能依靠农场主自己的汇报，这样他们会很难告知真实情况。家庭经营在对农场类型分析上具有统计意义，但对农场本身可能缺乏意义。而且，农场中的劳动力使用是变动的，每个农户的家庭劳动力数量不同，很难用一个指标来衡量。

（2）以经营规模来确定家庭农场可能面临更大的现实操作问题。家庭农场经营规模不能过多地超出家庭劳动力能够承受的范围，但每个劳动力能够承担的工作量严重受技术水平和装备的影响，当前不同地区甚至同一地区农户技术水平和装备水平存在巨大差异。以水稻生产为例，有农户用牛来耕地，也有用小型旋耕机，还有雇用大型旋耕机操作的，生产水平差异极大，如何找到一个适中的水平非常困难。另外，不同种类之间统计量纲存在差异，增加了对家庭农场核定难度，农户对复杂的标准也难以理解，此外对混合型家庭农场很难找到合适的标准。

（3）以当地城镇居民的人均纯收入来确定家庭农场规模所面临的问题是不同地区收入的差异性和每年收入的变动性。城乡收入差距当前较大，会导致家庭农场规模确定规模过大，大部分真正以家庭经营为主、市场化经营的农户并没有被纳入支持系统。

（4）由于现有的家庭农场绝大部分缺乏相关系统规范的业务记录，按销售额和销售额所占家庭收入的比例来确定家庭农场规模面临现实问题。可以考虑当前放宽标准根据经营规模大致估算产量和产出，然后确定是否核定为家庭农场，根据农场未来发展变化情况对农场资格进行调整。

（5）寻租问题。家庭农场未来将是典型的市场主体，最终需要依靠自身的竞争力在市场中求生存，过度复杂的认证系统、过高的认证标准和过高的补贴扶持标准将导致腐败和寻租问题，在缺乏真实的财务系统条件下，农场主可以通过虚构相关信息来获取政策支持，过于模糊的认证标准给予核定机构人员以很大的空间，从而导致寻租和腐败问题。

（6）户籍问题。农业厅文件中提出建议家庭农场经营者原则上应是农场所在地县级行政区域内农村居民或长期从事农业生产的人员。在广州市农村地区，本地农民经营农业的越来越少，大量土地被承包给外地农民种植蔬菜和从事养殖业，同时也有城市居民开始承包土地经营农业。在此背景下，户籍不宜成为家庭农场的重要标准之一，否则将违背家庭农场政策制定的初衷，不利于资本和技术进入农业。事实上，承包土地的外地农民和城市居民从事农业经营一样为城市提供农产品，满足城市居民的需求。家庭农场扶持政策是经济政策，而不是区域社会政策。

（7）农场发展变化中的问题。农场建立之后，将面临规模的扩大和缩小，种养品种的变化，甚至包括农场的转让，家庭劳动力和雇工变化，从而可能带来家庭农场的撤销和性质的转变。家庭农场的政策制定中应该考虑到这些问题。

鉴于家庭农场的模糊性，广州市可以考虑制定关于农场发展的政策，在政策上可以倾向于适度规模的农场，不能太小，也不能太大，这样将使真正意义上家庭农场得到扶持，同时减少家庭农场核定中的模糊问题。

附表1　不同省市家庭农场确定标准

地方	家庭农场标准
广东省 *	家庭农场经营者原则上应是农场所在地县级行政区域内农村居民或长期从事农业生产的人员，农业净收入占家庭农场总收益的80%以上，家庭成员收入水平与当地城镇居民接近或相当，经营规模与经营者的劳动生产能力相适应，无常年雇工或常年雇工数量不超过家庭务农人数，具有较为完整的财务收支记录。从事粮食、蔬菜、水果种植和林下经济生产经营的，土地经营面积应不低于50亩，且租期或承包期在5年以上

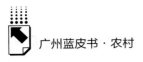

续表

地方	家庭农场标准
广东广州市花都区	农场主在花都区内从事工业生产的本地户籍农户,家庭固定在农场从业的不少于2人,长期聘用的非家庭成员劳动力不超过3人,农业生产经营收入为主要经济来源,规模生产1年以上,流转土地租赁期在5年以上。 种植业:集中连片面积粮油种植在50亩以上,苗木、水果、花卉30亩以上,果蔬露地种植30亩以上,设施果蔬种植20亩以上,水生蔬菜在非水产养殖区集中种植20亩以上,食用菌生产设施面积3500平方米。 畜牧业:肉鹅存栏2000只,年出栏10000只,肉鸭存栏5000只,年出栏3万只,有1000平方米标准鸭舍,肉鸡常年存栏1万只,年出栏5万只,蛋鸡常年存栏3000只以上;种鸡存栏1万只以下;其他特色畜禽规模养殖年产值30万元以上。 水产养殖:连片养鱼、虾蟹池塘面积在50亩以上,甲鱼、黄鳝、泥鳅等特色精养面积10亩以上,产值30万元以上。 综合性家庭农场:进行种养综合经营,采用循环农业生产模式家庭农场,年产值在100万元以上
广东中山	粮食作物,土地租期5年以上,经营面积50亩以上;水果生产,土地租期10年以上,经营面积30亩以上;蔬菜生产,土地租期3年以上,经营面积15亩以上或年收入10万元以上;花卉苗木,土地租期10年以上,经营面积30亩以上;畜禽养殖,肉畜年出栏500头以上,肉禽年出栏10000只以上,蛋禽年存栏1000只以上
安徽省定远县(示范性家庭农场标准)	羊年出栏在500头以上,奶牛年存栏50头以上,肉牛年出栏100头以上,家禽年出栏50000羽以上,蛋禽年存栏量10000羽以上;水产养殖业大水面养殖600亩以上,连片精养鱼塘养殖100亩以上;果林业中葡萄、苗木花卉、甜叶菊、茶叶等在100亩以上;种养结合的综合性农场在200亩以上
安徽省郎溪县	粮油种植100亩以上;茶叶种植100亩以上;烟叶种植(烟叶粮食混合)80亩以上;蔬菜种植50亩以上或设施蔬菜连片20亩以上;水产养殖60亩以上(特种设施养殖10亩以上);家畜养殖年出栏500头以上;家禽养殖:肉禽年出栏50000羽以上、蛋禽年存栏10000羽以上;水果、花卉苗木100亩以上;种养结合综合性农场100亩以上
浙江省衢州市	粮油50亩以上;露地果树、花卉苗木40亩以上;设施果树、花卉苗木10亩以上;露地蔬菜、瓜果20亩以上;设施蔬菜、瓜果10亩以上;水产养殖10亩以上;流水、设施水产养殖2000平方米以上;生猪年出栏50头以上;家禽年出栏500羽以上;食用小竹20亩以上;毛竹80亩以上;茶叶50亩以上;食用菌10万袋以上;种养结合综合性农场50亩以上;特种种养业10亩以上
浙江省宁波市	种植业:粮油200亩以上、露地蔬菜瓜果100亩以上、设施蔬菜瓜果50亩以上;林特产品:150亩以上;畜牧业:生猪1000头以上、肉禽30000羽以上、鹅5000羽以上、蛋禽10000羽以上、肉牛100头以上、奶牛50头以上、羊500头以上、獭兔5000只以上、毛兔1500只以上;渔业:海滩湖泊面积200亩以上、池塘面积50亩以上、网箱养殖50亩以上、工厂化养殖水体2000平方米以上

地方	家庭农场标准
浙江省海宁市（示范性家庭农场）	农场注册资金 10 万元以上，鼓励发展自主的注册商标，有条件的要制订农场生产标准，土地流转年限 5 年以上。分品种标准为：水稻 100 亩以上；水果、花卉苗木 50 亩以上；设施蔬菜 50 亩以上；水产养殖 60 亩以上；种养结合综合性农场（蚕桑等）50 亩以上
湖北省襄阳市	粮食种植租期或承包期在 5 年以上的土地经营面积达到 100 亩以上；蔬菜种植租期或承包期在 5 年以上的土地经营面积达到 50 亩以上；水产养殖面积达到 50 亩以上；养羊年出栏 300 只以上，肉禽年出栏 10000 只以上，蛋禽年存栏 2000 只以上和肉兔年存栏 1000 只以上；从事特色种植（养殖）业的，年收入达到 10 万元以上
湖北省宜都市	粮食作物经营面积 50 亩以上；林（果）业生产经营面积 100 亩以上；茶叶种植经营面积 50 亩以上；蔬菜生产经营面积 20 亩以上；花卉苗木种植经营面积 50 亩以上；渔业生产为主的水产养殖面积 50 亩以上；种养结合综合性农场（林间养殖）50 亩以上
江苏省	粮食作物的面积一般规定在 50~150 亩之间，蔬菜瓜类的面积规定在 30~50 亩之间
上海市松江区	水田、蔬菜和经济作物经营面积 450 亩以上，其他大田作物经营面积 750 亩以上；投资总额（包括土地流转费、农机具投入等）要达到 50 万元以上

资料来源：参见广东省农业厅《广东省农业厅关于促进我省家庭农场发展的意见》粤农〔2014〕310 号。

附表 2　不同地方的家庭农场扶持政策

地方	扶持政策
广东省	探索建立各方参与、市县为主的家庭农场培育认定工作推进机制，市县农业部门应结合当地实际，明确家庭农场的认定标准，家庭农场由县级政府认定，同级农业部门办理证书并建立档案。符合工商登记注册条件的家庭农场申请登记注册，工商行政主管部门要按规定提供服务。从 2014 年起，广东省农业厅将按公开、公平和公正原则，每年在全省范围择优遴选一批经营规模稳定适中、配套设施完善、生产技术先进、经营管理水平较高、示范引领作用明显的家庭农场予以重点扶持。农场销售自产农产品，免征增值税，家庭农场享受行政事业性收费减免政策，税务机关要为家庭农场办理税务登记、免税申报、发票领用等事项提供便利和指导
广东东莞*	东莞提出力争到 2020 年，全市家庭农场达到 150 家。东莞将放宽家庭农场工商注册登记条件，凡法律法规无明确禁止即可进入，并实施税费减免优惠。经认定的"东莞市家庭农场"由市财政一次性给予 5 万元奖励，每年还评选一批"东莞市示范性家庭农场"，追加 5 万元奖励。同时，鼓励各类金融机构加大对家庭农场的信贷支持力度，探索开发针对性的专项信贷产品，满足家庭农场信贷需求

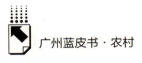

续表

地方	扶持政策
广东花都	区财政每年安排 350 万元,设立家庭农场专项发展资金,经认定的家庭农场给予每户一次性 1 万元补贴,取得无公害农产品认证、绿色食品认证、有机食品认证的家庭农场分别给予 1 万元、2 万元和 3 万元一次性奖励。给予工商登记的家庭农场每户 5000 一次性奖励,取得注册商标的给予 1 万元一次性奖励。优先安排给以下几类农业项目,如国家农业综合开发、农田水利基本建设、设施农业建设、高标准农田改造和优质粮基地建设等。优先开展金融服务,"政银保"农业贷款、农民自主创业贷款优先支持家庭农场,家庭农场购买蔬菜、水产等政策性保险给予优先支持。对年审合格的家庭农场,给予 1 万元奖励,对获得国家、省、市示范家庭农场称号的,分别一次性给予 10 万元、6 万元和 3 万元奖励
湖北武汉	通过验收,对经市农业局、市财政局批准立项且达标的种植业、水产业专业型家庭农场,种养综合、循环农业型家庭农场新建的基础设施部分予以补贴。补贴拟采取"先建后补"的方式,年底检查验收后,拨付补贴资金。已享受财政补贴的农业企业、专业合作社不纳入家庭农场补贴范围
福建上杭县**	为促进家庭农场发展,提升农业实效,帮助农民增收,近日,上杭县出台扶持发展家庭农场的强农惠农政策,规定从 2014 年起每年扶持培育家庭农场示范户 50 户以内,给予每户补助 3 万元,用于示范家庭农场的基础设施和项目建设。据统计,截至目前,全县已在工商部门登记注册的家庭农场有 150 家。上杭现已培育种植业家庭农场 108 家,涉及粮食、蔬菜、水果、茶叶等产业;林业家庭农场 14 家,涉及药材、花卉、苗木、竹业等产业;养殖业家庭农场 3 家,涉及生猪、家禽、水产等产业;种养结合家庭农场 25 家,主要生产形式为水果或苗木 + 生猪或水产等种植与养殖相结合

* 《东莞力争在 2020 年前建成 150 个家庭农场》,南方报网,2014 年 4 月 1 日。
** 《上杭出台政策每年培育 50 户家庭农场》,中国农化招商网,2014 年 6 月 27 日。

参考文献

Ellis, F. (1988), Peasant Economics, Farm Households and Agrarian Development, Cambridge University Press, Cambridge, New York, New Rochelle, Sydney.

楚国良:《美法日家庭农场发展的经验与启示》,《中国国情国力》2013 年第 6 期。

高强、刘同山、孔祥智:《家庭农场的制度解析:特征、发生机制与效应》,《经济学家》2013 年第 6 期。

高强、高桥五郎:《日本农地制度改革及对我国的启示》,《调研世界》2012 年第 5 期。

高强、孔祥智:《日本农地制度改革背景、进程及手段的述评》,《现代日本经济》

2013 年第 2 期。

郭熙保、郑淇泽：《确立家庭农场在新型农业经营主体中的主导地位》，《山西农经论坛》2014 年第 1 期。

郭熙保：《"三化"同步与家庭农场为主体的农业规模化经营》，《社会科学研究》2013 年第 3 期。

郭亚萍、罗勇：《对家庭农场中新型雇佣制度的思考》，《中国人口·资源与环境》2009 年第 1 期。

郝寿义、王家庭、张换兆：《工业化、城市化与农村土地制度演进的国际考察——以日本为例》，《上海经济研究》2007 年第 1 期。

贺平：《战后日本农地流转制度改革研究——以立法调整和利益分配为中心》，《日本学刊》2010 年第 3 期。

黄宗智：《华北的小农经济与社会变迁》，中华书局，2000。

黄宗智：《长三角洲小农家庭与乡村发展》，中华书局，2000。

简新华、张国胜：《日本工业化、城市化进程中的农地非农化》，《中国人口·资源与环境》2006 年第 6 期。

郎秀云：《家庭农场：国际经验与启示，以法国和日本为例》，《2014 年国外农业经济年会论文》，2014。

刘惠芳、王青：《我国家庭农场研究综述》，《我国家庭农场研究综述》，《江苏农业科学》，2014 年第 5 期。

宁波农业局：《宁波市家庭农场发展调研报告》，浙江省农业厅，2013 年 5 月 3 日。

舒尔茨：《改造传统农业》，商务印书馆，1999。

闾兴侠、戴媛媛：《日本农地制度的变迁对我国农地制度改革的启示》，《经济师》2010 年第 10 期。

夏义军：《农地制度变迁、兼业化与农民增收——中日比较》，辽宁大学，2012。

肖绮芳、张换兆：《日本城市化、农地制度与农民社会保障制度关联分析》，《亚太经济》2008 年第 3 期。

袁赛男：《家庭农场：我国农业现代化进路选择——基于家庭农场与传统小农户》，《雇工制农场的比较》，《长白学刊》2013 年第 4 期。

岳正华、杨建利：《我国发展家庭农场的现状和问题及政策建议》《农业现代化研究》2013 年第 7 期。

B.5
广州市建制镇经济社会发展问题与建议

周庆林[*]

摘　要：　本文介绍了广州市建制镇的总体情况，指出当前建制镇经济发展保持稳定增长，各项社会事业建设协调发展，但仍然存在不少不足之处及制约因素，本文最后提出发展广州市建制镇经济社会的对策和建议。

关键词：　建制镇　乡镇经济社会　城乡一体化发展

乡镇经济社会是各地区经济社会的基础和重要组成部分，加快乡镇经济社会发展，对增强各地区经济社会实力、增加农民收入、统筹城乡一体化发展具有重要意义。2014 年，广州市认真贯彻落实党中央的各项农村政策，按照统筹城乡一体化发展、构建社会主义新农村的要求，进一步深化农村各项改革，农业生产保持稳定增长，农民收入不断增加，农村生活条件得到较大改善，对北部山区的贫困帮扶和美丽乡村建设工作取得显著的成效，全市建制镇经济和社会事业建设取得全面的发展。

一　全市建制镇总体概况

根据社会经济改革发展的需要，广州市对部分街镇行政区域进行了调整。到 2014 年末，全市共有建制镇 35 个，比上年末减少 1 个。其中，白云

＊　周庆林，广州市统计局农村处。

区 4 个、番禺区 6 个、花都区 6 个、南沙区 6 个、萝岗区 1 个、增城市 7 个和从化市 5 个；35 个建制镇下辖居民委员会 103 个、村民委员会 884 个，分别比上年末增加 5 个和减少 4 个。全市 35 个建制镇行政区域面积 5193.80 平方公里，占全市总面积的 69.9%；其中，面积最大的是从化市良口镇达 439.15 平方公里，最小的是番禺区新造镇 14.00 平方公里。全市 35 个建制镇城镇规划区面积为 846.27 平方公里，城镇建成区面积为 360.86 平方公里，分别占全市建制镇行政区域面积 16.3% 和 6.9%。2014 年末，全市建制镇常住户数达 110.50 万户，常住人口达 394.90 万人，比上年末分别增长 4.5% 和 3.1%。其中，人口最多的是增城市新塘镇 30.07 万人，最少的是花都区梯面镇 0.89 万人。2014 年，全市建制镇城镇建成区总户数为 25.85 万户，城镇建成区总人口为 82.06 万人，分别占全市建制镇常住户数和常住人口的 23.4% 和 20.8%（见表 1）。

表 1　2014 年广州市建制镇总体概况

指标名称	合计	白云区	番禺区	花都区	南沙区	萝岗区	增城市	从化市
建制镇个数（个）	35	4	6	6	6	1	7	5
居民委员会个数（个）	103	19	20	11	12	3	25	13
村民委员会个数（个）	884	118	92	153	114	28	215	164
建制镇行政区域面积（平方公里）	5193.80	491.37	325.21	830.65	529.06	179.42	1231.58	1606.51
建制镇常住户数（万户）	110.50	19.93	23.06	15.54	19.16	2.56	19.99	10.26
建制镇常住人口（万人）	394.90	81.63	65.82	66.02	54.26	10.04	79.19	37.94

说明：根据省民政厅（粤民区〔2013〕18 号）文要求，2014 年花都区调整了部分行政区划，撤销雅瑶镇设立新雅街道办事处，原狮岭镇的罗仙村、杨一村、杨二村、石岗村、东边村、长岗村划归新设立的花城街道办事处。2014 年全市 35 个建制镇数据与上年对比基数为剔除雅瑶镇之后的同口径。

二　建制镇经济发展保持稳定增长

2014 年，广州市继续围绕农民增收这一中心任务，认真贯彻落实中央

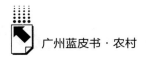

的各项农村政策文件精神，坚持以市场为导向，全面深化农村各项改革，大力推动农村经济的发展，全市建制镇经济发展取得显著的成绩。

（一）经济实力不断提升，农民收入不断增长

2014 年，全市 35 个建制镇公共财政收入达 88.68 亿元，比上年增长 8.1%。公共财政收入超亿元的建制镇有 26 个，比上年增加了 1 个，其中，公共财政收入最大的是花都区的花东镇为 11.41 亿元。建制镇公共财政收入占全市公共财政收入的 7.1%；全市建制镇企业实交税金 322.69 亿元，比上年增长 4.2%；全市建制镇公共财政支出 81.71 亿元，比上年增长 2.9%。随着建制镇经济实力的加强，偿还各种债务的能力不断增强，2014 年，全市建制镇年末债务总额 18.47 亿元，比上年下降了 23.5%。2014 年，广州市继续以增加农民收入为农村工作的中心任务，大力发展农村经济。全市农村居民人均可支配收入达 17663 元，比上年增长 10.3%，连续 7 年超过城镇居民可支配收入增速。

（二）农业现代化进程加快，农业生产保持增长

随着城乡一体化步伐的加快，建制镇城镇化建设加速发展，要使建制镇的农业生产保持稳定的发展，必须加大对农业基础设施的投入，走都市型的现代化农业发展道路，大力发展高科技含量、高附加值的高新农业种养业。2014 年，全市建制镇有耕地面积 78211 公顷，其中，设施农业占地面积和有效灌溉面积分别为 2523 公顷和 66960 公顷，比上年分别增长 23.5% 和 0.6%，占全市建制镇耕地面积的 3.2% 和 85.6%，所占比重分别比上年提高 0.6 个和 1.2 个百分点；全市建制镇农作物播种面积达到 209533 公顷，其中，粮食作物播种面积 73717 公顷，比上年分别增长 0.7% 和 0.5%。广州农业要发展现代农业生产，必须加强农业技术的投入，提高农业生产的科技含量，加强农户间的互助合作，信息沟通，进行集约化、规模化、产业化的生产。2014 年，全市建制镇有农业技术服务机构 46 个，农业技术服务机构从业人员 713 人，与上年持平；有农民合作社 1606 个，比上年增加 14 个，增长 0.9%，有农民合作社成员数 50384 户，与上年持平。

（三）耕地流转规模扩大，推动农村经济进一步发展

随着经济的发展，一家一户的分散经营与现代农业的发展已不相适应，阻碍了农业经济进一步发展。耕地承包经营制度事关农业经济发展、农民增收，耕地流转是发展现代农业的基础。通过耕地流转一家一户分散经营与大市场之间的矛盾解决了，耕地流转已经成为发展生态高效外向农业的新载体，而且让农民更多分享到耕地经营的收益，增加了农民收入。所以，必须以市场经济为导向，合法、有序地引导农民将耕地流转，调整、优化农业产业结构，使农业生产向产业化、规模化、企业化发展。2014 年，全市建制镇耕地流转面积 29440 公顷，比上年增加 222 公顷，增长 0.8%，耕地流转面积占全市建制镇总耕地面积的 37.6%，所占比重比上年上升了 0.6 个百分点。通过耕地的有效流转，广州市建制镇的现代农业生产得到进一步的发展，增加了农民的收益。

（四）商贸和金融业的发展，方便了人民的日常生活

随着建制镇经济的发展，建制镇居民收入增加，购买力增强，日常生活消费需求增大，带旺了建制镇商贸和金融业的发展。商贸和金融业的发展推动了建制镇经济建设，方便了建制镇居民日常生活所需。2014 年，全市建制镇拥有商品交易市场 249 个，比上年增加了 4 个，增长 1.6%，平均每个建制镇拥有市场 7.11 个；50 平方米以上的超市和住宿餐饮业企业分别有 1149 个和 1307 个，分别比上年增加 52 个和 69 个，增长 4.7% 和 5.6%。2014 年，全市建制镇社会消费品零售总额 1113.81 亿元，其中，限额以上社会消费品零售总额 454.61 亿元，分别比上年增长 13.5% 和 23.4%，分别占全市社会消费品零售总额和限额以上社会消费品零售总额的 14.5% 和 11.1%，所占比重分别比上年提高 0.2 个和 1.2 个百分点。2014 年，全市建制镇拥有金融机构网点 409 个，比上年增加了 31 个，增长 8.2%，平均每个建制镇拥有金融机构网点 11.69 个。

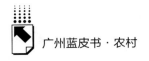

（五）产业结构的调整，推动了从业人员结构的优化

要使建制镇经济有长远健康的发展，就必须适应新形势、新常态发展的要求，及时调整产业结构，进行产业升级换代。目前广州市建制镇第一产业以发展新型设施农业、都市现代农业为主；第二产业中的工业生产保持一定的规模，建筑业有一定的增长态势；第三产业的商贸等服务业发展势头良好。产业结构的调整，带来了建制镇从业人员结构的变化和优化。2014年，全市建制镇工业总产值5519.39亿元，占全市工业总产值的28.5%，建制镇工业生产规模和占全市规模的比重，基本保持上年水平；全市建制镇建筑业总产值109.82亿元，比上年增长36.8%。2014年，全市建制镇第一产业从业人员为52.50万人，比上年下降2.0%；第二产业从业人员134.71万人，第三产业从业人员61.49万人，分别比上年增长1.2%和10.4%。其中，外来从业人员112.92万人，比上年增长3.8%。全市建制镇从业人员第一、第二、第三产业的结构比重由2013年的22.1:54.9:23.0调整为2014年的21.1:54.2:24.7，第一和第二产业从业人员所占比重分别下降了1个和0.7个百分点，而第三产业从业人员所占比重上升了1.7个百分点。

（六）北部山区镇的贫困帮扶工作成效显著

随着帮扶工作的不断增强和完善，以及政策、资金、技术的逐步到位，广州市对北部山区8个镇的贫困帮扶工作成效显著，经济社会各方面的建设取得可喜的成绩，面貌焕然一新。2014年，北部山区8个镇的公共财政收入6.55亿元，平均每个山区镇的公共财政收入为8188万元其中，从化市温泉镇和鳌头镇的公共财政收入超过亿元，分别为1.66亿元和1.63亿元。2014年，广州市北部山区农民人均纯收入13270.94元，比上年增长12.6%。北部山区镇教育、医疗卫生及社会保障等各方面有了较大的发展。2014年，北部山区8个镇有小学45所，幼儿园、托儿所37所，与上年持平。小学专任教师数和小学在校学生数分别为1942人和20128人，分别比上年增长0.4%和0.8%；医疗卫生机构10个，与上年持平，医疗卫生机构床位数和执业（助理）医师数分别为 703 张和 348 人，分别比上年增长 17.6%和 12.3%；各种社会福利收养性单位 12 个，与上年持平，福利收养性单位床位数和收养人数分别为 612 张和 253 人，分别比上年增长 10.9%和 2.0%；新型农村合作医疗参保人数 38.79 万人，与上年持平；新型农村社会养老保险参保人数 24.08 万人，比上年增长 4.3%。

三　建制镇各项社会事业建设协调发展

（一）农村基础设施建设加快，人居环境不断改善

为进一步改善农村居民的生活环境，广州市积极推进统筹城乡发展和社会主义新农村建设，不断增强"美丽乡村"建设和对北部山区镇的帮扶力度，持续加强农村基础设施建设和公共服务投入力度，农村生产和生活环境得到进一步改善，村级卫生环境得到很大的净化，村容村貌有了很大优化和美化。2014 年，全市 35 个建制镇的 884 个行政村全部实现了通有线电视、通自来水和垃圾集中处理，通宽带的行政村有 883 个，通公共交通和污水集中处理的行政村分别有 796 个和 691 个，覆盖率分别为 90.1%和 78.2%，分别比上年提高 1.6 个和 6.1 个百分点。建制镇居民的生活质量不断提高，使用清洁能源的家庭不断增多。2014 年，全市 35 个建制镇自来水用水户数和燃气用气户数分别为 93.62 万户和 90.23 万户，分别比上年增长 3.3%和 3.3%，分别占全市建制镇常住户数的 84.7%和 81.7%。城镇建成区域环境进一步向城市看齐，建制镇城镇建成区绿化面积不断扩大。2014 年，全市建制镇城镇建成区绿化面积为 3113 公顷，比上年增加 32 公顷，增长 1.0%。

（二）教育、医疗卫生水平不断提高

通过各级政府加大对建制镇教育和医疗卫生设施的投入，建制镇的教育和医疗卫生水平有了很大的提高，建制镇居民读书难、看病难的老大难问题有了较大改观。2014 年，全市 35 个建制镇有小学 346 所，与上年持平，平

均每个建制镇拥有小学 9.89 所；小学专任教师数和小学在校学生数分别有 1.26 万人和 20.23 万人，分别比上年增长 2.3% 和 4.6%。有幼儿园、托儿所 521 所，比上年增加了 6 所，增长 1.2%，平均每个建制镇拥有幼儿园、托儿所 14.89 所。随着建制镇医疗卫生机构的规范和升级改造，镇区内的医疗卫生机构规模不断扩大，医疗设施不断优化，医疗队伍不断增强。2014 年，全市 35 个建制镇有医疗卫生机构 66 个，与上年持平，平均每个建制镇拥有医疗卫生机构 1.89 个；全市建制镇有医疗卫生机构床位数和执业（助理）医师数分别为 7822 张和 4159 人，分别比上年增长 4.4% 和 1.7%，建制镇平均每个医疗卫生机构有床位数和执业（助理）医师数分别为 118.52 张和 63.02 人，分别比上年平均水平多了 5.02 张和 1.07 人。

（三）社会福利事业协调发展，居民生活保障水平获得提升

随着经济建设步伐的加快，建制镇经济实力不断增强，各项社会福利事业协调发展，居民生活得到有效的保障。2014 年，全市 35 个建制镇拥有各种社会福利收养性单位 75 个，床位数 5340 张，收养人数 3839 人，分别比上年增加 1 个、286 张和 40 人，分别增长 1.4%、5.7% 和 1.1%。2014 年，广州市继续加大对农村居民医疗保险和社会养老保障力度，各级政府鼓励和支持农村居民积极购买新型农村合作医疗保险和新型农村社会养老保险，两种保险规模不断扩大。2014 年，全市建制镇新型农村合作医疗参保人数达到 181.02 万人，与上年持平；新型农村社会养老保险参保人数达到 96.08 万人，比上年增长 4.7%，占全市建制镇常住人口总数的 24.3%，所占比重比上年提升了 0.3 个百分点。随着农村经济的发展，农民收入的增加，建制镇享受政府最低生活保障人数有所减少。2014 年，全市建制镇农村居民最低生活保障人数为 3.78 万人，比上年减少 0.82 万人，下降 17.8%。

（四）农村居民文化生活得到充实

随着农村居民生活的富裕，对健康时尚生活的追求不断增强。为满足人们日常文娱生活的需求，各建制镇增加文娱设施建设的投入，各种体育及休

闲文娱生活设施不断增加。2014 年，全市建制镇有图书馆、文化站 105 个，与上年持平；有剧场、影剧院 23 个，有体育场馆 24 个，有公园及休闲健身广场 520 个，分别比上年增加 1 个、2 个和 22 个，分别增长 4.5%、9.1% 和 4.4%。农村文化体育休闲场地和设施的增加，极大地丰富和充实了农村居民的文娱生活，整体生活素质不断提高。

四　建制镇经济社会发展存在的不足及制约因素

（一）区域间的经济社会发展不平衡，制约了建制镇的整体发展水平

在各级政府的努力和各项政策的支持下，经过多年的发展，广州市建制镇经济社会建设虽然取得很大的成效，农村经济不断发展，农民收入水平不断提高，农村居民生活不断改善；但是区域发展的不平衡，造成建制镇之间发展水平差距较大，发达建制镇区域基础设施先进，经济基础扎实，而北部山区镇基础设施落后，经济基础薄弱，建制镇经济社会区域发展的不平衡，制约了全市建制镇的整体发展水平。2014 年，全市 27 个平原建制镇平均每个镇公共财政收入达 3.04 亿元，比上年增长 8.9%，比 8 个北部山区镇的平均水平 8188 万元，高出 2.22 亿元。全市 27 个平原建制镇拥有小学、幼儿园（托儿所）和医疗卫生机构分别为 301 所、484 所和 56 个，平均每个镇分别拥有 11.15 所、17.93 所和 2.07 个，比 8 个北部山区镇平均水平 5.63 所、4.63 所和 1.25 个，分别多 5.52 所、13.30 所和 0.82 个。

（二）基础设施建设滞后，影响农民生活素质的提高

由于历史原因，广州市建制镇公共基础设施建设一直落后于城区，水平仍然较低，投入不足，造成总量不够、功能差。在乡镇交通和环境治理方面问题尤其突出。2014 年，全市建制镇通公共交通和污水集中处理的行政村

分别有 796 个和 691 个，覆盖率为 90.1% 和 78.2%，但仍有 88 个行政村未通公共交通，193 个行政村未进行污水集中处理。另外，建制镇教育、文化、医疗卫生事业发展水平也落后于全市的平均水平，严重影响建制镇人民生活素质的提高。

（三）产业结构不够合理，产业有待调整升级

经过多年的努力，广州市建制镇产业结构得到一定程度的改善，但仍不尽合理。在第一产业中，随着农业产业化要求的提高，一些生产设备条件差、技术不高的种养户，已不适应当前经济发展的需要，破坏了耕地的土壤质量，对周边水源和居民生活环境产生严重污染。近年来，广州市对不符合要求的种养户，进行依法清退，要求在调整农业产业时要大力发展环保、高效的特色农业产业。2014 年，全市建制镇种植大户数和畜禽养殖大户数分别有 1110 户和 1588 户，分别比上年减少 177 户和 178 户，分别下降 13.8% 和 10.1%；非农产业中，第三产业发展相对较慢，从业人员比重不高，2014 年，广州市建制镇第三产业从业人员 61.49 万人，占乡镇从业人员的比重为 24.7%，乡镇从事第三产业的劳动者明显少于第二产业，只为第二产业从业人数的 45.7%，产业结构调整有待升级换代。

（四）耕地流转规模小、集中度不高，影响农村经济的发展

农民耕地流转意愿不强，有恋土情结，加上耕地流转政策的宣传力度不大，部分农民对耕地流转的认识仍然存在一些误区，担心耕地流转后承包权益无法保障，所以宁可将耕地粗放经营，也不愿将耕地流转出去。另外，耕地流转未形成有形的市场，耕地流转信息还局限于本镇区域范围内，未能真正实现耕地流转信息化、网络化。目前广州市耕地流转仍存在操作不规范，流转规模小，流转期偏短，集中度不够高等问题。2014 年，广州市建制镇耕地流转面积为 29440 公顷，只占全市耕地面积总量的 37.6%，耕地流转速度慢，规模小，阻碍了建制镇农村经济的发展，影响农民收入水平的进一步提高。

（五）提高农民收入任务仍然艰巨

由于农村经济发展起步迟，经济基础薄弱，加上农村在发展经济过程中，受各方面条件的制约，造成农村居民收入一直处在低下的水平，尽管近年广州市农民人均收入增速超过城镇居民人均收入的增速，但农民人均收入的绝对数与城市居民存在着明显的差距。2014 年，广州市农村居民人均可支配收入为 17663 元，比上年增长 10.3%；而城镇居民人均可支配收入为 42955 元，比上年增长 8.9%，农民人均可支配收入只有城镇居民的 41.1%；而北部山区农民人均纯收入为 13270.94 元，比上年增长 12.6%，但人均收入只是城镇居民人均可支配收入的 30.9%。从绝对量来看，农民收入与城镇居民收入存在一大截距离；从增长速度看，农村居民收入增长速度虽然比城镇居民加快了，但要使农村居民收入真正提高，过上幸福富裕的生活，政府任务仍然十分艰巨。

五 建制镇经济社会发展的对策和建议

乡镇区域经济社会作为宏观经济社会的基础，其地位与作用日益凸显，乡镇经济和社会发展直接影响着全市新农村建设和新型城镇化进程，准确把握当前乡镇经济社会所处的地位，加大建制镇经济社会建设的力度，对于加快城镇化建设进程，促进城乡一体化发展，实现建设全面小康社会，具有积极的现实意义。

（一）深化城乡体制改革，加大镇域经济社会发展力度

要使乡镇区域经济社会得到整体协调发展，必须深化城乡体制改革，各级政府要给予政策、资金、人才和技术等方面的支持，加大财政资金的扶持力度。特别是对北部山区落后镇区更要实行优惠倾斜措施，加大对贫困地区的帮扶力度，不断完善扶贫资金的投入机制。完善全市新型城镇化建设方案，加快推进新型城镇化建设，促进城乡一体化，实现城乡统筹发展，积极

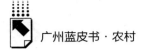

推进农村基础设施和公共服务设施建设，优化农村生产和生活环境，多举措发展农村经济，壮大乡镇经济社会实力，提高农民收入，让农村居民生活素质得到有效的改善。

（二）积极优化产业结构，大力发展特色农业

建制镇在发展经济过程中，要结合自身地理和自然资源条件，积极调整产业布局，实现产业的转型升级，加快农业产业化步伐，培育壮大农业优势产业，大力发展"一镇一业""一村一品"工程。坚持因地制宜、突出特色原则，依托当地资源优势，开发生产品质优良、特色明显、附加值高的名优特新农产品，大力发展特色农业、绿色农业和生态农业，推进农业产业化和经济结构的调整，对前景好的农产品要重点培育，形成基地，实行区域辐射，形成"一个镇一个产业，一个村一个品牌"的乡镇经济发展新格局。

（三）巩固乡镇工业产业地位，加速第三产业发展

实现农村工业化是增强乡镇经济实力的重要引擎，是促进经济发展，实现城乡一体化的核心。在城镇化建设过程中，要对农村土地进行合理的开发利用，开发建设工业园区，进行招商引资，吸引外来工业企业和资金的注入，有效增加农民的就业岗位，增强乡镇的经济实力。另外，农业产业化意味着农业生产的工业化、专业化和社会化。农业产业化，为乡镇经济发展提供了大量的特色农产品，大力发展农产品加工业和农业产业化经营，也是发展乡镇经济十分有效的措施。此外，要加速农村第三产业的发展，大力发展商贸、餐饮、娱乐、金融等第三产业，加快推进农村服务业的发展，培育农村经纪人、农产品运销专业户和农村各类流通中介组织，促进现代物流、信息咨询、中介等新兴服务业发展，结合当前假日经济积极发展农村观光休闲旅游业，搞活乡镇经济。

（四）多措并举，积极引导和推动耕地流转

有效地推进耕地经营权的流转，促进农村土地向现代农业、向优势产

业、向规模经营发展，对促进农业资源综合利用，实现农业生产可持续发展，有十分重要的意义。一是加大对耕地流转政策的宣传力度，使农民认识到耕地流转有利于农业增效，农民增收，而农民对耕地的承包权不变。二是进一步完善农村社会保障制度，解除农民对耕地的依赖和流出的后顾之忧。三是健全耕地流转操作机制，规范流转程序，抓好交易平台建设，使耕地流转信息网络公开透明。四是建立政策激励机制，设立农业生产基金，对发展现代都市型农业，具有一定规模的企业提供低息贷款。要多措并举，积极引导和推动农民耕地有序、有效地流转，加快农业产业化的进程，增强乡镇经济实力，增加农民收益。

（五）想方设法增加农民收入

"促进农民增收，让农民富裕起来"，这是"三农"工作的中心任务。政府对农业的补贴和政策倾斜是增加农民收入的有力支撑，农业科技开发推广和劳动者素质提高是增加农民收入的有效手段。为此需采取综合措施确保农民收入持续增加：一是强化政策增收，进一步加大强农惠农政策力度，建立和完善各项农业投入补贴及价格增长机制，充分调动农民从事农业生产的积极性，拓展农民收入来源。二是通过加快农业科技进步，提高农业土地产出率、资源利用率、劳动生产率，提高农业生产效益，实现增产增收、提质增收、节本增收，持续增加农民的家庭经营收入。三是提高农民素质，以农业技术教育和职业技能教育为重点，加大对农村劳动力培训，增强其科技务农水平和就业能力，引导农村富余劳动力向非农产业就近就地转移。四是支持农民工返乡创业，以创业带动就业，提高农民非农收入。五是完善农村社会保障体系，全面推行新型农村合作医疗和社会养老保险制度，提高农村社会保障水平，多管齐下促进农民增收致富。

B.6
广州农村社会管理面临的问题及对策研究

阮晓波 *

摘　要：　农村社会管理是指农村政府、社会自治组织和其他社会组织为维护农村社会稳定、公正、秩序和实现永续发展，依法管理农村的社会公共事务、化解农村社会矛盾、保护农村生态环境、调节农村收入分配、调整农村社会利益关系、保障农民合法权益、开展农村综合性管理活动。广州农村存在的一些问题，对广州经济发展和社会稳定造成一定影响。做好广州农村社会管理工作，实现农村社会长治久安，需要采取一系列合法而有效的对策措施。

关键词：　广州农村　社会管理　问题与对策研究

　　改革开放以来，广州的城市化程度不断提高。根据2013年的《广州经济形势分析与预测（2013）》测算，广州市城市化发展水平指数为0.435，位列七城市中第四位，低于上海（0.803）、北京（0.660）和深圳（0.551）；高于天津（0.427）、苏州（0.424）和重庆（0.404）。广州城市化水平和当前的经济总量排名大体相当。广州周边农村地区工业化程度高，从事农业生产的农民越来越少，农业人口转而从事工业和服务业，参与城市

---

　　* 阮晓波，广州市社会科学院经济研究所副研究员。

产业分工的各个环节，城市化进程对广州农村原有的产业结构和社会结构产生了一定的影响，在快速提高农民生活水平、提升生活品质的同时，也产生了一些社会问题。

随着广州城市化进程的不断深入，城市周边地区的土地价值不断提升，城市建设不断征用农村土地，涉及土地征用问题的各种矛盾时有发生。广州是一个外来人口大量集聚的城市，外来人员超过700万人，外来人员既为广州经济发展做出了重大贡献，同时也带来了一定的治安问题。外来人口大量聚集在城中村和周边的农村地区，形成广州农村社会管理的新常态。随着农村经济的逐步发展，传统农村的社会结构不断重构，社会利益主体日趋多元，农民的利益诉求内容更加广泛，农村社会各种矛盾变得复杂，社会管理面临诸多挑战。

一　当前广州农村稳定面临的新挑战

（一）"社会人"数量不断增加

自改革开放以来，广州农村经济社会迅速发展，农民收入普遍增加，农村面貌显著改善，但城乡二元结构以及由此造成的深层次矛盾逐渐加重，"城中村、村中城"现象严重，农村地区公共财政覆盖范围小，社会管理和公共服务水平较低。随着城市化、工业化的进一步发展，失地农民和外来人员越来越多，聚集在城区周围工业比较发达的乡镇，比如增城区新塘镇户籍人口22.5万，外来人口达50多万，花都区狮岭镇40多万人口中，外来务工人员达到30多万人，这些人员进入广州以后，就变成一般意义上的"社会人"。①

通过对从化某镇的外来人员调查发现，和在城市从事商务活动以及在工厂参与制造业生产的外来人口不同，农村的流动人口的特点通常有：一是来源广，农业人口比重大。外来人口涉及的省份主要是湖南、湖北、四川、江

---

① 数据来源于新塘镇、狮岭镇调研和汇报材料。

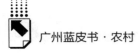

西、广西、贵州等地，农业人口比重大。二是从事职业多样化，居住时间短暂。他们主要从事加工、运输、建筑、餐饮、服务、贩卖、废旧回收等传统行业，属于社会需要而本地人不愿干的苦、险、脏、累工作。三是居住点分散且居住环境较差。工地的工棚、出租房屋成为农民工居住的首选。四是收入普遍较低，文化程度不高。五是违法犯罪率相对较高，近几年抓获的违法犯罪嫌疑人中外来人口占40%左右。"社会人"数量不断增加，对社会管理服务的需求日益增长，农村地区的社会矛盾和不和谐因素相应增多。

（二）土地征用领域存在矛盾

随着农村城镇化、工业化进程的加快推进，发生的征地拆迁纠纷、劳资纠纷、医患纠纷、物业管理纠纷、土地承包纠纷、农村纠纷等主要社会纠纷中，征地拆迁纠纷占10%左右。广州征地拆迁矛盾表现为以下特点：由历史问题引发的征地纠纷比较多，解决征地拆迁纠纷耗时长，因对征地纠纷解决不满意，形成被征地拆迁人与政府新的矛盾。对征地拆迁纠纷如果处理不当，很容易对社会造成影响。

（三）利益格局多元化

个别群众在房屋拆迁、土地征用、移民安置、项目建设等过程中，过分追求当前和个人利益。农村干部普遍出身基层，少数干部工作方式粗暴，容易引起百姓反感从而导致社会矛盾。农村的普法工作尚未引起各级领导的高度重视，法律法规的宣传教育还很不到位，基本流于形式，部分农民并没有很多机会接触法律和学习法律，在发生矛盾纠纷时，只是凭自己主观思想来评价是非，难免不发生违法抗法的事情。部分村民法制观念淡薄，法律意识差，抱着"小闹小解决、大闹大解决、不闹无解决"的错误观念，采取一些过激行为，制造不良影响，以期引起领导重视，影响公共秩序。

（四）基层文化建设缺位

随着广州经济社会发展和农村生活水平的提高，农村社会受到来自城乡社会各种文化因素的影响，文化日益多元，但农村文化建设不能满足农村居民需求。在缺乏高雅文化、主旋律文化引导的情况下，各种娱乐方式抢占农村市场，形成一定程度的精神污染，影响了农村稳定，容易诱发犯罪。一些地区赌博活动盛行，因赌博引起的财产纠纷、刑事案件时有发生。还有一些农村迷信回潮，出门办事都要选吉日，烧香拜佛，占卜问卦，缺少科学文明的精神导向。

（五）基层政权建设滞后

一是有些村级组织村治保会力量严重不足，以广州东部地区某村为例，这个有着10万人口的村级单位，村里的治保队只有40多人，鼎盛时期有80人，除了负责传统的社会治安巡逻，还要担负消防检查，维护交通秩序，处理占道经营、违章建筑、村委办公杂事等数不清的任务，甚至有时候还要配合计生工作，短短十几年间，该村人口急剧膨胀了10倍，但是，村委会只有9个正式工作人员，没有工商、城管、卫生、消防、税务等相应职能部门，仅有一个派出所，辖区涵盖8个村，治安队招收的队员基本是当地退伍转业的军人，没有参加培训，社会综合治理工作水平低。二是个别村干部工作作风不扎实，政策观念淡薄；有的村干部上任后，管理不民主，工作作风简单，脱离群众；有的村干部处理问题偏袒某一方，从而引发矛盾纠纷。三是村务公开不彻底、不规范，个别基层干部甚至侵犯群众利益。有的农村地区财务长期缺乏监督机制，财务收支很不规范。

二 关于导致广州农村社会不稳定的原因分析

（一）经济原因

经济发展给许多人发财致富的机会，加大了贫富差距，一些农民的致富能力跟不上时代潮流，在发展需求不能满足的情况下，有人通过不正当

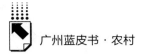

手段谋取利益，导致发生各种诚信缺失问题，形成新的社会不稳定因素。个别地方征地拆迁补偿数额大，很难维持绝对的公平，加上村级财务不透明，容易引起基层农民的不满。在广州周边农村，有些村集体的资产如土地、厂房、店面等往往被少数人控制经营，其运作状况和财务情况往往受到村民质疑。利益不平衡、分配不公是造成广州农村社会管理难的重要因素。

（二）文化原因

由于多种因素的交互作用，广州农村部分农民固守"小富即安，不富也安"的传统思想，缺乏开拓进取的精神。部分农民理想信念淡薄、精神生活空虚，信封建迷信。有的通过拆迁补偿先富起来的地区，有钱的"农二代"既不屑于到企业就业，靠自己的劳动谋生，又没有能力经营办企业，生活颓废。已有的价值观念丧失了对大众的约束力，使得人们在处理公与私、集体与个人、义与利等重大问题上逐步演变为以利益杠杆为主，围绕计划生育、承包田、宅基地、投工投劳等问题，产生诸多矛盾。

（三）组织原因

随着经济的发展，农村社会治理结构发生了很大变化，农村行政组织在组织形态和功能上有了变化，如个别地方在两委会之外推行村民监督委员会制度，有的地方组成村民议事会，以及诸如调委会、村规民约评理会等基层新型组织，以适应农村经济社会发展需要，如农村各类专业经济协会、专业经济合作社、老年人协会等组织。与此相反，基层政府由于其职能转变尚未完全到位，在社会管理中容易出现越位、缺位、错位等问题，基层政府的作用受到限制，导致各种冲突和摩擦，影响农村社会的稳定和繁荣。

（四）制度原因

当前广州农村的社会管理依然是一种"强政府、弱社会"的静态管理体制，无论在管理手段还是在管理方法上都与现时社会发展不太适应。当前农民的温饱问题已经基本解决，将转向较高层次的需求，追求自身的发展，广大农民期望拥有足够的参与权、监督权、知情权、表达权。而在现实状况下，个别地方基层社会治安综合治理水平提高较慢，出现号召多、针对性措施少、责任不落实、工作没人抓等问题。随着农村社会的发展，这种管理体制已经无法满足农村社会发展的需要。

三　关于改善广州农村社会管理的对策建议

广州农村社会发展的新形势是要大力推进开展改革创新，采取切实有效措施，切实加强农村社会管理。

（一）不断更新社会管理理念

当前广州农村社会结构的发展趋向是：社会流动增加，社会分化加剧，传统的社会基础有所削弱，村民对村共同体的依赖和认同下降等。政府有必要推动建立一种新的农村管理机制来应对农村多元化的利益需求，以维持农村社会稳定。

1. 推动农村社会管理主体多元化，加强农村组织建设

在管理主体上要突破政府单一管理的格局，使基层党组织、政府及农民等都参与到农村社会管理中，保障农村社会管理实践有序开展，促使社会管理资源的优化配置。要积极培育农村文化组织、合作经济组织等农民组织，引导其正确参与到农村的社会管理，使这些来自农民的组织，真正有效地服务于农民。

2. 推动法律意识的普及，加强农村法治建设

加强农村社会的法制化及普法教育，使法律成为农村社会管理的有效辅助手段。政府管理部门应严格按照法律法规进行行政管理，社会管理部门应按照法律来推进工作并履职，法律要真正成为农村社会秩序的有力保障。

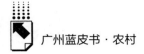

3. 推动社会管理机制建设，更新管理理念

当前农村社会结构发生了一定程度的分化，必须面对农村社会结构特点和农民的利益与需求，不断更新管理理念，变静态的社会管理为动态的社会管理，推进管理与服务并重的管理方式，推动社会管理体系建设。

4. 加强危机应对机制建设，增强风险管理意识

建立和完善应对突发事件的管理机制和危机预案。形成统一指挥、协调有序、运转高效、反应灵敏的应急管理体制机制。就危机应对与管理机制而言，要将社会的力量动员利用起来，建立社会应急体制，有效应对农村发生的突发性事件、灾害以及群体性事件。

（二）建立农村社会管理体制机制

1. 建立健全镇村社区管理体制机制

进一步加强组织领导，形成党委领导、政府组织、民政负责、部门配合、农民主体、社会参与的体制机制。镇村要进一步健全和完善领导责任制，切实把镇村社区管理服务工作摆在重要议事日程，精心组织，扎实推进。镇村党政"一把手"是社区管理服务工作的第一责任人，对社区管理服务工作要亲自抓，负总责；党委副书记是镇村社区管理服务工作的直接责任人，确保各项任务、措施落到实处。建立以镇政务中心为核心、镇村社区服务中心为依托的社区管理服务机构和网络，提高镇村社区管理服务机构的工作效率和便民利民服务水平。

2. 全面建设镇村社区服务体系

积极推进政务中心建设，整合各类办事机构，推进"一站式"服务，努力提高为社区及其居（村）民提供政务服务的水平。村社区服务中心由社区党组织、居（村）民委员会负责建设，可将原来的老年活动室、卫生服务室、"星光老年之家"以及闲置的村校、库房等整合成为村级社区服务中心，将原有的闲置办公用房、文体活动中心等整合成为村社区服务中心，促进城区公共服务设施和资源向镇区、行政村及自然村下移。镇村社区服务中心主要承担为居（村）民办理政务服务、公共服务和商贸服务等服务事

项。强化对外来工的社区公共服务，在外来工比较密集的地方建立邮局、图书室、文化室、体育活动场所等公共服务设施，或与社区周边单位共建共享公共服务资源，丰富外来工的业余生活，对外来务工人员中的青年群体有针对性地开展心理辅导、心理咨询服务，促进外来务工人员与当地社区居民的融合。

3. 发动社会力量参与镇村社区管理服务

动员广大专业人士，以智力扶贫方式参与镇村社区服务，充分发挥高校毕业生在开展社区服务中的积极作用，对于在社区服务工作中表现积极、工作认真负责的大学生"村官"要给予适当的激励，要把特别突出和优秀的"村官"吸纳到政府雇员队伍中，充实社区服务力量。鼓励和支持各类社会组织、企业和个人投入农村服务业，培育发展镇村社区志愿互助服务，鼓励和支持各种专业经济技术组织、公益社会组织发挥各自优势，做好社区公共服务。村社区工作者逐步纳入社会工作人才队伍建设，逐步推进镇村社区工作者的专业化、职业化；继续鼓励和支持机关事业单位工作人员到镇村社区挂职锻炼、蹲点服务，积极组织开展专业培训，提升镇村社区工作者的整体水平。

（三）完善和促进流动人口管理

流动人口数量规模大、人员构成复杂、整体素质偏低，给农村城镇管理带来了影响和挑战。根据"政府牵头，中心为主，公安协助，各方参与，综合管理，完善服务"的工作方针，按照"管理有序、服务完善、文明祥和"的要求，不断理清工作思路，优化政策环境，积极探索服务管理新模式。完善流动人口"以房管人、以网管人、以业管人、以外管外"立体管理模式，强化境外人员、流动人口和出租屋信息采集登记工作，建立以利益导向为基础的流动人员居住证制度。改善社区流动人员就业、医疗、住房、子女上学、社会保障等方面的公共服务，帮助外来人员融入本地生活，共享和谐、共建家园。建立健全境外来穗人员管理服务体系，完善外籍劳工登记和管理工作准证制度。充分发挥街（镇）出租屋外来人口管理服务中心的职能和作用，在做好出租屋与外来人口管理的基础上着力强化服务，把涉及外来人口的相关服务事项集中到中心，为外来人口提供周到、便利的社区服务。鼓励外来人口集中的地区组建各种形式的商会、同乡会等社会组织，对社会组织依法管理、规范管理，发挥其联络外来人口，反映外来人口呼声和诉求的积极作用。

1. 摸清底数，抓好出租屋管理

按照"实有人口管理、实时登记办证、提供实惠服务、实行到位考核"要求，集中时间、集中力量对流动人员进行全面的登记核实，做到"底数清，管到位"，建立流动人员和出租屋常态化管理机制。登记造册，按照"人来登记，人走注销"的原则，除对居住在出租屋内的流动人员进行严格的登记和信息核对外，还要将以往管理较薄弱的散居居民家的保姆、投亲靠友者及医院、学校、建筑工地、环卫工地、大型企业、直管公房出租屋的流动人员作为重点全面纳入管理，提高"出租屋"信息的完整和准确性。

2. 因地制宜，由静态管理向动态管理转变

一是完善流动人口登记管理制度，准确掌握流动人口相关信息。二是把流动人口服务管理责任落实到经营业主、用工单位。三是全面实行房屋租赁登记备案制度，健全完善房屋租赁相关部门协作管理机制，形成管理合力。减少治安和安全隐患，净化社会环境。

3. 进一步完善流动人口管理服务经费保障机制

将流动人员管理服务工作经费纳入各级财政预算，取消对流动人口征收治安联防费和流动人员调配费，取消居住证补办工本费。逐步改善村镇社区信息技术装备条件，加快移动信息采集系统开发和推广使用，结合第二代身份证阅读器快速获取人像基本信息，由管理员持便携式设备上门为流动人员提供登记办证服务。推进和完善凭居住证入户入学、免疫接种、特种病防治、就业指导、技能培训、法律援助、社区服务等方面政策措施，拓展居住证应用和服务功能，提高流动人员登记办证的积极性。整合现有流动人口信息网络资源，进一步建立覆盖全市、横跨部门的流动人口综合信息管理服务平台，实现数据一次收集、资源多方共享，提高实有人口动态管理与服务水平。

4. 扩大和加强对流动人口的组织管理和服务，帮助流动人口较快融入本地社会

建立健全政府与社会合作治理的模式，加强流动人口群团组织建设，引导建立党团、工会等社会组织，搞好商会等社会组织与政府管理服务部门的沟通对接，充分发挥社会组织的作用，切实维护流动人口的合法权益，提升社会保障和服务水平；开展就业介绍、法律教育、心理咨询等社区服务，强化对流动人口的医疗救助、子女就读、劳动力市场规范、企业用工环境等社会管理薄弱环节的建设，搭建"新广州人"网络平台，公布镇村社区主管、上级各相关职能部门领导的联系方式，建立完善利益诉求和解决机制；加强镇村社区文化建设和企业文化建设，在有条件的地方设立外来人口文化站，提供粤语学习、岭南文化体验等活动，积极开展本地人和外来工联欢联谊活动、体育竞赛，丰富流动人员的文化生活，增强流动人员的幸福感和归属感，使流动人员更好更快地融入当地生活。

参考文献

郑杭生：《改革开放三十年：社会发展理论和社会转型理论》，《中国社会科学》2009 年第 2 期。

费正清：《剑桥中国晚清史》（上卷），中国社会科学院历史研究所编译，中国社会科学出版社，1985。

修朋月、宁波：《清代社会乡绅势力对基层社会控制的加强》，《北方论丛》2003 年第 1 期。

王立胜：《中国农村现代化社会基础研究》，人民出版社，2009。

强世功：《法治与治理——国家转型中的法律》，中国政法大学出版社，2003。

孙立平：《改革以来中国社会结构的变迁》，《中国社会科学》1994 年第 2 期。

怀默霆：《中国发展过程中的城市与农村》，《国外社会学》2000 年第 5 期。

林坚、马彦丽：《我国农民的社会分层结构和特征》，《湘潭大学学报》2006 年第 1 期。

何增科：《论改革完善我国社会管理体制的必要性和意义》，《毛泽东邓小平理论研究》2007 年第 8 期。

中国改革发展研究院：《中国农民组织建设》，中国经济出版社，2005。

贺雪峰：《论农村基层组织的结构与功能》，《天津行政学院学报》2010 年第 6 期。

高新民：《执政党在社会管理中的地位与作用——兼谈政党的社会功能》，《学习时报》2011 年 2 月 28 日。

B.7

广州市村级集体经济和
公益事业发展研究

周庆林　黄静文 *

摘　要： 本文介绍了广州市村级辖区的总体概况，分析当前广州市村级经济的发展现状及村级公益事业建设的现状，指出制约广州市村级集体经济和公益事业发展的主要因素，并提出关于加快广州市村级集体经济和公益事业发展的对策及建议。

关键词： 村级经济　新农村建设　城乡一体化发展

随着新农村建设的快速推进，广州市村级集体经济不断壮大，公共基础设施不断完善。加快发展村级集体经济，加强村级公益事业建设，对于增加村级集体积累，改善农村居民生活环境，提高农民生活质量，解决当前"三农"所面临的一系列问题，有着十分重要的意义。在新形势下，找准制约村级集体经济和公益事业发展的因素，探索壮大农村集体经济实力和完善农村公益事业的路子，是各级政府需要认真加以研究和解决的重大课题。

一　广州市村级辖区总体概况

随着城镇化发展进程的加快及应城市发展的需要，一些行政村进行了调

---

* 周庆林、黄静文，广州市统计局农村处。

整、分拆、合并及村改居改制。2013 年末，广州市共有行政村及涉农居委会和经济联社 1292 个，常住人口 594.04 万人，比上年增长 3.0%；户籍户数 94.06 万户，户籍人口 323.19 万人。其中，有行政村 1150 个，常住人口 454.53 万人，比上年增长 1.2%；户籍户数 75.20 万户，户籍人口 266.55 万人。有涉农居委会和经济联社 142 个，常住人口 139.51 万人，比上年增长 9.4%；户籍户数 18.86 万户，户籍人口 56.64 万人。

二 广州市村级经济发展现状

（一）农村经济稳步发展，村级集体经济收入增长较快

2013 年，广州市农林牧渔各业继续保持平稳发展的好势头，全市实现农林牧渔业总产值 389.98 亿元，同比增长 2.9%；实现农林牧渔业增加值 228.46 亿元，同比增长 3.0%；全市农村居民人均纯收入 18887 元，同比增长 12.5%，比全省增幅（10.7%）高出 1.8 个百分点。与此同时，村级集体经济增收渠道日益多元化，呈现高效、多维、纵深发展的态势，形成粮食、蔬菜、苗木花卉、水果、水产和三鸟养殖等一系列优势产业，培植起一批具有特色的产业品牌，初步形成依托主导产业，延伸产业链条，搞好产业配套，统筹三个产业协调发展的良好格局。2013 年，全市村级集体经济经营性收入达到 92.32 亿元，比上年增长 6.2%，平均每个涉农村、居委会的集体经济经营性收入为 714.55 万元。其中，全年集体收入超亿元的涉农村、居委会有 12 个，1000 万元到 1 亿元的涉农村、居委会有 165 个。随着集体经济收入的增加，村级经济积累也进一步增长，2013 年末，全市村级集体资产总额为 591.72 亿元，比上年增长 22.4%，平均每个涉农村、居委会的年末集体资产总额为 4579.88 万元。

（二）村级经济发展模式不断创新

为加快农村经济的发展，改善农民生活水平，广州市积极探索和实践增

加村级经营性收入的发展路子，总结创新出一系列具有代表性的发展模式，有资源开发型、企业带动型、服务增收型、产业拉动型等，其中大量涌现的以"利益共享、风险共担"为主要特征的各类农民专业合作组织，将分散经营的农民组织起来，不但有效增强了市场竞争力，而且极大地提高了农村集体经济的发展水平和带动农民致富的能力。2013年，全市涉农村、居委会参加农民专业合作社的户数达到47047户，平均每个涉农村、居委会参加农民专业合作社的户数为36.41户。广州农村探索走出一条规模化现代农业发展的新路子，涌现了一大批农业种、养大户，2013年，全市村级农业种植大户和畜禽养殖大户分别有1568户和1912户，平均每个涉农村、居委会的农业种植大户和畜禽养殖大户分别为1.21户和1.48户。

（三）耕地的承包、流转，推动了村级经济的发展

耕地的承包、流转，解决了农村一家一户分散经营与大市场之间的矛盾，让农业有更大、更好的发展空间，使农业走向规模化、集约化生产经营之路，带动农民收入增加，农民可以从中分享到土地经营的收益。一批有一定规模的农产品生产基地建成，如白云区人和镇流溪湾现代农业示范园、从化市城郊街宝趣玫瑰世界和番禺区石楼镇海鸥岛现代渔业园区名优水产养殖试验基地等。2013年，全市村级承包耕地面积和承包耕地流转面积分别为82539公顷和29642公顷，分别占全市常用耕地面积的84.1%和30.2%。随着耕地的承包、流转面积的扩大，现代农业发展水平得到进一步的提高，2013年，全市村级设施农业占地面积、粮食作物播种面积和蔬菜种植面积分别为2518公顷、85334公顷和123079公顷，分别占全市总量的46.6%、95.1%和87.9%。

（四）农村从业人员增加，带动村级经济的发展

农村从业人员增加为发展村级经济提供了保障，农村外来从业人员给农村经济发展带来了繁荣，农村外出务工人员不仅可以解决本村剩余劳动力问题，还可以为本村带回经济收益，增加农民收入，提高农民生活质量。2013年，全市村级从业人员为302.39万人，比上年增长33.7%，占全市村级常

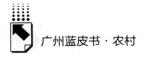
住人口的 50.9%，其中，农业从业人员和外来从业人员分别为 64.98 万人和 180.30 万人。另有外出从业人员 51.35 万人，占全市村级户籍人口总数的 15.9%。

（五）对贫困村的帮扶效应日益凸显

2011 年，广州市对 206 个贫困村实施了"规划到户、责任到人"的对口帮扶工作，2013 年又增加了第二批 224 个村的对口帮扶任务，现在全市对口帮扶的贫困村共有 430 个。经过各级政府的关心和投入，以及各对口帮扶单位的努力工作，这些贫困村的经济收入和公益事业有了大幅的提升，贫困村的落后面貌焕然一新，村容村貌得到改善，人民生活质量得到提高。2013 年，全市 430 个被帮扶的贫困村，全年村集体收入在 10 万~20 万元的村和全年村集体收入在 10 万元以下的村分别从 2012 年的 236 个和 137 个减少至 2013 年的 132 个和 68 个，贫困村平均年末村集体资产总额从 2012 年的 227.46 万元上升为 2013 年的 324.13 万元。在驻村干部的帮扶下，贫困村民依靠劳动脱贫致富，2013 年，全市 430 个被帮扶贫困村的从业人数为 36.93 万人，比上年增长 25.1%。

三 广州市村级公益事业建设现状

（一）村级基层组织建设加强，服务功能有效提升

随着村集体经济的不断壮大，农村基层组织"有人办事、有钱办事"的问题得到有效的解决，每三年一次的村两委换届选举能如愿进行，农村基层组织建设得到规范和加强，服务功能得到有效发挥，在村级班子的组织和领导下，村级经济发展和公益事业建设步伐明显加快，一大批村级水、电、路、医、学等民生工程项目相继落实建成，极大地改善了农村的落后面貌，提高了农民生活质量，得到群众的广泛认可，村级领导班子的战斗力显著增强，党在农村的影响力和凝聚力得到提升。2013 年，全市村干部人数为

8922 人，比上年增加 33 人，平均每个村的干部人数为 6.9 人。随着农村基层组织建设的加强，村务程序得到规范，对村务实行监督和公开，增强农村基层组织办事的透明度，对村事务能通过组织召开村民代表大会进行"一事一议"，广泛听取村民意见，共同谋划、共同建设美好农村。2013 年，全市村级年内召开村民代表大会次数为 8014 次，平均每个村为 6.20 次。

（二）村级道路交通得到有效改观

经过政府多年投入、建设和改造，目前广州市基本实现村村通水泥路，"雨天一身泥，晴天一身灰"的现状已根本消灭，一些经济发达的村还有国道、省道通行，这为农村经济发展奠定良好的发展基础。为方便村民的出行及与外界的往来，部分村实现了与镇区甚至与城区的公共交通往来，这大大方便了村民的日常生活及与村外的经济往来。截至 2013 年底，全市通公共交通的村有 1122 个，占全市涉农村、居委会总数的 86.8%。

（三）村级水利设施得到有效保护和提升

农村水利是农业的命脉，是促进农村经济社会发展的重要保障。近年来，广州市农村对原有还可以使用的水利设施进行了维护。为适应新时期现代农业生产发展的要求，广州农村对水利灌溉设施进行升级改造，使用地表水或地下水进行机电灌溉，为现代农业生产提供良好的发展环境。2013 年，全市涉村居委会有机电井 1130 眼，能够使用的灌溉用水塘和水库 1314 个。

（四）村级卫生环境得到净化

为改善和优化农村居民的生活环境，广州市积极推进统筹城乡发展和社会主义新农村建设，持续加大农村基础设施建设和公共服务投入力度，农村生产和生活环境得到进一步改善，村容村貌有了很大的改观，村级卫生环境得到很大的净化。2013 年，全市完成改厕的村、垃圾实现集中处理的村、污水实现集中处理的村和有生活污水管道的村分别有 1169 个、1267 个、

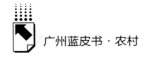
816 个和 831 个，分别占全市农村总数的 90.5%、98.1%、63.2% 和 64.3%。

（五）农村生活质量得到优化

随着农村经济的发展，加上政府不断加大对贫困村的帮扶投入，农民收入不断增加。同时，他们在医疗、文化教育和社会养老等方面也得到有效的保障，农村普遍建有卫生室、图书室、文化站、休闲健身场所等，村民生活环境得到优化，农村居民生活质量不断提高。2013 年，全市 1292 个涉村、居委会实现了通宽带互联网和通有线电视，饮用水经过集中净化处理的村和生活使用主要能源为电、燃气的村分别有 1273 个和 1242 个，分别占全市农村总数的 98.5% 和 96.1%。

四　制约村级集体经济和公益事业发展的主要因素

经过多年的发展，特别是在 2011 年广州市对北部山区八个贫困镇实施"一村一策、一户一法"双到帮扶工作，以及把美丽乡村建设作为广州市新农村建设的新载体，使广州市村级集体经济和公益事业得到明显的发展。但由于客观条件和主观努力等原因，村级集体经济和公益事业总体基础薄弱的现状仍未得到根本的改变，还有部分村和基层干部思想不够解放，未能认识到发展壮大村集体经济和发展村公益事业的重要性和重大意义，还没有找到一条适合本村发展的好路子。

（一）思想认识存在偏差，发展意识不强

目前，仍有相当多的基层村干部特别是村支部书记对于发展村集体经济和村公益事业的重大意义认识不到位，缺乏吃苦耐劳的精神和长远发展规划，没有干事创业的主观愿望。有的村干部在发展集体经济中存有各种思想顾虑，怕担经济风险、怕上级不支持、怕群众不理解等，担心经济上去了，自己却下来

了。也有的村干部自身能力有限，在发展村集体经济的工作中办法不多、思路不宽，对自身优势认识不足、挖掘不够，遇到困难就束手无策、打退堂鼓，缺乏知难而上、艰苦创业的精神和勇气。还有个别村干部不能正确对待发展与利益的关系，种种思想认识上的偏差，使得农村缺乏主动发展的意识和动力。

（二）政策扶持机制不完善，发展保障乏力

目前，国家、省、市在宏观层面出台很多政策措施，但到了基层有些政策措施只是照套、照转，没有结合本地实际进行有效转化，结果是政策不明朗、办法不具体、措施不得力，可操作性、指导性、实效性不强，加上缺乏强有力的督办、监管机制，不少政策措施只是停留在文件上、表述在口头上，没有得到很好的贯彻落实。另外，政策扶持资金的管理分配不能满足需求，对大多数薄弱村而言，自身无经济积累，政策性帮扶资金是他们迈出集体经济和公益事业发展第一步所不可缺少的，但当前政策扶持资金存在着到位不足、到位慢的问题，使他们的发展缺乏保障。

（三）村级财力有限，收支矛盾突出

在新农村建设过程中，公益性事业的投入越来越大，村容村貌整治及各项创建活动等刚性支出有所增加，使得部分村在千方百计保运转之余根本无发展之力。另外，个别村由于过去经营失策，形成巨大的村级债务，使村集体经济陷入困境，严重影响了村发展前景。这些债务负担的存在，不仅成为潜伏在农村基层的不稳定因素，更成为村级集体经济和公益事业发展的严重障碍。在无积累、负担重的双重压力下，多数无资源、无资产的村严重缺乏发展集体经济和公益事业的基础，村干部对发展村集体经济和公益事业只能"有想法、没办法"，只好望而兴叹。

（四）村与村之间发展差距大，薄弱村发展基础差

从全市来看，现在还存在不少发展基础薄弱的村，且村与村之间的发展差距大。全市还有 476 个自然村没有实现污水集中处理，有 461 个自然村没

有生活污水管道，有50个自然村还使用柴草作为生活主要能源，不利于村容村貌的干净整洁，以及生态环境的保护。由于受自然环境、基础条件、区位优势、资源分布等客观因素影响，村集体经济和公益事业发展不平衡问题日益突出，村与村之间的差距越来越大。地处城区或城乡接合部，以及镇（街）驻地，或者拥有丰富资源的部分村，大多集体经济和公益事业发展较好，村民生活富裕，村容村貌美观。而地处偏远山区的部分村，特别是一些无资金、无资产、无资源的"三无"村，由于基础差、底子薄，发展难起步，增收无门路。大多数经济薄弱村还存在经营模式单一、管理方式粗放、经济效益低下的问题，来源单一且没有新的增长点。2013年，全市经济薄弱村的比重占全市的1/3，目前发展所取得的成绩仍不稳定，发展层次和质量还不高，大多数薄弱村缺乏持续稳定的增长后劲。

（五）制约村级经济和公益事业发展的其他因素

一是缺人才，有文化知识的年轻人大多外出就业，越是经济条件差的村越难以吸引和留住人才，形成恶性循环；二是缺资金，由于种种原因，村集体难以得到金融支持，即使有发展项目也难以落实；三是缺信息，一些村由于对外接触少，走不出去，请不进来，信息渠道不畅，即使村里想发展也缺门路、缺思路；四是缺资源，部分村由于地处边远山区，自然资源缺乏，加上基础设施落后，严重影响村集体经济和公益事业发展。

五　村级集体经济和公益事业发展的对策建议

发展壮大村级集体经济及建设好村级公益事业是一个复杂的系统工程，近年来广大基层干部在发展壮大村集体经济和建设村公益事业的实践过程中积累了很多好的经验，也探索出一些有效的途径。面对新形势、新任务，我们要抓住机遇，勇于创新，完善工作措施，加大工作力度，努力推动村级集体经济和公益事业发展向更高层次、更高水平、更高目标迈进。

（一）加强村干部的教育和培训，创新发展思路

发展村集体经济和村公益事业的第一步，就是要选好用好村干部，建设一个好的支部班子和一套好的工作机制，就像留下一个永不撤走的工作组，村的集体经济和村公益事业不再需要借助外力也能实现自我发展，从而进入可持续发展的良性轨道。要加强对村干部特别是村支部书记的思想教育，让村干部牢固树立以发展为己任、以发展为荣的思想认识，充分调动和发挥他们的主观能动性，让发展村集体经济和村公益事业成为他们的内在需求和自身愿望，对他们加强法律、经济和经营管理知识的培训，提高他们发展集体经济、带领群众致富的本领。在发展村集体经济和村公益事业过程中，村干部要不断创新工作思路、创新增收模式、探索增收新途径，提升发展的层次和质量。

（二）加强和完善政策扶持机制，强化发展保障

发展村集体经济和公益事业，是加强村级建设、夯实基层基础的当务之急、重中之重，各级政府必须进一步提高认识、加强领导、强化措施，强力推进。要不断研究工作中遇到的新情况、新问题，加强对各项扶持政策的研究和创新，继续加大政策支持力度、完善支持扶持机制，确保发挥好政策的引导和保障作用，建立健全政策协调机制，创造有利于村集体经济和公益事业发展的政策环境。要强化对财政帮扶资金的管理，坚持"先生产，后生活"，资金投向进一步向经营性增收项目倾斜，筛选一批基础好、前景优、效益高的村和项目，有重点地进行扶持，最大限度发挥财政帮扶资金的效益和对村集体经济和公益事业发展的支撑作用，同时要强化监督督导，提高资金管理的透明度。

（三）壮大村集体经济规模，增加村集体资金积累

一是发展增收。要引进人才和资本，充分利用村里特色资源，积极发展特色农业、绿色食品、生态农业和农产品加工业，延长产业链。这既增加了

农民收入，又壮大了村级集体经济。二是节支增收。进一步强化村级财务和集体资产的监管，推行村级财务公开，民主理财，减少不必要开支。三是服务增收。村干部及农村经济大户要带头兴办农民专业合作社、专业协会等合作经济组织，改善农业服务，并通过服务增加村级集体资金积累。

（四）分类指导重点帮扶，增强发展后劲

要充分认识到发展村集体经济和公益事业任务的艰巨性、长期性，避免急功近利的心理，切忌"一把抓""运动式"工作方法。要坚持分类指导、重点帮扶，夯实发展基础，追求长期效益。一是对经济薄弱村，要帮助他们查找原因、制订计划、实行"一村一策、一户一法"的帮扶工作，以挖掘自身潜力为途径，以建立稳定收入来源，帮助贫困户脱贫致富，实现村集体经济收入的增长。二是有重点地帮扶、培养，树立一批经济强村和龙头企业，在政策、资金方面给予重点关照和支持，帮助他们做大做强，实现产业升级、效益上台阶，巩固集体经济发展成果，要实行村村合作、村企合作，发挥以强带弱的作用，实现做强一个产业（企业），带动一方致富的效应，增强村集体经济自我发展的能力，逐步摆脱对外力的依赖。

（五）健全村级监督管理制度，夯实发展基础

在积极探索村级集体经济和公益事业发展新路子的同时，加强和规范村级集体经济和公益事业管理的制度化、科学化、民主化，健全村级管理制度，稳定村级管理队伍，夯实集体经济和公益事业发展基础。一是规范村级财务管理。二是加强村级财务民主监督和审计监督。三是防止和化解村级不良债务。四是深化村级管理体系改革。坚持用市场经济手段推动集体经济和公益事业发展，实行所有权和经营权分离，建立"产权明晰、主体多元、充满活力"的市场主体和"民主管理、自主经营、独立核算、风险共担、收益共享"的运行机制，妥善解决集体经济组织管理的职能问题，明确集体经济组织与村"两委"的关系，创新集体经济组织分配机制。

专题研究篇

Articles of Special Study

B.8
关于实施食品安全战略，壮大广州
本土乳业的政策建议

张 强　郭艳华　陈旭佳 *

摘　要：　本文全面分析了广州实施食品安全战略的意义，阐述了广州
实现牛奶战略目标的差距、条件和路径，提出如下发展对
策：加大落实国家支农强农政策，规划设立广州养殖保护
区；进一步细化牛奶自给率战略，明确提出全市最低存栏保
有量标准；适量划拨市属林场资源，多途径解决风行奶牛养
殖用地；加大对乳业龙头的财政扶持，支持风行乳业扩能；
鼓励乳业龙头混业经营，实现"以主拓副、以副稳主"的
良性循环；支持风行发展集团加快并购和"走出去"，促进

* 张强，广州市社会科学院经济研究所副所长、副研究员；郭艳华，广州市社会科学院经济研究所所长、研究员；陈旭佳，广州市社会科学院经济研究所副研究员。

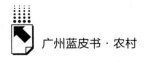
企业做大做强；实施品牌化和标准化战略，着力打造乳业
"广州标准"。

关键词： 食品安全　广州乳业　政策建议

一　广州食品安全战略应重点突破乳业的发展

（一）广州食品安全战略的提出及意义

随着国内食品安全事件的频繁爆发、农产品价格的巨幅波动以及
"非典"、冰雪等突发事件给食品供应带来重大威胁，国家、地方及社会
各界对食品安全的关注度显著提高。"十二五"之后，为保障食品供应及
质量安全，中央明确要求各地区切实落实"米袋子"省长负责制和"菜
篮子"市长负责制，由此将食品安全置于地方施政的最高战略层次。在
此背景下，2012 年，中共广州市委十届三次全会郑重提出"要狠抓'菜
篮子'工程和食品安全工程，力争实现肉、菜、鸡、鱼、蛋、奶 6 项农
产品自给率达到 70% 的目标"，同时，将食品安全体系建设列为市"两
建"工作的十大重点之一；2013 年广州市政府审议通过《广州市"菜篮
子"产品安全供给工作意见》（穗府办〔2013〕21 号），再次调整细化相
关目标和措施，正式确立了全市食品安全战略，并落实到具有约束力的
量化指标上。此后，在市委十届四次全会及随后的政府工作报告中，广
州先后将蔬菜生产基地、设施渔业基地、现代化奶牛场等一批市内"菜
篮子"基地项目列入当年重点产业项目计划中。由此，按照中央、省及
特大城市保障民生安全的要求，广州食品安全战略框架开始形成并稳步
推进。

食品安全战略的确立对广州大都市建设具有重大意义。首先，这一
战略有利于深化农村城市化。目前，广州仍有 200 多万农村居民，将他

们一次性转化为市民既无可能，也无必要，其中有相当一部分人口仍需主要从事农业生产。因此，实施食品安全战略，提高主要农产品自给率，可有效带动农村就业增长，并通过"公司＋农户""公司＋基地＋农户"等多种方式，不断扩展农民参与现代农业的机会，提高农民的生产技能，在提升城市化质量的同时，推动农民职业化、专业化。其次，食品安全战略攸关民生幸福。在广州新型城市化战略中，"幸福"是三大核心理念之一，也是政府施政的最终落脚点。食品品种单一或者价高质次，缺乏安全食物供给，食品安全事件频发，必然降低民众幸福度。由于食品是居民每日所必不可少的，关乎其生活质量和健康，因此，充分安全的食品供应直接关系民众幸福指数的高低。最后，食品安全战略体现居民消费升级的需求。过去，广大市民更多关注的是"吃得饱"，而现在随着收入水平的提高则更多地关注食品品质及结构，也就是"吃得好"的问题。从前面论述看，广州食品安全战略的重点是侧重于"菜篮子"工程，这无疑顺应了民众消费从"吃得饱"向"吃得好"升级的趋势与要求。

（二）广州食品安全战略应重点突破乳业

广州新食品战略提出主要大类农产品自给率都要求达到70%以上。目前，在五大农产品当中，蔬菜、鸡等产品的自给率已达100%以上，实现了供应有余；塘鱼自给率也接近80%；而生猪经过近年来在增城等地开展大规模清理整治，其自给率已下降到35%左右。近期，为治理生猪养殖带来的环境污染，全市部分地区已逐步实施限养和禁养，大量散小乱、无序落后的养猪场被强行撤掉，由此在穗府办〔2013〕21号文中也相应地将生猪自给率目标调低至50%，在这种情况下，通过加快新建一批现代化大型养殖场和改扩建一批标准化规模养殖场，广州实现生猪自给率目标虽有一定难度，但不是太大。比较而言，生鲜奶目前的自给率仅为29%，在五大农产品中最低，与广州市确定的目标相距甚远（见表1）。

表1 广州主要农产品自给率的比较

指标 品种	每天人均消费量（克）	年消费总量	2012年本市产量	自给率（%）
蔬菜	500	292万吨	342万吨	117
猪肉	100	650万头	230万头	35
鸡	25	0.55亿只	0.55亿只	100
塘鱼	60	46.7万吨	36.6万吨	79
生鲜奶	35	21万吨	6.1万吨	29

说明：表中数据均按照1600万人口测算，引自广州市农业局数据。其中，生鲜奶自给率依据国家农业部奶业管理办《2013年中国奶业统计摘要》计算而得。

综上比较可见，广州食品安全战略突出的五大农产品中，蔬菜、鸡、塘鱼等三类产品的自给率均已达标，且部分供应有余，生猪自给率与预定目标的差距也相差不大，唯有牛奶自给率水平最低，与70%的预定目标相差最大。需要强调指出的是，牛奶在国际上被公认为营养价值最接近于完善的食物，人均乳制品消费量已成为衡量一国国民生活水平和健康状况的主要指标之一。世界许多国家或地区都对奶品消费给予高度重视，日本就曾提出"一杯牛奶，强健一个民族"的口号，并将之作为基本国策；欧美发达国家国民体质强健，主要源于其人均奶品消费远高于其他国家，尤其是喝鲜奶的比例普遍达90%以上。[①]在我国，随着消费结构的升级，乳品逐渐成为人民生活的必需品。改革开放特别是近年来，我国奶牛养殖业和乳制品工业发展迅速，奶牛存栏、奶品种类及乳制品产量均成倍增长（见表2），居民乳品消费稳步提高。

表2 改革开放以来中国牛奶生产与消费增长状况

指标 年份	牛奶产量（万吨）	奶牛存栏（万头）	城镇居民人均乳品消费量（公斤）
1980	114	64	1.4
1990	416	269	8.9
2000	827	489	14.5
2010	3748	1420	27.0
1980~2010年增长倍数	33	22	19

资料来源：《2013中国奶业统计资料》、《中国奶业史》（专史卷）。

———————

① 魏荣禄：《中国乳业发展应该向贵阳学习》，《贵州都市报》2013年12月16日，第A16版。

与之形成鲜明对比的是，广州受饮食习惯及奶源不足的影响，市民喝鲜奶比例（2012 年为 58%）虽有所提升，但与世界主要国家尤其是发达国家相比仍严重偏低，而人均液态奶（不含酸奶，主要为巴氏奶）消费量水平则更是相差甚远（见图 1）。我们注意到，广州人均液态奶消费量不仅大大低于澳大利亚、美国等发达国家，甚至明显低于印度、墨西哥等发展中国家，也明显低于与广州处于同一纬度的台湾地区（见图 1）。

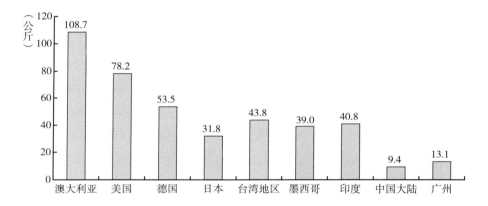

图 1　2011 年世界主要国家（地区）液态奶人均消费量比较

说明：液态奶包括鲜奶、常温奶和功能乳饮料，但不包括酸奶。

国内比较，在全国 36 个大中城市中，广州人均鲜奶消费量水平居于倒数位置，仅排在第 30 位。[①] 而进一步对五大中心城市进行比较，广州人均鲜奶消费量也是最低的，其中，城镇居民人均鲜奶消费量仅为京、沪、渝等市的 1/2 左右，而农村居民的消费水平差距更大（见图 2 和图 3）。

广州人均鲜奶消费量明显偏低，与其城市地位及消费水平不相称，这里固然有饮食习惯的原因，但本土奶源不足引致奶价偏高从而抑制消费意愿不能不说是一个根本性因素。我们看到，与国内主要城市相比，广州生鲜奶价高出 15% ~ 30%（见表 3），而奶价畸高的背后凸显的就是本地乳业发展相

① 见《2013 年中国奶业统计摘要》，农业部奶业管理办编写。

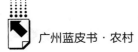
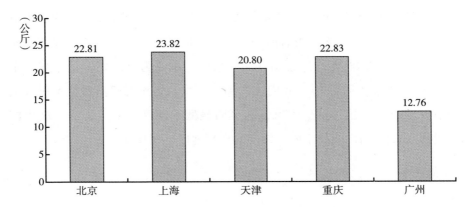

图2　2012年五大城市城镇居民家庭人均鲜奶消费量比较

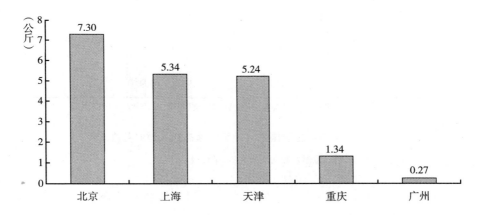

图3　2011年五大城市农村居民家庭人均鲜奶消费量比较

表3　全国主要城市规模定点牧场生鲜奶价格统计

单位：元/公斤

地区	北京	上海	天津	重庆	广州	全国平均
定点牧场	义鹏	庆华	大老李	天友两江	珠江	—
2012年	3.63	4.31	3.59	4.10	4.60	3.85
2013年	4.16	4.90	4.09	4.71	5.40	4.27

说明：以上奶价为当年年均收购价。

资料来源：荷斯坦奶农俱乐部提供。

对落后的状况，特别是作为产业源头的奶牛养殖业较薄弱。从五大国家中心城市比较，广州现有奶牛存栏规模是最小的，由此导致人均占有生鲜奶源也严重偏低（见表4）。

表4 2012 年五大国家中心城市奶牛养殖业比较

地区	北京	上海	广州	天津	重庆
城市总面积（平方公里）	16808	6341	7434	11920	82400
奶牛存栏数（万头）	15.1	6.9	1.9	15.6	2.9
人均生鲜奶占有量（公斤）	31.7	12.4	3.8	51.0	2.7

说明：城市总面积来源于各城市统计年鉴；奶牛存栏数来源于《2013 年中国奶业统计摘要》。

差距即意味着潜力，现状自给率水平的巨大差距，使广州乳制品业尤其是鲜奶消费具有巨大潜力。因此，广州食品安全战略的重点应聚焦于乳业，着力突破乳业发展的瓶颈，使乳业成为"幸福广州"建设的重要支撑，也成为现代都市农业发展的重要增长点。

二 广州实现牛奶自给率目标必须依靠以国有龙头企业为主导

广州实现食品安全战略突破乳业发展的瓶颈，必须依靠和确立以国有企业为主导的发展思路。

（一）国企主导的模式能够更好地保障奶品稳定供应

从发达国家的实践来看，随着居民消费水平的提高，乳制品特别是鲜奶日益由稀缺的保健品转变为寻常的生活必需品，由此纳入社会基本民生品之列，其所属产业也具有半公益性质。根据国有经济相关理论界定，国有企业一般应在所谓"三安全"（国防安全、经济安全、社会安全）和"一公益"（社会公益，包括医疗、教育、公交、邮政等）领域占据主导地位。而牛奶作为事关社会安全的重大食品品类之一，属典型社会基本民生品，加之其产业弱质性突出，前期投入大，生产周期长，养殖风险高，基于这类产业属性，唯有实行以大型国企为主导的发展模式，才能更有效地保障和稳定供应。也就是说，无论市场或价格如何波动，大型国企一般会比民营企业具有更强地保障供给的意愿和能力，相应地也就能够更好地履行保障基本民生品供应的责任。

（二）国企主导的模式能够更好地确保奶品质量可控

保障供应主要是从量的角度考虑，事实上，食品安全战略更重要的是对质量的要求。特别是对牛奶业来讲，容易掺假制假，稍有不慎，即会酿成重大食品公共安全事件，造成全行业信任危机。在这种情况下，由少数几家大型企业尤其是国企主导奶品生产与供应，就能更有效地保障奶品质量可控。这是因为：第一，国企经营者造假可能性较小。虽然国有、民营企业都有造假的可能，但比较而言，大型国企的社会责任与信用、技术力量更强一些，对于国企经营者而言，造假的非法收益大部分不会归你，但出了事责任肯定全归你，其造假得不偿失，因此，国有体制能保障对奶品质量具有更强的责任约束力。第二，相关法律对大企业违法经营的威慑力更大。《食品安全法》第84条、85条、86条按违法经营货值规模大小规定了不同的处罚办法，从这些处罚条款可以看出，食品安全法对大企业更有震慑效力，大企业根本经受不起停产、罚款、品牌信用的损失，一旦被查实，足以让企业破产及经营者倾家荡产。第三，由为数不多的大型国企主导生产，监督成本低，政府只要管住几个规模化养殖场，就等于管住质量安全。总之，依赖和打造安全的国有大型食品企业，严厉监管大企业，对于保证食品质量安全至关重要，且监督成本最低。

（三）国有龙头企业主导有利于迅速改变常温奶为主的市场格局

目前，在发达国家和地区，具有丰富营养价值的巴氏鲜奶普遍占液态奶市场的90%以上，而在中国大陆却不足20%，与国际消费主流形成巨大反差（见表 5）。众所周知，在液态奶市场中，主要包括巴氏鲜奶和常温奶。巴氏鲜奶采用巴氏低温杀菌工艺，对奶源要求高，必须采用新鲜无污染的就近奶源，牛奶从挤出到生产必须在 24 小时内完成，需全程冷藏，并经低温处理保持活性，其优点是营养破坏少，多喝有利于增强人体免疫力，缺点是不利于储存和运输；而常温奶（纯牛奶）的特点正好相反，由于采用超高温灭菌工艺，使之适合在常温下长期储存，有利于扩大销售半径，但牛奶的大部分营养流失。因此，要形成鲜奶为主体的市场格局，必须让企业就近投资更多养殖场，然而，由于投资大型奶源基地建设周期长、回报低、风险大，中小乳企的奶源大多依赖农户的"个体散养"奶牛，但个体饲养不利于管理，容易给人为的掺杂使假创造条件，从而导致上游奶源质量失控。从国内乳业发展的实际看，一般只有那些大型国企才拥有较多的就近奶源，也才有生产巴氏鲜奶的条件和技术，而中小乳企主要依靠还原奶生产常温奶。由此可见，只有实行大型国企为主导的模式，通过大型农场运作的方式，才能逐步化解小农经济分散、效率低下、标准不一的痼疾，也才能提供更多高品质的巴氏鲜奶，以改变国内以常温奶为主体的市场格局。

表 5　2012 年中国与主要国家或地区液态奶消费市场的构成

单位：%

国家或地区	美国	日本	台湾地区	澳大利亚	中国大陆
新鲜奶（巴氏奶）	99.7	99.3	97.6	92.6	20
常温奶（纯牛奶）	0.3	0.7	2.4	7.4	80

说明：这里液态奶不包括酸奶。

资料来源：见魏荣禄《中国乳业发展应该向贵阳学习》，《贵州都市报》2013 年 12 月 16 日，第 A16 版。

（四）国有龙头企业能够承担更多公共责任和政策性风险

牛奶消费涉及国民健康工程，涉及民生领域的食品安全，有时，政府为了公共利益可能会进行政策干预或实施特别工程（如价格管制、学生奶计划等），或者在突发性自然灾害期间仍要求企业以低成本甚至无偿方式保障供应，由此造成企业损失甚至亏损。此时，也只有国有企业才更适于担当这份社会责任而听命于政府，即使发生政策性亏损也须承担，这是国有企业存在的价值。

（五）当前国内特大城市的乳业龙头企业均是国有性质

对于中小城市而言，其食品安全保障也许可以依靠多元渠道甚至外供来解决，但对于一个上千万人口的特大城市而言，其自主性食品保障要求就大为提高。特别是对于事关公共健康工程的牛奶业而言，国内许多大城市都提出牛奶产品的自给率目标，且均由本地国有企业来担纲主导供给，具有较高的垄断度。从国内实践看，国内五大中心城市中，北京牛奶业的龙头是首农集团，上海牛奶业的龙头是光明食品，天津牛奶业的龙头是海河乳业，重庆牛奶业的龙头是天友乳业，这些城市奶业龙头虽有不同的历史沿革、经营模式及产业链构成，但他们都无一例外的是国有体制。其中，光明食品集团和首农集团在本市鲜奶市场上的占有率均高达80%以上，有效保障了这两个城市的乳品安全。

综合以上可以看出，无论从经济理论上的属性定位，还是国内的实践经验来看，对于特大城市而言，乳业的稳定发展及奶品的安全供给，应该而且必须依靠以大型国有企业为主导的发展模式，这是牛奶作为社会民生公共品及农业弱质性产业的二重属性所决定的。

当然，确立国有企业在牛奶业发展上的主导地位，绝不是说民营企业就无作为或其生产的奶品就一定不安全。一般而言，国有企业在体制机制上有效率低的问题，但同时信用度又相对较高，并能承担较多的社会公益责任，经得起政策性损失甚至亏损，国有体制的特点更适合牛奶这一民生性产业的长期稳定发展，并确保奶品质量可控。弊和利往往是相辅相成的。事实上，保障食品安全最适宜的企业体制是以国有资本为主导、多种资本融合的国有控股型或混合所有制企业，从而可以将两种体制的优势有机融合。

三　广州实施牛奶安全战略应立足于
做大做强风行发展集团

根据以上分析可以看出，对广州而言，实施食品安全战略，推动乳业的跨越式大发展，必须立足于做大做强本土的国有乳业龙头——风行发展集团。我们需深刻认识到，扶持风行发展集团，其最终目标并不是将一个国企做大做强，而是要通过扶持这一龙头企业实现全市食品安全战略的目标，解决牛奶充分自给和奶品质量可控的问题，特别是在婴儿奶粉供给上，要彻底扭转进口奶粉质量优于国产奶粉的印象，只有国有乳业龙头才能真正成为支撑广州市牛奶安全战略的重要支柱。

（一）风行发展集团的发展地位

广州风行发展集团有限公司前身为广州市国营农工商联合总公司、广州市农工商集团有限公司，成立于1949年。改革开放以来，随着国企改革的不断深化，农工商集团有限公司先后经历四次重大的资产重组，到2009年，公司正式更名为"广州风行发展集团有限公司"（简称风行发展集团），成为一家以乳业为主导产业的农业现代化国有龙头企业。到2012年底，风行发展集团资产总额为15.41亿元，负债7.44亿元，实现年主营业务收入7.8亿元。其中，现拥有1家乳品加工厂，3个现代化奶牛养殖场，拥有约7000头良种荷斯坦奶牛，年产生鲜奶3.3万吨，乳制品加工产能5万吨，销售收入近5亿元，初具行业龙头企业的实力。

根据省牛奶协会和市农业局提供的资料，到2013年底，广州市奶牛存栏总量约为1.9万头，其中风行发展集团占比1/3强；全市自产生鲜奶共6.1万吨，其中风行占比1/2强；全市牛奶乳制品市场总销量62.5万吨，其中风行发展集团市场占有率约为8%，而风行巴氏奶市场占有率为20%左右（见表6）。总体上看，作为广州奶业"双雄"之一，风行牛奶在本地市场上具有一定地位和实力，但与北京、上海的乳业龙头相比，风

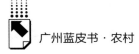

行牛奶的龙头地位仍差距较大（见表7），远未形成对本地市场的决定性影响力。

表6　2013 年风行发展集团乳业在广州市的地位

指标＼主体	广州全市	风行发展集团	风行发展集团占全市的比重（％）
奶牛存栏数（万头）	1.9	0.7	36.8
生鲜奶生产量（万吨）	6.1	3.3	54.1
巴氏奶总销量（万吨）	9.85	1.97	20
乳制品总销量（万吨）	62.5	5.0	8

表7　2013 年京、沪、穗国有乳业龙头企业在当地的市场地位对比

单位：%

类别	首农集团	光明食品集团	风行发展集团
当地生鲜奶市场占有率	85	95	54
当地巴氏奶市场占有率	60	80	20
当地乳制品市场占有率	40	—	8
奶牛存栏数占全市比重	48	86	37

资料来源：赴北京首农、上海光明食品集团调研所得数据。

从省内从事乳业发展的企业格局看，目前，全省主营乳业生产的企业共28 家，其中，燕塘、晨光两家公司高居年销售额达 10 亿元以上的"第一集团"，风行发展集团虽位居全省奶品业前三甲之列，但仅处于年销售额的"第二集团"，与省内两大龙头企业有一定差距。其他 25 家企业均处于销售收入低于 5 亿元的规模区间（见表8）。

表8　风行发展集团在全省乳业发展格局中的地位

指标	企业主营销售收入区间	企业分布
全省从事乳品生产企业共 28 家	10 亿元以上	广东燕塘、深圳晨光
	5 亿～10 亿元	风行发展集团
	5 亿元以下	广州光明、香满楼、QQ 星等

综上可见，作为广州乃至全省乳业的龙头之一，风行发展集团具有一定的市场地位和实力，特别是在奶源掌控、技术水平和产品质量上优势突出，而从集团当前的资产负债率、经济效益等情况看，风行乳业也还有较大的规模扩张潜力。然而，与国内一线城市比较，风行发展集团与北京、上海的同业龙头仍有巨大差距，与广州作为中国"第三城"的地位不相称。因此，未来广州要实现牛奶自给率的战略目标，必须进一步扶持壮大和依托风行发展集团。

（二）扶持壮大风行发展集团符合国家及广州的一系列重大战略

从现阶段广州市食品安全战略的需要看，大力扶持本土乳业龙头企业可谓刻不容缓。而扶持壮大风行发展集团，充分体现了国家及广州当前的一系列重大战略。

1. 体现"海上丝绸之路"建设的要求

2013 年国家主要领导人在出访中正式提出构建 21 世纪海上丝绸之路的战略构想，以适应我国构建开放型经济体制的新要求，增强我国对区域经济一体化进程的主导影响，促进形成以我为龙头的区域经济合作体系，形成面向全球的高标准自贸区网络。"海上丝绸之路"战略现阶段主要是更多地进入东盟、南亚、大洋洲，下一步会延伸到西亚、非洲、南美等地。在这一战略背景下，扶持做大乳业龙头企业风行发展集团，鼓励引导集团按照"造福广州、立足广东、服务华南、辐射东南亚"的梯级推进战略积极"走出去"，利用集团的资本技术优势加快在"海上丝绸之路"沿线国家的投资布点，不仅有利于迅速做大集团自身的实力，也将有助于贯彻和推动"海上丝绸之路"建设战略的实现，为我国扩大辐射至东南亚地区，促进中国奶牛业走向世界打下坚实基础。

2. 实施"造血式"扶贫战略

在我国现阶段，现代农业的发展大多采取"公司＋农户"、"公司＋基地＋农户"或"公司＋协会＋农户"等形式加以推进。在这种产业组织模式中，作为核心驱动的农业龙头企业越强大，其对农户的经济带动力就越强大。因此，扶持做强风行发展集团，有利于公司向外扩张以发挥辐射带动作用，特别是向成本较低的贫困地区的辐射，通过在当地建设养殖基地、委托饲养奶牛或创办乳品加工厂等途径，拉动当地农民的就业和增收，盘活当地闲置的林地资源，从而达到"造血式"扶贫的功效。

3. 贯彻国家稳港惠港战略

保持香港的繁荣和稳定，是国家的战略目标和基本国策。牛奶是民生必需品，对于已没有牧场资源的香港来说，外供成为唯一的选择。由于生鲜奶具有一定的有效运输半径（一般在300公里范围内），而香港正处于这一半径内。因此，自20世纪80年代以来，风行发展集团就一直承担着向香港不间断地提供生鲜奶的责任，生鲜奶每年供港3000~5000吨，约占当地消费总量的1/5。因此，扶持做大风行发展集团，进一步将之作为向香港供应生鲜奶的主要基地，将有效减少奶品市场的波动，满足当地对鲜奶的需求，进而有助于保障香港的社会安定与民生安全。

4. "北上广" "保位" 战的需要

北京、上海、广州是中国三大经济圈的龙头城市，是综合实力最强的三个一线城市，号称"北上广"。广州要保持"北上广"的卓越地位，除了金融、商贸、交通、创新、总部等高端引领型服务功能外，也应在攸关食品安全的农业基础保障功能上向北京、上海看齐，尤其在农业龙头企业的发展上要体现一线城市的水平和能级。然而，恰恰是在农业龙头企业的发展上，广州与北京、上海的差距极大，难以体现"北上广"城市应有的保障功能。有鉴于此，扶持做强风行发展集团，发展与北京首农、上海光明相比肩的农业龙头企业，有助于广州在食品安全保障功能上体现"北上广"一线城市的地位。

5. 落实打造 "广州标准"

对牛奶这样一个细分行业来说，"龙头强，则行业强，龙头弱，则行业弱"，强大的龙头企业往往能起到带动全行业发展的作用，并成为行业标准的制定者。作为广州地区乳业龙头之一，风行发展集团具有一定的技术管理实力，是城市型乳业发展的典范，是优良奶品的代表。在此条件下，扶持做强风行发展集团，有助于发挥龙头企业的示范与引领效应，贯彻广州标准化战略。在品种改良上，培育适合亚热带地区养殖的良种奶牛和胚胎，使之成为适于南方养殖的优良品种；在产品质量上，坚持菌落指标的高要求，将风行乳业严格的质量标准上升为行业标准，着力打造中国乳业的"广州标准"。

（三）风行发展集团本身具有一系列核心发展优势

通过与全国及省内外企业的比较，作为广州乳业发展的龙头企业，风行发展集团主要具有如下核心优势。

1. 养殖技术优势

公司拥有 3 个现代化高水平奶牛养殖场，其中有 2 个被授予国家畜禽标准化示范场，1 个被授予国家级良种奶牛场。公司是全国首家从美国（1984年，610 头）和澳大利亚（2000 年，230 头）成规模引进良好荷斯坦奶牛的乳品企业，采用目前世界上最先进的全混合日粮饲养技术，拥有自主研究的饲料配方。同时，公司长期与美国、澳洲等国家（地区）农业部及有关乳企开展技术合作，也是国内最早使用计算机技术对奶牛饲养进行管理的乳企之一，公司开发引入的"奶业之星"管理系统从冻精购进、配种、检胎、产犊、标识、饲养到进入后测产奶周期等一系列工序均能进行有效管理、检测与监控。先进的养殖技术使风行的单位饲养效率达到华南最高，奶品质量全国最好。据统计，广东省成年母牛年平均单产为 4.8 吨牛奶，而经由风行发展集团饲养的成年母牛平均单产达 7.3 吨（见图 4），其中下属珠江奶牛场平均单产高达 8.8 吨，由此在 2013 年，风行以占全市 37% 的奶牛资源生产了占全市 54% 以上的生鲜奶，其饲养水平领跑广东乃至整个华南地区。

2. 加工水平优势

风行乳业是一家牧工商一体化的乳品企业，在加工水平上与广东燕塘、深圳晨光等同处于第一梯队。目前，公司乳品加工工艺成熟，设备先进，不仅拥有稳定优质的奶源优势，而且品种齐全，拥有 80 多个乳品种类，公司

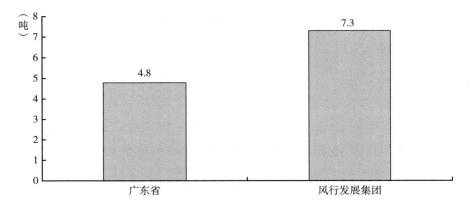

图4　广东省与风行发展集团奶牛单产水平的比较

正在增城石滩投资建设一个占地160亩、乳品年加工能力达20万吨的集生产、科研于一体的生产研发基地。更为重要的是，风行乳业还建立了全市最完善的乳品质量监控体系，拥有南方最大的乳品技术检测实验室，这使得公司销售的奶品质量投诉率达到全市最低。

3.销售网络优势

截至2013年底，广州市区拥有"风行牛奶"专卖门店达400家（作为广州奶业"双雄"之一的燕塘牛奶仅有100多家），居全市之首，这为市民低成本饮用优质鲜奶提供了便利。目前，公司销售门店仍在不断向郊区甚至外地延伸扩张，计划到2015年拥有门店600家，实现2万人口范围内就有一家专营门店的目标，力争到2017年，门店数量达到1200家，实现1万人口范围内就有一家专营门店的目标，真正做到使"奶在居民身边"。

4.经济效益优势

通过与同期北京、上海及省内奶业龙头企业的主要指标对比分析可以看出，2012年，风行发展集团资产负债率不足50%，净资产收益率高达9.9%，均优于首农集团和光明食品集团（见表9）。同时，在主营业务乳业板块上，风行发展集团的销售利润率达9.3%，也远远高于光明食品集团和首农集团，显示出风行乳业具有较好的产品定价能力和盈利能力，企业发展后劲充足，未来具有进一步产能扩张的潜力。

表 9　2012 年京、沪、穗乳业龙头企业主要经济指标比较

单位：亿元，%

指标 \ 企业名称	光明食品集团	首农集团	风行发展集团
资产总额	1256	381	15
营业收入	1393	198	8
乳业销售收入	138	43	5
资产负债率	67.98	74.10	48.24
乳业销售利润率	2.17	0.7	9.30
净资产收益率	7.10	2.72	9.90

5. 品牌优势

风行牛奶始创于 1952 年，是我国历史最悠久的牛奶品牌之一。改革开放以来，经过几代农垦人的悉心经营，风行牛奶的质量与品牌效应进一步凸显。目前，风行牛奶的质量标准远高于国家标准甚至欧盟标准（以菌落总数衡量，国家标准不高于 200 万 cfu/毫升，欧盟标准不高于 20 万 cfu/毫升，而风行的内控标准不高于 2 万 cfu/毫升）；同时，经第三方国际权威机构检测，风行成为全国第一家获得碳足迹认证的乳企。过硬的奶品质量为企业赢得品牌优势，自 1984 年至今，风行生鲜奶连续供应香港 30 年，深受港人欢迎；"三聚氰胺事件"期间，风行一度被指定为供港生鲜奶的唯一品牌；2008 年奥运会期间，风行更被主办方指定为奥运中心场馆南方的唯一奶源供应牧场。可见，风行牛奶"优质、安全、食得放心"的品牌形象已扎根于消费者心中。

（四）风行发展集团的主要劣势是规模偏小、资源不足

在看到优势的同时，我们也不能忽略风行发展集团存在的不足，这种不足主要体现在以下三方面。

一是规模偏小。我们注意到，企业健康的财务指标是以牺牲规模为代价的，与京、沪等地的乳业龙头相比，风行乳业板块规模微不足道，其乳业销售收入不到光明食品的 1/20 和首农集团的 1/8，这不仅使其自身抗风险能力相对较弱，而且对全市牛奶达成 70% 的自给率目标难以形

成支撑作用。企业规模偏小的背后是资本运作和资产经营的相对"短板",这又与政府管理国企的理念、方式及政策扶持力度不足密切相关。从长远发展看,风行发展集团在保持现有低资产负债率和强盈利能力的前提下,未来需尽快扩大企业资本与生产规模,以强化其区域性优势地位。

二是牧场资源不足。乳企的发展,除了资本这一瓶颈外,受奶源的制约也越来越大。由于乳制品生产规模的扩大主要依靠生鲜奶原料的充足供应,因此,国内乳企对奶源的竞争越演越烈,尤其是地区乳业龙头更加依靠生鲜奶的自供。北方的伊利、蒙牛、首农、光明为何能做成几十亿元甚至几百亿元的乳业规模,这与其庞大的牧场资源和充沛的奶源供应是紧密相关的。目前,风行发展集团虽拥有3个现代化养殖场,但其占地面积总共不过200多公顷,这对支撑一个未来鲜奶产能上10万吨、销售规模上百亿元的乳业龙头是远远不够的。

三是产业构成单一。牛奶属弱质性产业,抵御经济风险的能力相对较弱,因此,作为乳业集团,混业经营是必然的选择,这已为国内外多数乳业龙头的发展实践所验证。从首农集团和光明食品集团看,虽然他们在主导行业属性上都被归为乳业企业,但其作为核心主业的乳业收入仅分别占集团总收入的1/5和1/10,其他大部分收入来自相关的现代农业、食品加工、连锁零售、农产品批发、物流配送以及盈利能力较强的房地产、酒店业等。反观风行,虽名为集团,却只有乳业及少量的物业租赁,产业构成单一,主业占比超过集团六成,副业不足四成,很难对稳定乳业发展形成有力保障。

综上可见,风行发展集团目前虽然乳业规模不大,但养殖技术、产品质量和管理监控手段均处于全国行业领先水平,具有"小而专""小而精"的发展特征。广州确立的新食品安全战略,既要有"量",更要有"质"。目前,广州在牛奶的"量"上缺口很大,但"质"的安全更不容忽视。而风行牛奶代表了品质和信誉,选择风行乳业进行扶持做大也就意味着在质量安全可控的前提下去达成全市牛奶的自给率目标。

四　广州实现牛奶战略目标的差距、条件和路径

（一）达到预定目标的差距分析——兼从"北上广"角度比较

根据广州市食品安全战略的要求，广州确定牛奶的发展目标是自给率达到 70%，我们需要了解和把握这一目标的内涵及现存差距的状况。

1. 生鲜奶自给率现状：仅接近30%

穗府办〔2013〕21 号文确定的目标是到 2016 年奶品自给率达到 70%，这里的"奶品"从文件主题"菜篮子"可以看出应该是属于第一产业或农产品的概念，即应该是指"鲜乳品"或"生鲜奶"。从北京、上海的情况看，由于首农集团和光明食品集团在当地乳业市场的绝对龙头地位，两市早已实现乳品安全所必要的自给率目标。

那么，广州生鲜奶自给与预定目标还有多大差距呢？我们知道，广州 2012 年自产生鲜奶约 6.1 万吨；同时，我们从中国奶业协会发布的《2013 年中国奶业统计摘要》可以查到，广州 2012 年人均鲜奶消费量为 12.76 公斤，按照 1600 万实际管理人口计算，年需求总量约为 21 万吨。这样，我们可计算出广州现在生鲜奶自给率为 29%，这与 70% 的自给率目标尚有 40 个百分点的差距。

2. 动态总需求量：供需缺口达19万吨

要达到预定自给率目标，未来究竟需要新增多少生鲜奶产量，这需要从动态发展的趋势加以估算。由于未来 3~5 年广州的实际管理人口还会增加，而人均鲜奶消费量也会进一步提升，因此，未来总需求量及供需缺口的估算还必须考虑以下两大因素的变动。

一是实际管理总人口。根据市公安局统计，2012 年，广州实际管理总人口约为 1600 万人，其中常住人口 1300 万，暂住登记及流动人口 300 多万。根据广州城市扩展的规划（即 2 + 3 + 9）和近几年人口增长的趋势，笔者预计 2020 年广州实际管理总人口将达 1800 万左右。

二是人均鲜奶消费量。随着居民收入的不断提高和城市化的进一步推进，人均鲜奶消费量水平必进一步提升。此外，生产规模扩大，也将引致奶价回落从而刺激更多的购奶消费。目前，广州年人均鲜奶消费量仅为12.76公斤，在全国36个大中城市中居于后列，这固然与地域饮食习惯有关，但更大程度上是与牛奶生产供应量不足有关。其实，与广州大致处于同纬度的福州人均鲜奶消费量为20.6公斤、南宁为15.79公斤、昆明为20.36公斤，甚至同纬度的台湾、香港均超过人均30公斤，而北京、上海均超过人均20公斤，经济收入水平相对较低的重庆也达到人均18公斤。由此可见，广州人均鲜奶消费量偏低，主要与本地牛奶产量偏低从而导致人均占有量较低、奶价偏高有关。与国内主要城市相比，广州人均鲜奶消费量与人均生鲜奶占有量的比值是最高的（见表10），这表明其供求缺口是最大的。因此，比照全国主要城市的标准并考虑饮食习惯、经济水平等因素，在保障供应的情况下，未来广州年人均鲜奶需求达20公斤应是一个保守估计的水平。

据此，按全市远期1800万实际管理人口和人均20公斤鲜奶消费量计算，广州届时全年生鲜奶需求总量应达36万吨，若按照70%的自给率要求，广州应自产25万吨左右，而目前广州市实际自产量仅为6.1万吨，供需缺口约19万吨，这就是广州本土国有乳业龙头未来的使命和潜力所在。

表10 京、沪、穗人均鲜奶占有量与消费量比较

单位：公斤

地区	北京	上海	广州
人均鲜奶消费量	22.81	23.82	12.76
人均生鲜奶占有量	31.70	12.40	3.81
消费量/占有量	0.72	1.92	3.35

3. 奶牛存栏量：需增加存栏4万头

目前，广州辖区范围内奶牛存栏总数约为1.9万头，可提供生鲜奶6.1万吨/年。我国南方地区是奶牛养殖集约化程度最高的地区，约有90%的牧场为存栏100头以上的规模化牧场，散养奶牛主要为奶水牛。因华南地区处

于高温、高湿的热带、亚热带地区，奶牛热应激较为严重，因此，平均单产水平处于较低水平，仅为4.8吨/年。自1985年投产以来，风行发展集团的养殖水平一直处于华南地区的领先地位，迄今为止，风行发展集团仍是广州辖区内养殖效率最高的企业，同时在华南地区仍保持着最高养殖水平。先进的饲养技术及管理模式使其成母牛年单产平均达到7.3吨，2013年，该公司7000头奶牛（一般情况下，自繁自养牧场成母牛存栏比例占总存栏的50%~60%，该公司成母牛占总存栏的55%）生产了3.3万吨生鲜奶，其中，2.7万吨为自产，0.6万吨源于其带动管理的牧场。若按广东省奶牛平均单产为4.8吨的生产水平计算，每万吨生鲜奶约需2100头成母牛，按照55%的成母牛存栏比例，每万吨生鲜奶需要增加奶牛存栏3800多头，那么，广州市19万吨的生鲜奶缺口将需要增加奶牛存栏7万多头，由于新建牧场生产水平一般相对较低，每万吨生鲜奶所需奶牛将会更多。

但是，鉴于该集团经多年的积累和总结，其下属珠江牧场奶牛单产已达8.8吨和集团奶牛平均单产达7.3吨的高水平，并且养殖技术水平仍在不断提升，奶牛单产仍在逐年提高，未来其全部新建牧场投产之初单产即可维持在4.5吨以上生鲜奶。因风行发展集团已具备快速提高奶牛单产的养殖技术，新建牧场奶牛平均单产水平可在几年内突破7吨，并可达到8吨的单产水平，同时也可将成母牛存栏比例提高到60%，届时，广州市19万吨的生鲜奶缺口可在风行发展集团增加奶牛存栏4万头的基础上得以填补。

从北京、上海的经验看，两地政府虽没有确定一个自给率目标（因为这一目标早已实现，已无意义），但却在牛奶存栏上都确定了一个最低保有量标准，然后在这个底线范围内，让国有乳业龙头作为主要支撑，全力保障市内生鲜奶供应的安全。比如上海市确定的奶牛存栏最低保有量是6万头，其中光明食品集团一家即承担6万头，北京市确定的最低保有量是7万头，首农集团也基本全数承担，以此保障全市生鲜奶供应。这一做法值得广州借鉴。

4. 小结

综合以上所述，我们可以总结一下广州乳业的现状水平与预定目标之间的差距状况，详见表11。

表11 广州乳业现状发展水平与预定目标之间的差距

类 别	现状水平	预定目标	存在差距
生鲜奶自给率(%)	29	70	41
本地生鲜奶生产量(万吨)	6.1	25	19
年人均鲜奶消费量(公斤)	12.76	20	7.24
需奶牛存栏数(万头)	1.9	5.9	4

说明:以上估算均假定未来新增产能完全按风行乳业的生产率标准加以实施。

(二)实施条件与路径

从牛奶安全战略看,广州最终要稳妥顺利地完成生鲜奶自给率70%的战略目标,结合现状基础及行业发展趋势看,笔者认为可以分两步实施(见表12)。

第一步:2016年生鲜奶自给率达50%。欲达此目标,需本地企业提供生鲜奶总产量14万吨,即新增生鲜奶产量8万吨。若按照风行发展集团奶牛平均单产7.3吨的生产力水平,这需要全市奶牛养殖存栏总数达3.9万头左右,新增2万头。

第二步:2020年生鲜奶自给率达70%。欲达此目标,需本地企业提供生鲜奶总产量25万吨,即新增生鲜奶产能19万吨。若按照风行发展集团的生产力水平,这需要全市奶牛养殖存栏总数达5.9万头左右,在2016年奶牛存栏数的基础上再增加2万头。

表12 广州实现生鲜奶70%自给率目标规划

年份	全市生鲜奶自给率(%)	全市生鲜奶产量(万吨)	需全市奶牛存栏量(万头)	需新增产能(万吨)	需全市新增奶牛存栏量(万头)
2013	30	6	约1.9	—	—
2016	50	14	约3.9	8	约2
2020	70	25	约5.9	19	约4

说明:以上规划假定到2016年人均鲜奶消费量上升到15公斤,实际管理人口1700万人,到2020年上升到20公斤,实际管理人口1800万人。

从前文的分析论证看，广州要完成牛奶安全战略的目标，必须依赖国有龙头企业的强大支撑力和执行力，这是大的战略思路。而具体到上述"两步走"规划目标能否顺利实现，关键还要看广州乳业面临的外部环境、资源支撑力以及本地乳业龙头是否具有承担实施的基础及能力。

首先，从牛奶业面临的外部环境看，广州实施牛奶战略及扩大产能可谓恰逢其时。一是国内一连串乳品安全事件后掀起了全国范围内的并购浪潮，这给拥有品牌、质量、技术管理优势的广州乳业龙头向外扩张并购提供了绝佳的发展机遇。二是广州人均 GDP 已接近 2 万美元，呈现出较明显的消费升级趋势，包括对高品质鲜奶产品的需求激增，然而，受制于本地产能不足、价格偏高等因素，广州人均鲜奶消费量严重偏低，这反过来给本土乳品业的发展提供了有力的市场支撑。三是政府从最高施政层面确立了以"菜篮子"为重点的食品安全战略，对乳业的发展予以政策上的明确支持。

其次，从养殖场地资源的支撑力看，广州地区养牛容量充足。牛奶自给率必须主要依赖在本市或其附近地区进行奶牛养殖，因为这涉及生鲜奶运输的有效半径。根据课题组赴省奶协和市农业局调研的结果，广州地处热带雨林地区，拥有天然良好的林业条件，林地、草坡、农用地资源相对丰裕，加之现代养殖技术和模式日益成熟，环境污染控制技术不断提高。在此情况下，经省权威专家陈三有教授估算，以广州现有适用林地资源及生态环境承载力状况，广州地区奶牛养殖存栏总量可达 5 万头，而极限值是 8 万头。也就是说，在不影响生态环境或环境污染可控的条件下，广州地区在现有存栏 1.9 万头基础上再增加养牛 3 万头是不会有太大问题的，关键是合理的选址。而这增加的 3 万头奶牛若在规模化养殖模式下将在很大程度上弥补 19 万吨的自产缺口。

最后，从本地乳业龙头的基础和能力看，依靠风行发展集团支撑全市牛奶战略具有较高保障度和可行性。

——风行发展集团龙头实力最强。作为国有乳业龙头，风行目前规模虽然不大，但其乳品质量和经济效益优良，养殖技术处于全国领先水平，企业经营管理能力较强，历史上也曾培育出如白云山制药、华凌冰箱、珠江啤

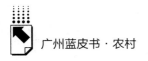

酒、白云粘胶等全国知名品牌，广州要实现牛奶战略目标，毫无疑问必须交由信誉最好、技术最强、品质最优、效率最高的龙头企业去完成。

——风行发展集团制定了与市级战略相吻合的战略扩张计划。在剥离不良资产及无关副业后，正处于主导产业集中爆发的重要阶段，结合海上丝绸之路建设、打造"广州标准"等市级重大战略，集团制定了具有切实可行的战略推进计划——《风行发展集团乳业发展规划（2014~2025年）》。该规划明确提出：到2017年奶牛存栏将达3万头，生鲜奶产量12万吨，到2020年奶牛存栏将达5万头，鲜奶产能25万吨（见表13），与表12对比可以看出，集团乳业发展规划与广州牛奶"两步走"规划目标高度吻合，并且已具有部分前期推进和今后拟推进重大储备项目的有力支撑。虽然风行在奶牛养殖上必然实行市内外并举，但鉴于运输半径的原因，其在初期必定是以市内及附近地区为主的。因此，集团乳业发展新规划的实施，必将有力保障和支撑全市牛奶战略目标的实现。

——风行发展集团具有较强的投融资能力。风行发展集团要承担弥补牛奶自给率的产能缺口的任务，需投入多少资金。按照前述规划，到2016年，全市将新增生鲜奶8万吨，按单产7.5吨计算，新增奶牛存栏2万头（其中成年母牛比例约占55%），需投入资金9亿元（按4.5万元/头计算）；到2020年，全市将新增生鲜奶19万吨，按单产8.5吨计算，新增奶牛存栏4万头（其中成年母牛比例约占55%），需投入资金18亿元（按4.5万元/头计算）。风行发展集团目前若按照市政府酒店用地收储计划安排，将可获得9亿元左右的资金，这是保障产能扩张到预定目标的自有资本金，剩余近10亿元资金则可考虑由"市财政+市场融资"相结合的方式加以解决。

表13　2013年等年份风行乳业发展规划目标

类别　年份	2013	2017	2020	2025
奶牛存栏（万头）	0.6155	3	5	10
生鲜奶（万吨）	3.3	12	25	50
液态奶（万吨）	4.8	20	50	100
巴氏奶（万吨）	1.65	10.3	25.75	50

类别 年份	2013	2017	2020	2025
UHT 奶（万吨）	2.87	7.9	19.75	40
酸奶（万吨）	0.28	1.8	4.5	10
种牛（头）	0	6400	16000	32000
冻精（剂）	0	1000000	1600000	3200000
良种胚胎（枚）	0	10000	15000	20000
性控冻精（剂）	0	10000	20000	50000

下一步，广州市政府应鼓励和扶持风行发展集团围绕业已确立的"推进双百工程，打造百亿风行梦"的战略目标，分别从市内推进资源整合重组、省内重点并购中小乳企、国内及境外实施战略合作等三大层面，制定实施"路线图"。主要实施路径及措施如下。

1. 增建养殖基地

针对广州市土地资源缺乏的情况，争取市政府支持，充分利用市属林场划拨或盘活其他闲置土地，扩大养殖基地。同时，在粤东西北，选择有条件的地区布设新的养殖基地（如河源、梅州、韶关、湛江等），通过输出资本、技术、管理、人才等要素，采取与当地民营牧场合作或直接租赁林地的方式，扩大饲养规模。

2. 挖掘现有牧场潜力

对现有市内三大养殖场进一步挖掘潜力，通过养殖与管理模式的改进，实施精细化操作，争取将奶牛存栏规模扩大15%左右。同时，继续提高养殖技术，通过品种改良和创新饲养技术并加以推广，进一步提高奶牛单产水平，争取将集团所辖成年母牛单产全部提升到珠江奶牛场的水平。

3. 加快内外并购

通过洽商，加快并购或重组省内部分拥有奶源的中小乳企；争取市政府支持，实施"大食品板块"战略，力争将部分市级中小国有性质的农业企业合并到风行发展集团中，以壮大集团实力。

4. 开展对外合作

加强与国内大型乳业龙头的合作或合资经营，利用集团的技术、管理和销售网络进行战略性投资，积极抢占优质奶源。同时，加快落实"海丝之路"建设战略，继续与澳大利亚、波兰、新西兰等海丝之路沿线潜在投资国的相关企业接洽协商，积极"走出去"，争取在海外并购与资源合作方面实现零的突破。

五　北京、上海对本地乳业的政策扶持都不遗余力

通过对国内主要城市尤其是北京、上海当地国有乳业龙头的走访和交流，课题组深深地感受到，虽然当地没有提出明确的食品安全战略，但当地政府对本土国有乳业的政策扶持可谓不遗余力。

（一）用地政策

土地资源是企业发展的命脉，北京、上海市政府在企业用地上均强力支持。一是给企业留下充足的土地资源。首农集团自改革开放以来经历四次大的重组，但无论企业如何变动，当地政府都把历史上形成的 37 个乡镇、创办的绝大多数下属企业以及绝大多数的国有土地留归集团使用，特别是在 1998 年正式实施国有资产授权经营后，政府更明确集团土地"只增不减"。光明食品集团在历次变革重组中其国有土地也是丝毫无损，迄今为止，市政府仍为集团留下 600 多平方公里、100 多万亩的土地资源，约占整个上海市总面积的 1/10。充足的自有土地使两大龙头企业能在本市内保留较多的奶牛存栏，如首农 90%、光明 50% 以上的奶牛存栏是在本市辖区内。二是征地补偿高。农垦企业下属一般拥有若干乡镇，其村民后来转变为城市居民时这些国有土地大多被征用，与广州过去成建制地划拨出去不同，北京对首农土地征用明确提出"征地补偿价格不低于村集体征地补偿标准"，且土地征用后所得价款，不用上缴土地增值税。三是土地转用灵活。通过"自主申报、政府筛选"的方式，京沪两地政府均允许企业利用自有土地建设自住型保障房①，

---

① 北京市自住型商品房竞标公告规定："利用自有用地向社会建设提供自住型商品住房项目的北京市属国有企业或与之组成的联合体，在取得北京市人民政府国有资产监督管理委员会出具的投标资格认定意见后，可参与投标"。

上海甚至同意光明集团在建设保障房项目时留出一定比例的商品房出售，从而有效盘活集团下属的闲置农地。四是实施项目用地定向优惠。光明食品集团在上海马桥工业园投资建设光明乳业项目时，当地政府对其用地实施定向招拍挂，项目用地价格仅为市场价的 60%；首农集团在河北投资建设新乳品工厂时，经农垦局与当地政府洽商后也是实施"零地价"供地。

（二）财政政策

在明确农业基础保障功能的定位基础上，北京、上海两地政府针对国有乳业龙头的财政支持也是十分给力的。首农集团属下三元股份计划全力打造三元"民族第一品牌"，计划定向募集资金 40 亿元扩大公司乳粉产能，为此，北京市财政一次性直接注入 10 亿元给三元股份，为三元的对外收购及扩张输血，这一举动立刻带来示范效应，拉动了外部资源的大力投入，随后上海复星国际立即跟随投入 20 亿元入股三元，有效支撑了集团的战略发展。而就上海光明食品集团而言，通过年度项目报批，市财政每年以专项等形式扶持集团的农业板块，由此每年可获得市财政约 5 亿元的资金支持，并直接打入集团设立的财政资金专户中。此外，对于企业申报成功的国家级农业项目，当地市财政也通常按最高标准适时足额地进行资金配套。比较而言，风行发展集团从市财政获得的资金支持可谓微不足道，特别是在针对农业扶持的两大资金专项上，即农业龙头企业贷款贴息和农业产业化项目建设补助（以奖代补），风行很难获得资金支持。

（三）并购政策

在推动企业发展的政策导向和管理理念上，北京、上海两地政府对国有乳业龙头企业总体上抱持"放、扶、导"的管理理念，以市场化为基本原则，实施较为宽松的政策，尽量减少不适当的行政干预。在涉及企业并购重组的重大行动上，大多以乳业为核心，以壮大企业为导向，引导同类资源或相关多元化企业向龙头企业归并。比如，北京首农集团即是在市政府主导和推动下，以三元乳业集团为核心，将国资委属下的华都集团、大发畜产公司两家企业的核心资产合并到三元集团，成立了以乳业为核心的实力强大的首农集团。而上海对光明集团的并购支持与首农集团如出一辙。中国"入世"后，为应对外资巨头的强力竞争，上海市政府先后将市糖酒公司、米业公司合并到当时的上海农工商集团（现时的光明食品集团）中，以优化产业链，壮大企业规模，提高抵御风险能力。2014年初，上海市国资委在发布新一轮国资改革20条意见后，又吹响了重组的号角，正式宣布将上海蔬菜集团整建制并入光明食品集团。光明食品集团原本的定位就是以食品产业链为核心的国资平台，此前已拥有包括乳业、大米、猪肉、蜂蜜、黄酒在内的多种食品品类，如今将上海蔬菜集团打包并入，这一方面扩充了光明集团的业务板块，另一方面也显示了市政府高层进一步加固光明集团在上海地区食品、农业板块核心龙头地位的战略决心。

（四）养殖政策

养殖环节是乳业发展的关键，这一环节体现了技术和风险密集的产业弱质性特征，故而往往成为政策扶持的重点。北京、上海不仅对奶牛养殖链条的补贴名目多，而且配套标准高，这是广州难以比拟的。例如，在规模养殖场建设上，北京、上海均严格落实对规模场的扶持奖励政策，而广州无此奖励政策；在购牛补贴上，北京、上海均执行国家的最高标准5000元/头，而广州无此项补贴；良种补贴除国家支持外，要求地方配套30元/头，北京、上海均严格执行，但广州的标准低于此规定；对病牛处理，北京、上海均按国家规定的最高标准5000元/头执行，而广州无此项补贴。此外，北京在辖区内特定区域设立奶牛养殖保护区，而广州及各区县是大规模设置"禁养区"。

（五）规划政策

无论北京还是上海，其城市规划或土地总规划编制若涉及首农或者光明集团下属土地的，其用地性质改变时，一般都必须征得集团的同意。此外，在近期国家发改委编制的《京津冀一体化发展规划》征求意见稿当中，明确北京在食品行业的其他品种上都要适度缩减而外迁周边地区，而唯独明确乳业项目不能减少或外迁。这些规划政策或做法有效保护了当地乳企龙头的经济利益。

结合以上两市支持乳业龙头发展的政策经验，我们将广州与之进行比较可以看出，广州市政府在扶持本地乳业发展尤其是乳企龙头企业的政策力度上与京沪两市存在较大差距（见表14）。

表14　京、沪、穗对本地国有乳企龙头扶持政策力度的比较

地区	北京	上海	广州
土地政策	1. 市政府明确首农所有国有土地原则上都留归集团所用，自有土地资源充裕； 2. 政府明确乳业用地"只增不减"； 3. 政府在处置征用首农下属农场时，明确"征地补偿价格不低于村集体征地补偿标准"； 4. 政府允许企业利用自有土地建设保障房	1. 市政府为集团发展留下了600多平方公里的土地资源； 2. 政府允许企业利用自有土地承建保障房，且在建设保障房项目时允许留出一定比例作商品房出售； 3. 上海闵行区政府对光明乳业项目用地实施定向招拍挂，项目用地价格仅为市场价的60%	1. 市政府留归风行发展集团使用的国有土地减少九成以上； 2. 政府在处置广州农工商下属六大国有农场、26个自然村时，基本采取成建制划拨的方式，没有给予补偿，但债务却由市农工商承担
财政政策	1. 2013年，三元乳业定向募集资金40亿元打造"三元"品牌，市财政一次性拨给10亿元作资本金； 2. 每年获国有资本经营预算收入对乳业的资本金支持，额度逐年增加	通过年度项目报批，光明集团每年可获得市财政约5亿元资金支持	很少能获得广州市农业龙头企业贷款贴息和农业产业化项目建设补助
资产重组政策	1. 以做大乳业为目标，以三元集团为核心，将国资委属下的华都集团、大发畜产公司两家企业的核心资产合并到三元集团中； 2. 将河北三鹿集团划归首农集团管理	1. 2001年，政府将市糖酒公司、米业公司合到当时的上海农工商集团； 2. 2014年，市政府又宣布将上海蔬菜集团整建制并入光明食品集团	1. 政府先后将珠江啤酒、白云山制药、华凌冰箱、九佛、白云粘胶等企业从农工商剥离； 2. 2014年，再度将风行发展集团下属花城、东康制药企业划出

地区	北京	上海	广州
国家支农惠农政策的配套	1. 购牛补贴：执行国家最高标准5000元/头； 2. 良种补贴：地方配套30元/头； 3. 疫病处理：按国家规定的最高标准5000元/头执行； 4. 设施补贴：标准较高； 5. 规模化牧场奖励：全面落实扶持奖励政策	1. 购牛补贴：执行国家最高标准5000元/头； 2. 良种补贴：地方配套30元/头； 3. 疫病处理：按国家规定的最高标准5000元/头执行； 4. 设施补贴：标准较高； 5. 规模化牧场奖励：落实扶持奖励政策	1. 购牛补贴：广州无此项补贴； 2. 良种补贴：低于国家标准； 3. 疫病处理：无此项补贴； 4. 设施补贴：标准较低； 5. 规模化牧场奖励：未落实扶持奖励政策
其他政策导向	1. 划定养殖保护区； 2. 市土地利用总规划修编若涉及首农土地性质改变时，一般会征询集团意见； 3. 制定生鲜奶保护价政策，避免奶贱伤农，引起生鲜奶供应过度波动	1. 按《上海市畜禽养殖管理办法》，将本市畜禽养殖分为禁止养殖区、控制养殖区和适度养殖区； 2. 市土地利用总规划修编若涉及光明集团用地性质改变时，一般会征询集团意见； 3. 以发改委牵头制定了生鲜奶收购保护价机制	1. 番禺、增城等区（县）纷纷划设畜禽禁养区； 2. 市土地利用总规划修编涉及市农工商用地时，不会征询集团意见； 3. 完全市场调节，没有制定生鲜奶保护价政策

六 关于广州市加大扶持乳业及国有乳业龙头的政策建议

乳业是典型的弱质性及民生必需品产业，又在近期纳入广州市食品安全战略的重点，因此，政府应从战略高度加大对该产业发展尤其是国有龙头乳企的政策扶持力度。但从广州乳业目前面临的环境和条件看，加大该产业的政策支持在实践中也面临不少障碍。例如，当前深化改革的总体导向是对所有企业实行统一的国民待遇，近年来，社会上对政府不断加大对国企过度保护与扶持的质疑越来越多，减少垄断及特惠政策的呼声也越来越高；亚运会后，广州市政府债务压力较大，截止到2013年6月，广州市政府债务余额是2593亿元，每年用于还本付息约200亿元，这必然对其财政进一步加大支持农业形成较大制约；国家取消农业税对农业企业的异地扩张具有"双刃剑"效应，尤其给效益较低的奶牛养殖业带来了较大困难。此外，广州各级政府对支持经济效益不高的牛奶业发展普遍不重视，由此造成奶牛养殖用地资源日益紧缺甚至缩减等，以上种种都构成广州市加大扶持乳业发展的障碍。

根据广州市食品安全战略的目标要求，依据乳业和国有乳业龙头企业的发展定位，参照北京、上海等地扶持乳业发展的经验，结合自有资源状况，建议市政府从以下几方面加大对乳业及风行发展集团的政策支持。

（一）加大落实国家支农强农政策，规划设立广州养殖保护区

目前，国家对奶牛养殖各环节制定了较为完善的扶持体系，但就广州而言，由于各区对效益不高的奶牛养殖普遍持消极态度，因此对国家有关支农强农政策落实不到位。为推动广州乳业的发展，顺利完成食品安全战略的目标，广州必须加大落实国家有关支农强农政策。

一是加大落实国家奶牛养殖政策配套。目前，广州对于国家养牛政策的配套，除执行对母牛每头30元的补助外，基本没有其他相应政策配套。建议广州市参照北京、上海市贯彻落实国家乳业发展的支农政策标准，完善对购牛、新建牧场设施、养殖场沼气工程建设、学生奶基地建设、良繁母牛、规模农场的扶持等各种政策补贴与奖励政策，补上奶牛养殖业政策补贴的"短腿"，使奶牛养殖业发展能与广州的城市地位相适应，达到国内先进城市的水平。

二是从城市规划层面划定养殖保护区。为贯彻落实市委十届四次全会关于抓好十大产业项目的部署和要求，打造以风行发展集团为核心的现代农业战略性发展平台，希望广州市政府组织有关部门，划定约2万亩土地为养殖保护区，予以长期保护，以实现乳业的稳定及可持续发展。

三是提高对农业龙头企业贷款贴息补贴比例。为更好地发挥农业龙头企业对广州乳品安全的保障功能，应参照国家有关标准，进一步提高贷款贴息补贴比例，建议从目前贷款贴息补贴30%左右提高到80%以上，以有效缓解信贷投放收紧政策环境下农业企业贷款难、融资成本高的瓶颈制约。

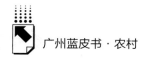

（二）进一步细化牛奶自给率战略，明确提出全市最低存栏保有量标准

要实现生鲜奶自给率目标，首要前提是在本市范围内养殖必要底线的奶牛数，也就是要具有奶牛存栏的最低保有量。北京、上海实际管理人口均超过2000万，它们在前几年确立的最低存栏保有量分别为7万头和6万头。考虑到广州实际管理人口将可达1800万人及人均鲜奶消费量适当增长的因素，省奶协编制的《广东省畜牧业转型升级发展规划》初步提出广州到2020年奶牛存栏最低保有量应达5万头的目标建议。根据广州生态承载及牛奶自给率战略的要求判断，上述5万头的底线保有量是基本合理的，也是十分必要的。为此，笔者进一步提出以下建议。

第一，由广州市发改委牵头组织市农业局、市奶协、风行发展集团等编制全市奶业发展中长期规划，进一步细化牛奶自给率战略，明确将奶牛存栏最低保有量5万头目标要求正式纳入上述发展规划及政府工作报告等文件中。

第二，配套建立奶牛养殖存栏保有量动态调整及监督考核机制，以确保牛奶战略预定目标的顺利达成。

（三）适量划拨市属林场资源，多途径解决风行奶牛养殖用地

为实现市政府提出生鲜奶自给率70%的目标，完成本市内奶牛存栏最低保有量5万头的发展目标，必须着力扶持和扩大乳业龙头风行发展集团的奶牛养殖用地。从我们的调研结果看，广州奶牛养殖未来扩展潜力主要集中在北部增城、从化和南部南沙地区。广州市北部从化、增城等国有林场林地资源较充裕，南部南沙十六涌以南主要为尚未做出用地定性的围垦地，都是广州市扩大本土奶牛养殖的潜力区域。综合以上分析，建议广州市从以下三个途径解决未来奶牛养殖场扩展用地问题。

一是划拨或共同开发国有林场资源建设新牧场。目前，广州市有若干个国有林场，大部分分布在东北部地区。由于集体及个人林地征用难度大，成本高，因而，扩大奶牛养殖规模必须在国有林场上动脑筋、想办法。希望市政府出面整合协调国有林场资源，将现有国有林场适合饲养奶牛的地块划拨风行发展集团用作养殖基地，并可考虑与林业部门合作，以"奶牛养殖＋林下经济＋生态保护"的模式，有效扩大自有奶牛养殖场规模。

二是划拨南沙十六涌以南围垦地用作牧场建设。为大幅增加奶牛存栏量，希望市政府出面协调将南沙十六涌以南的围垦地划拨风行发展集团用作牧场，并以海滨森林公园的模式（如，上海光明海滨公园）进行开发。南沙十六涌以南至十九涌围垦地土地资源平整，水源充足，地上附着物不多，是建设牧场的最优区域选择。建议借鉴上海光明集团在奉贤建设海湾森林公园的经验，采取"森林公园＋观光型养殖场"的模式，以奶牛养殖场为核心，周边建设大片森林，大规模增加林木蓄积量和绿地面积，构建"南沙生态园"，结合南沙已建成的"百万葵园"和"湿地公园"，打造广州南部新旅游观光线路，形成养殖、生态与旅游有机融合的都市农业新模式。

三是推动农业产业结构调整挖掘牧场用地。目前，在广州六大类副食品供应中，蔬菜自给率最高，据初步估算已达近120%，可谓供应有余。为此，建议广州市推动农业内部产业结构调整，把部分不适宜蔬菜种植的用地在不改变土地性质条件下调整为奶牛养殖业用地。

（四）加大对乳业龙头的财政扶持，多途径支持风行乳业扩能

党的十八大关于深化改革的《决定》第6条明确提出："准确界定不同国有企业功能，国有资本应加大对公益性国有企业的投入，使其在提供公共服务方面做出更大贡献。"为确保完成牛奶自给目标，建议广州市借鉴北京、上海相关政策经验，加大对本地乳业龙头风行发展集团的财政扶持，以支持其扩能计划。

一是实施对集团土地收储的合理补偿方式。对于市政府目前正在收储的风行发展集团所属酒店地块（滨江东12号），建议市政府在给予集团补偿时，能够以等额资本金投入企业的方式予以补偿。

二是设立市级乳业发展扶持资金。建议广州市利用国有资本经营预算收

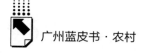

入设立乳业发展扶持资金，初定1亿元/年，期限为2015年起连续5年，专项用于支持乳品行业的品种改良、基地扩建、电商发展、冷链物流等，重点支持国家级良种奶牛繁殖基地——"国家华南亚热带良种奶牛繁育中心"的建设。

三是建立"菜篮子"工程区级政府财政转移支付机制。由于奶牛养殖业既需要占用一定的土地资源，又会对当地生态环境产生一定影响，奶牛养殖场所在行政区为广州市乳品安全做出贡献和牺牲，其他行政区享用了充足、高品质的安全乳品，按照"生态环境服务受益者付费，生态环境服务提供者得到补偿"的原则，建议广州市没有设立奶牛养殖场的行政区向奶牛养殖场所在行政区每年按奶牛存栏头数进行财政转移支付，以体现民生基本品产业发展的公共性和公平性。

四是加大乳业发展项目的地方资金配套力度。从扶优、扶强的角度出发，建议市政府加大对乳业龙头企业养殖项目特别是规模场的奖励扶持力度。同时，对于风行发展集团争取到的国家、省级重点乳业项目，地方政府配套资金能够及时、足额到位，在确保项目早日见成效的同时，强化对乳品安全的政策导向。

五是征收针对企业的生态环境治理费。对风行发展集团以后陆续计划在广州市北部或南部区域新建的规模化养殖基地，坚持环境付费原则，按照建设新牧场总投资额的1%，一次性征收环境建设治理费用给当地政府，以弥补奶牛养殖基地对当地环境的损耗，以及消除农业税免征后地方政府不愿意引进农业企业的顾虑。

（五）鼓励乳业龙头混业经营，实现风行"以主拓副、以副稳主"的良性循环

农业本身是弱质产业，需要以多元化经营弥补收益较低的产业门类。北京首都农业集团有限公司业务范围涵盖畜禽良种繁育、养殖、食品加工、生物制药、物产物流等多个板块，业已形成从田间到餐桌的完整产业链条，拥有5家国家级重点农业产业化龙头企业和5个中国驰名商标，3个中国名牌及一批著名商标。拥有境外企业 3 家，国有及控股企业 45 家，中外合资合作企业 31 家。而上海光明食品（集团）有限公司更是集现代农业、食品加工制造以及食品分销于一体，有"9＋1"核心业务，即乳业、糖业、酒业、品牌代理业、连锁零售业、综合食品制造业、商业房地产业、现代物流业、现代农业及金融服务业。目前，广州风行发展集团制药、酒店业等板块相继被剥离出去，只剩下奶牛养殖及乳业加工。建议广州市政府鼓励风行发展集团坚持走混业经营道路，引导实施多元发展。

一是鼓励风行发展集团形成具有完整都市农业的产业链条，发展成为以乳业为核心的综合性食品集团。在希望能够并购蔬菜、猪肉、粮油等业务的基础上，实现都市农业全产业链经营。建议市政府积极支持风行发展集团实现都市农业全产业链构想，在稳定乳业发展的基础上，向蔬菜、猪肉、粮油等领域拓展和延伸产业链，形成具有行业领导力和品牌竞争力的都市型现代农业集团。鼓励支持风行发展集团在绿色产品超市领域拓展，有效实现农超对接。借鉴北京、上海经验，依托风行发展集团业已形成的牛奶制品连锁零售网络，增加蔬菜、猪肉、粮油等经营品种，把风行牛奶专营店打造成有广州特色的有机和无公害绿色产品专营超市，让市民享有放心肉、放心菜、放心奶。

二是支持风行发展集团构建乳业的冷链物流系统。鉴于生鲜牛奶易变质、不宜长期贮藏、运输半径不能太长的特点，风行发展集团奶牛养殖场规模扩大后，生鲜奶生产量会持续增加，为使生鲜奶能够在最短时间内运送到各个乳业生产基地，希望市政府以财政资金支持风行发展集团建设快捷的冷链物流系统，根据实际产销状况放开运量限制，不设上限，鼓励多产多销。

（六）支持风行发展集团加快并购和"走出去"，促进企业做大做强

广东省及广州市关于贯彻落实党的十八大深化改革的《意见》明确指出："优化国有资本投向与结构，建立有进有退的国有资本流转机制，推进资产同质、经营同类、产业关联的国有资产开放性重组。"从保民生、保"菜篮子"、保食品安全的战略高度出发，借鉴北京扶持首农集团，上海扶

持光明集团的成功经验与做法，广州应加大支持风行发展集团并购与"走出去"。

一是按"大食品板块"的目标推进以风行乳业为核心的国有资产重组。参照上海、北京的政策经验与做法，在剥离风行发展集团下属无关副业的同时，支持集团以乳业为核心加快并购相关行业和企业。初步建议市政府将广州副食品企业集团有限公司、广州蔬菜果品企业集团有限公司、广州食品企业集团有限公司、广州皇上皇集团有限公司的属下有关企业，以及广州市畜牧总公司重新组合成一个"大食品"板块，划归风行发展集团，以支持优质国有乳企做大做强。

二是积极支持风行乳业"走出去"。利用当前我国及广州大力推进"海上丝绸之路"战略，积极推动本土国有龙头企业国际化进程。建议市政府大力支持风行发展集团"走出去"，加快与澳大利亚和波兰乳企合作，利用合作方的乳品资源优势，采取 OEM（贴牌）形式扩大风行发展集团生产规模。同时，支持风行发展集团向海丝之路沿线国家进行战略性投资布点。

（七）实施品牌化和标准化战略，着力打造乳业"广州标准"

"三鹿奶粉事件"后，对城市型乳业发展提出新的机遇与挑战，要确保乳业食品安全，除加强市场监管外，必须大力实施品牌和标准化战略，积极打造和推广乳业"广州标准"，扩大优质乳品的市场空间，建设生态养殖示范基地，以"标准化"战略提升广州乳业及风行发展集团的市场竞争力。

一是鼓励推动风行发展集团牵头制定乳品行业"广州标准"。为保障广州乳业食品安全，参照国家乳业行业标准由国内大型乳业龙头企业伊利、蒙牛参与制定的做法，建议广州市乳业行业标准由龙头企业风行发展集团牵头制定，但需要有行业乳业专家参与，最后由政府发布实施。在奶牛养殖技术、乳品生产、冷链物流等方面推进标准化建设，保障乳业食品安全。

二是实施推广绿色生态养殖标准。为消除社会上对奶牛养殖造成环境污染的顾虑，减少奶牛养殖对当地生态环境的破坏，必须推广实施绿色生态养殖，建设规模化、生态化养殖示范基地，提高规模化养殖比例。风行生态奶牛养殖示范基地将按照"设计理念新颖、布局安排合理、工艺流程科学、防疫条件规范、生产管理标准、畜粪生态还田"的建设思路，走资源循环利用、生态畜牧业发展之路。基地牛粪将集中堆放，固液分离，分级发酵，并进行沼气发电，所发的电自用剩余后供给国家电网，达到节能环保的目的。广州应从政策导向上对此模式加以鼓励和推广。

三是积极推广风行牛奶的绿色品牌形象。风行发展集团是广州市学生饮用奶定点生产企业、广州市农业龙头企业及获得生产绿色食品资格的企业，集团乳品长期供应香港市场，是高品质乳品的代表。在乳业产业化进程中，始终坚持优质、安全、生态的发展方向，努力构建资源节约型、环境友好型的现代产业体系，着力打造"优质、高产、高效、生态、安全"的标准化奶源基地和乳品加工基地。近年来，风行发展集团紧跟低碳经济发展浪潮，致力于加强碳管理，是国内第一家拿到第三方认证的产品碳足迹审核报告及持有碳标签的乳制品企业，对比联合国食物及农业组织动物生产与健康部门的《奶业温室气体排放》报告结果，风行946ml巴氏杀菌鲜牛奶在牧场阶段的碳排放水平处于全球低排放阶梯。对于拥有如此高品质、生态、安全的乳业企业，广州市政府理应重点呵护，扶持其市场拓展计划，争取早日完成广州食品安全工程。

参考文献

中共上海市委、上海市人民政府：《关于进一步深化上海国资改革促进企业发展的意见》，2014。

上海市国有资产监督管理委员会：《关于同意光明乳业股份有限公司A股限制性股票激励计划的批复》，2010。

上海市农业委员会：《关于确保本市主要农产品最低保有量的工作意见》，2008。

中共北京市委办公厅北京市人民政府办公厅：《转发市国资委关于加快推进北京市国有资本调整和国有企业重组的指导意见的通知》，2007。

中共中央、国务院：《关于加大统筹城乡发展力度，进一步夯实农业农村发展基础的若干意见》，2009。

B.9

广州农产品质量安全
可追溯体系发展探讨

陈翠兰*

摘　要： 本文阐释了农产品质量安全可追溯体系的内涵，深入分析了广州农产品质量安全可追溯体系发展的现状及发展存在的问题。目前，广州建设农产品质量安全可追溯体系虽然已取得一定进展，但仍处于发展初期，覆盖面仍较小。主要存在市场氛围未形成，相关主体积极性不高；相关法律法规及制度不完善，缺乏强制性标准；农业组织化程度不高导致推广难度大；体系建设缺乏统一标准等问题。最后，提出加快推进广州农产品质量安全可追溯体系发展的若干建议。

关键词： 农产品质量安全　可追溯体系　全链条监管

近年来频发的重大农产品质量安全事故，引起世界各国的高度重视和人们的广泛关注，各国政府、企业纷纷积极寻求解决农产品质量安全问题的有效途径。其中，建立从"农田到餐桌"的农产品可追溯体系能实现农产品的从生产到销售的全链条监管，被认为是解决农产品质量安全的有效途径之一，已在欧盟、美国、日本和澳大利亚等国家相继实施，取得良好的效果，建立农产品可追溯体系已成为农产品质量安全生产和监管的一项重要措施。

---

* 陈翠兰，广州市社会科学院经济研究所助理研究员。

一　农产品质量安全可追溯体系的内涵及重要性

（一）农产品质量安全可追溯体系的内涵

可追溯体系最早应用于汽车、飞机等一些工业产品的召回制度中。[①]自20世纪70年代开始，国际上食品安全问题相继爆发，引起人们广泛关注，可追溯体系逐渐被发达国家应用于食品领域。关于"可追溯"，国际食品法典委员会（CAC）与国际标准化组织（ISO）定义为："通过登记的识别码，对商品或行为的历史和使用或位置予以追踪的能力。"欧盟委员会将"食品可追溯性"定义为：对一种食品在生产、加工、销售等各阶段的踪迹均可追溯查寻。[②]农产品质量安全可追溯体系，实质是对农产品生产实行信息化管理，主要通过自动识别技术将实物流与信息流结合起来，对农产品从生产到销售全过程的关键信息进行电子记录并建立数据库，利用物联网技术完成信息在供应链各环节之间的传输和信息发布，最终达到跟踪和溯源实物的目的。一般而言，农产品质量安全追溯体系包括信息录入系统、信息查询系统和数据库或管理系统（见图1），生产者通过信息录入系统将信息录入数据

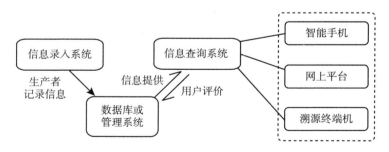

图1　农产品质量安全可追溯体系工作原理示意图

---

① 引自陈红华、田志宏的《国内外农产品可追溯系统比较研究》，《商场现代化》2007年第7期（下旬刊）。
② 引自农业部市场和经济信息司的《农产品质量安全可追溯制度建设理论与实践》。

库，消费者则可通过网上平台、手机追溯软件、超市追溯终端机等，扫描农产品上的追溯标签或输入农产品追溯码，接入信息查询系统，了解该农产品整个生产过程的详细信息。若发生质量安全问题，则可以快速追溯到问题源头，及时召回问题产品。

一般而言，一个完善的农产品质量安全可追溯体系的信息组成应包括产地追溯、农资追溯、疫病追溯、农事追溯、检测追溯及信用评价等多个模块（见图2）。产地追溯模块是应用于农产品产地的相关信息的记录与追溯，包括农产品所属生产企业的名称、性质、规模、地址等基本信息，种植场或养殖场的实际地址及相关产地环境等；农资追溯模块应用于生产过程中使用的农用物资的记录和追溯系统，包括种子、化肥、农药、农膜、饲料、兽药及相关添加物等物质的来源、类型及成分等相关信息，以确保农用物资的来源安全可靠及可追溯；农事追溯模块应用于包括对植物播种、施肥、用药、收割等，动物繁殖、喂饲、捕获等，以及贮存、包装、运输等的时间、操作情况、操作人等详细信息及时、真实的记录及追溯；疫病追溯模块是农产品生产过程中出现的病虫害、疫病等，及其相关防治、诊疗和处理方式的信息记录与追溯系统，以判断对农产品质量安全可能引起的影响；检测追溯模块是对整个生产过程中检查结果的相关记录和追溯系统，包括农药残留情况、违禁添加物的使用情况及在规定的标准下对农产品进行标定；信用评价模块是对农产品质量安全信用信息的征集及查询系统，消费者可以查询到农产品所属企业过往所有违反农产品质量安全规定的事项。

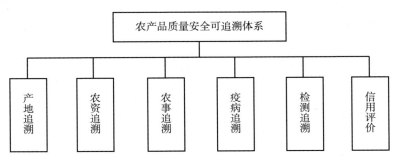

图2 农产品质量安全可追溯体系信息模块组成

（二）实施农产品可追溯的作用及重要性

1. 能有效控制农产品的质量安全

由于影响农产品质量安全的因素复杂多样，贯穿从"田间到餐桌"的整个产业链，涉及生产、加工、包装、配送、销售等多个环节及其相应的多个责任主体，一旦出现质量安全问题难以确认主体责任，给政府部门监管和消费者索赔带来极大困难。因而，有必要借助现代信息技术，实行农产品质量安全追溯体系。当农产品发生质量问题，可迅速追溯至问题产生的环节，立即召回未出售或已出售但尚未消费的农产品，并可根据相关信息的记录快速判断问题产品产生的原因，避免问题产品的再次出现。同时，可以明确责任主体，做出相应处罚，对违反农产品质量安全规定、危害人类健康的行为起到警示作用，是控制农产品质量安全的有效手段。

2. 克服信息不对称，传递质量信号

通常，农产品的供应商并不会主动向消费者披露农产品质量的全部信息，而且由于农产品的特殊属性，消费者在购买使用前仅能从外观上进行辨识，难以准确判断其质量的优劣，少数生产商为了追求利润会忽视农产品质量安全问题。这种信息的不对称甚至可能会发生在农产品供应链的整个过程，上游的供应商也不会主动向它的下游企业提供真实全面的质量信息，这就造成节点企业之间的信息不对称，并且随着生产链条的延长，质量安全信息的缺失显现递增的状况。实施农产品质量安全可追溯体系有利于增加产业链的透明度，促进农产品供应链内部企业之间、企业与消费者之间的信息共享，使质量信号得到有效的传递，维护消费者的知情权，有利于避免出现"柠檬效应"。

3. 提升农业生产的信息化水平和企业竞争优势

农产品质量安全可追溯体系将信息化的管理方式应用于农产品供应链的各个环节，把农产品质量安全监管带进信息化时代。随着可追溯体系在整个生产链的深入应用与发展，必将不断提升农业生产的信息化水平及不断优化整个产业链的结构。而对于生产企业而言，实施可追溯系统，既保证农产品的质量安全，又可提升企业品牌形象和市场竞争力，给企业带来直接的经济

效益，并且可以把农产品质量安全可追溯作为一种差异化战略，成为企业竞争优势的来源。此外，农产品可追溯已经逐渐成为农产品国际贸易的技术壁垒之一，实施农产品可追溯，有利于顺应国际潮流，更好地占领国际市场。

二 广州农产品质量安全可溯源体系发展现状

进入 21 世纪，我国才开始对农产品质量安全追溯体系建设的探索。2002 年，农业部第 13 号令《动物免疫标识管理办法》规定：对猪、牛、羊必须佩带免疫耳标并建立免疫档案管理制度。[①] 2004 年，为了应对欧盟从 2005 年开始实施水产品贸易可追溯制度，国家出台了《出境水产品溯源规程（试行）》《出境养殖水产品检验检疫和监管要求（试行）》《肉类制品跟踪与追溯应用指南》和《生鲜产品跟踪与追溯应用指南》。[②] 此后随着国家对农产品质量安全的日益重视，在 2007 年及之后多年的中央 1 号文件中均提出要加快完善农产品质量安全标准体系，建立农产品质量安全追溯制度。在实践方面，北京、上海、广州等城市在农产品质量安全追溯系统的研究方面做出很大的努力，虽取得一定的进展，但覆盖范围仍很小，尚处于试点探索阶段。

广州是我国最早开始实行农产品质量安全可追溯的试点城市之一。近年来，广州市一直致力于提高农产品质量安全，建设"食得放心"城市，出台了一系列与农产品质量追溯相关的规章制度和标准，在农产品质量安全溯源方面进行了积极的探索，取得初步的成效。

第一，出台了一系列与农产品质量可追溯体系相关的规章制度及标准。先后印发了《关于加强我市食用农产品标识溯源管理工作的通知》《关于进一步加强广州市农产品种植养殖环节质量安全管理工作的意见》等一系列文件。其中，《关于进一步深入推进广州市食用农产品标识管理实施方案的

---

① 引自王波和王顺喜《农产品和食品领域可追溯系统的研究现状》，《中国安全科学学报》2007 年第 10 期。

② 引自章海亮、孙旭东、刘燕德、刘娟娟《农产品质量安全可追溯系统的研究进展》，《湖北农业科学》2010 年第 12 期。

通知》规定到 2013 年底，"农业龙头企业、'三品一标'① 生产企业、农业类省名牌使用农产品 100% 附加标识入市制度"。2012 年，《广州市建设"食得放心"城市工作方案的通知》明确提出建设主要食用农产品全流程信息化溯源监管平台，运用信息化技术，完善跟踪追溯手段，实现肉品流通全过程信息化监管；落实和完善农产品生产档案记录制度，推进农产品产地质量安全追溯系统推广应用。②

第二，在国内首次发布地方食品生产溯源系统的管理技术规范。为确保 2010 年广州亚运会的食品安全，广州出台了《食品生产溯源系统管理要求》地方规范，此技术规范为全国首次发布，要求所有供应亚运食品生产企业必须按照此技术规范的要求，建立符合企业实际情况的溯源管理系统，一旦发现问题，执法人员可通过系统对问题数据进行汇总分析，及时向各单位发布预警通知，这就实现了入市食品"来有影、去留踪、可追溯、促规范"。③亚运会后，该标准和溯源系统逐步向全市推广。

第三，建立了广州市农产品质量安全溯源管理平台。该平台将生产者、市场经营者、消费者、政府监管部门有机结合，消费者通过登录网上平台、发送手机短信以及扫描标签二维码等多种方式，可查询农产品的基地信息、农事记录、检测信息及用户评论等产品质量相关信息。该平台 2009 年建成，总投入近 1000 万元，目前应用该平台开展农产品溯源的机构已达 45 家，包括有大型农业企业、生产基地、农场、专业合作社和科学研究机构等。该溯源平台目前主要针对可包装的农产品，已建立一套较完善的溯源规范。该平台规定标签上除具有产品名称和二维码外，还必须具备 7 大要素，包括包装时间、产地、企业电话、企业名称、企业地址、溯源网址、溯源号码。而通过扫描标签上的二维码，则可以获取基地信息、农事记录、检测信息及用户评论等详细的产品质量相关信息，具体包括基地的名称、地址、负责人、联系电话、企业简介、企业图片，该农产品的种植、施肥与采收的时间及详情

---

① 指无公害农产品、绿色食品、有机农产品、地理标志农产品。
② 引自广州市人民政府网站。
③ 引自中国质量新闻网，2010 年 11 月 16 日《广州亚运会建立食品溯源体系保障食品安全》。

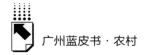

描述，检测的时间、方法及结果，用户的评分等。企业在生产过程中可使用"农情管家应用服务"的安卓系统手机软件，该软件包括施肥操作、施药操作、采收操作、照片上传、企业认证、信息下载等多个功能板块，可实现对农产品生产过程中的施肥、施药、采收等信息的现场采集。

第四，农产品质量安全追溯体系已初具规模。2008 年投入 200 多万元建成的流通领域食品安全监管系统，将全市 51 家批发市场（场内经营者 5515 户）、697 家农贸市场（场内经营者 132684 户）、977 家商场、超市以及 40051 家士多店，合计 18 万多个食品经营主体纳入监管范围，通过监控经营者的食品进销货台账，问题食品可及时拦截并追根溯源。① 溯源台账制度和市场准入制度进一步健全，已建立标准准入、检测检疫准入、抽查准入等市场准入体系，共建成 40 个农产品质量安全标识应用示范点，初步实现了"生产有记录、流向可追溯、信息可查询、质量安全溯源"的农产品质量安全追溯管理新模式；对上市的猪、牛、羊等肉品实行定点屠宰和可溯源，全市 80% 以上屠宰上市肉品的信息化跟踪溯源，并建立了牲畜屠宰管理视频监管中心，市场上的肉品全面可控。②

三　广州农产品质量安全可溯源体系发展存在的问题

虽然广州的农产品质量安全可追溯体系近年发展较快，已取得初步的成效，但总体来说，农产品质量安全可追溯的覆盖面仍较小，在推广的过程中遇到了不少困难，主要面临以下困难和障碍。

（一）市场氛围未形成，相关主体积极性不高

目前，广州市场上可追溯农产品所占的比重仍较低，这主要由于实行农产品质量安全可追溯的市场氛围还未形成，包括生产者、消费者在内的市场主体

---

① 引自《信息时报》2008 年 12 月 10 日的《全市问题食品可溯源》。
② 数据来源于广州市食品安全委员会办公室。

积极性不高。对于企业而言，是否实施农产品质量安全可追溯不仅在于其能否有效控制质量安全问题，更重要的是其所带来的收益，只有当收益大于成本时生产商才有积极性。农产品溯源系统在投资初期通常需要投入大量的资金和设备，虽然广州政府为推广溯源平台免费为企业提供溯源的操作系统、条码打印机等软、硬件设备，但对每项工序和操作信息的及时记录不仅增加了企业的劳动力成本，其所需的智能手机、网络等设备设施也是生产商需要考虑的问题。此外，通常从事具体农业生产的农民、农贸市场的菜贩、肉贩等，其受教育程度通常较低，难以全面理解和应用该技术，导致其接受程度和参与率较低。在初始投入成本较大的同时，消费者对农产品可溯源并未形成规模性的需求。这主要由于政府和企业对农产品质量安全可追溯体系建设的宣传仍不到位，消费者对加贴信息可追溯标签农产品的认知水平仍不高。此外，虽然相关研究表明大部分消费者愿意为安全农产品支付 10% ~ 20% 的额外价格，[①] 但由于一些企业惯用虚假广告进行不实宣传等造假行为，使得企业信用缺失，降低了消费者对追溯信息的信任度，也降低了其购买可追溯农产品的意愿。

（二）相关法规及制度不完善，缺乏强制性约束

在农产品质量安全可追溯体系发展的市场氛围未形成的情况下，政府要加快溯源体系在农业领域的推广，必须有完善的法律法规和制度作支撑。梳理广州市现已颁布的涉及农产品标识管理及溯源管理的相关制度、标准等笔者发现，现有的规章制度之间相对独立且显得零散，缺乏从全局上进行科学规划和统一协调。而农产品质量安全可追溯体系是对全流程的信息化管理，在相关制度标准尚未完善的情况下，可追溯体系的发展缺乏科学有效的指引，必然难以达到理想效果。因此，有必要对相关文件进行系统整理，从全局上科学制定农产品质量安全可追溯体系发展的规划及相关制度标准。此外，现有的法律法规对农产品质量安全追溯缺乏强制性约束。目前而言，我国仅在

---

① 我国学者张晓勇等（2004）、周洁红（2004）、周应恒等（2008）对天津、浙江、上海等地消费者的调研证实，大部分消费者愿意为安全农产品支付 10% ~ 20% 的额外价格。

少数法律中涉及，且均使用"记录"表述，与"农产品质量安全可追溯"仍有本质区别。农产品生产主体实行农产品可追溯是建立在自愿基础上，当市场上仍未形成规模需求和利益激励机制时，农产品质量安全可追溯体系难以推广。

（三）农业组织化程度不高导致农产品追溯推广难度大

经调研，广州目前参与农产品可溯源的市场主体主要为可以实现规模化生产的大型农产品生产企业、农场和专业合作社等，而非零散的个体农户；流通主体主要为大型综合超市和农产品连锁店等现代流通方式，而非传统农贸市场。这是因为农产品质量安全可追溯体系建设的前期投入大，对生产现代化、标准化和全程管理的要求较高，只有农业生产达到一定程度的规模化和组织化时，才能保证可追溯体系的顺利实施。但目前，广州农业生产仍处于大基地、龙头企业规模化生产与个体农户的分散式生产并存的方式，拥有市级以上农业龙头企业仅 94 家，农民专业合作社 830 家，辐射带动农户 13 万多户，覆盖率约为 1/3。① 总体而言，农业生产组织化程度较低，导致农业生产专业化和标准化水平不高，产品质量安全的控制力较弱，实施农产品质量安全追溯的组织成本高，推广难度大。在流通环节，由于市民消费习惯等原因，农贸市场还占据广州农产品零售终端的主体地位，但农贸市场上销售的农产品多数缺乏正规包装和产品标识，特别是蔬菜、水产品等鲜活农产品更是无包装，缺乏商标、产地等重要信息的标注，使开展农产品质量安全可追溯的难度增大。

（四）农产品质量安全可追溯平台建设缺乏统一标准

通过走访广州市区多家大型综合超市发现，市面上流通的可追溯农产品从识别码、可追溯信息、网络查询系统等各方面都不完全统一。目前，广州市场上售卖的可溯源农产品的产地除广州本市外，还有来自深圳、上海等地。由于农产品生产企业在选择溯源平台时通常按照属地原则，但目前全国并没

---

① 数据来源于《2013 年广州市国民经济和社会发展统计公报》和陈翠兰《广州农产品质量安全监管研究》,《广州农村发展报告（2014）》,社会科学文献出版社，2014。

有出台统一的建设标准和指引，各地均处于摸索状态，因而各有各的做法，追溯方法、测评技术、信息收集范围等都不尽相同。就溯源的信息内容而言，有简有繁（见表1），很多农产品质量安全追溯平台并不完全具备本文图2中所列的6个方面信息，有些平台系统记录了农事操作信息，有些则没有；有些平台系统可查询检测信息，有些则不可以；有些平台系统可以收集消费者评价等的反馈信息，有些则不可以。而由于追溯方法、测评技术等的不同，通常平台间不具备兼容性。在这种区域分割严重的平台建设情况下，不利于农产品供应链内企业的跨区域合作，同时也增加了地方政府的监管难度。

表1　国内主要农产品质量安全追溯平台可查询信息汇总

平台名称	建设单位	可追溯查询的信息
广州市农产品质量安全溯源管理平台	广州市农产品质量安全监督所	除追溯码、产品名称、包装日期等基本信息外，还可查询： 基地信息：基地名称、负责人、地址、联系电话、公司网址、企业简介、企业图片； 农事记录：种植、施肥及采收的时间及详情描述； 检测信息：检测的时间、方法及结果； 用户的评价：用户评分及评论等
FSG食品安全网产品溯源查询平台	食品安全网	农场的详细介绍、产品种植日期、种植区域、产量、种植方式、运输方式及种植者等
上海食用农副产品质量安全信息平台	中国物品编码中心上海分中心和上海农业信息有限公司联合开发	农产品产前的水、气、土等环境检测数据记录，产中：生产过程控制、饲料/肥料的使用、农药/兽药等的使用；产后：对产品的药物/重金属残留等记录
易查有机追溯查询平台（针对有机农产品的可追溯平台）	南京国环有机产品认证中心	认证证书编号、认证类型、认证产品名称、商品名称、产品包装规格、获证生产企业名称等

五　加快推进农产品质量安全可追溯体系发展的对策建议

广州要建设"食得放心"城市，必须加快推进农产品质量安全可追溯体系在农产品各环节的应用，不断提高全流程信息化溯源监管的覆盖率。

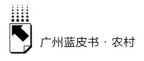

下一步，广州加快农产品质量安全可追溯体系的推广应用可从以下几方面入手。

（一）科学规划，出台标准规范和技术指引

农产品质量安全可追溯体系的建设是一项长期而复杂的系统工程，因此，制定科学合理的发展规划显得尤为重要。通过制定农产品质量安全可追溯体系发展的专项规划，统一协调全市各相关政府部门，从全局上进行统领，明确工作目标和工作重点，制定分阶段的发展措施，科学稳步推进。同时，加快出台相关法律法规，对相关主体的行为予以法律约束，为农产品质量安全和相关质量信息在录入追溯系统时的真实性提供法律保障。此外，加快出台农产品质量安全可追溯体系建设的标准规范和技术指引，提升企业应用追溯技术的水平和效率，促进可追溯体系建设的标准化和规范化，提升农产品质量安全生产的管理水平。

（二）选准试点企业、试点产品和试点终端先行突破

从广州农产品生产实际情况来看，目前全面实施农产品质量安全可追溯管理仍存在较大困难，可分步骤分阶段推进，先确立试点生产企业、试点品种和试点销售终端，集中力量推进试点建设，再以点带面，全力推进广州市农产品全面实现可追溯体系。试点生产企业：可选择农产品生产达到一定规模、生产标准化程度相对较高、质量控制能力相对较强的大型基地、企业或农民专业合作社。比如可将94家市级以上农业龙头企业作为试点，或选择无公害农产品、绿色食品和有机农产品生产企业、名牌农产品的生产企业作为试点。试点品种：可选择质量安全问题较突出、可追溯条件相对成熟的品种。比如凭借2014年12月广东省推广"集中屠宰、冷链配送、生鲜上市"的冰鲜鸡的契机，把肉鸡作为试点品种，推行从养殖、屠宰、配送到上市的全流程监管及溯源制度，并借此提升市民对冰鲜鸡的接受程度。试点终端：可选择具有一定实力、走中高档路线的零售终端作为试点，如可在一些大型综合超市或农产品连锁店设置可追溯农产品专区进行销售。

通过试点先行，总结其成功经验及存在的问题，再将成功经验逐步推广到更多的生产企业、更多的农产品品种、更多的零售终端，不断提高溯源农产品的覆盖率。

（三）探索发展追溯平台与相关主体的合作新机制

农业生产组织化程度的高低直接影响可追溯体系实施的效果。广州应充分发挥政府服务、企业经营、农户参与的功能，创新农产品供应链企业的组织新机制。第一，以龙头企业为主体，积极建立和推广"溯源平台＋龙头企业＋自有基地"或"溯源平台＋龙头企业＋合同基地＋农户"的合作模式，发挥企业对基地、农民的管理和监督作用，有利于规范生产流程，提升质量安全标准，提高对生产各环节的控制程度。第二，充分发挥农民专业合作社作为联系广大农户和溯源平台之间的桥梁作用，推广"溯源平台＋农民专业合作社＋农户"的组织模式，提高农民专业合作社为农户提供交易服务和技术指导的水平，争取让更多零散的农户通过农民专业合作社参与到农产品质量安全可追溯的发展中。第三，继续深化发展"农超对接"，探索发展"溯源平台＋超市＋生产者"的模式，如家乐福超市把农产品质量安全可追溯体系作为对农产品的从田头到门店的整个供应链的全程控制与监管的重要手段，逐步倡议有条件的超市把农产品质量安全溯源作为农产品准入的门槛。

（四）加快建立农产品质量安全可追溯体系的监管机制

由于广州市农产品质量安全可追溯体系目前仍处于发展初期，覆盖面仍比较小，政府的工作重点主要集中在追溯平台、追溯系统的推广应用方面，但对系统内相关信息录入的真实性仍缺乏有效的监管，主要依靠企业和农户的诚信和自律。因此，农产品质量安全可追溯体系监管机制的建立必须与可追溯体系的发展同步，强化对全链条内企业、农户的监管，确保所生产的农产品符合质量安全标准，录入追溯系统的相关信息真实、准确反映农产品的生产过程及质量状况。对违反质量安全标准的农产品，或存在虚报信息、造

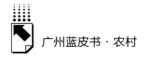

假等行为予以严厉的处罚。健全市场退出机制，建立不符合质量安全标准或追溯信息有误的农产品下架退市制度。同时，定期发布农产品质量安全"红黑榜"，加大对问题产品的曝光力度。

（五）加大宣传培训力度，提升相关主体积极性

农产品质量安全可追溯作为一项新技术，尚未被农产品生产主体和社会公众广泛熟知，一定程度上影响了农产品质量安全追溯技术的推广应用，因而，必须加大宣传教育力度。第一，政府须加强对生产各环节主体质量安全可追溯体系的培训，提高其对质量安全可追溯体系的认知程度，并掌握基本技能；同时，强化宣传教育，促进企业转变观念，使其认识到农产品溯源技术应用有利于提高农产品质量安全、树立品牌形象、提升市场竞争力，提升其参与实践的积极性。第二，积极打造政府与企业、消费者对话的互动平台，构建专门的信息网站，定期发布农产品质量安全相关信息及动态，设置与社会公众的互动专栏，促进信息的公开、透明。第三，充分发挥行业协会、农民专业合作社等组织的引领作用，强化对会员单位、农户的宣传、教育及引导，加强技术指引，规范行业行为。第四，充分发挥新闻媒体的传播作用，广泛传播农产品溯源的相关信息，强化社会公众对溯源知识的普及，培育消费者的追溯意识，增强消费者对可追溯农产品的支付意愿，实现"优质优价"，为发展农产品质量安全可追溯营造良好的市场氛围。

（六）加大资金支持，拓宽资金来源渠道

加快农产品质量安全可追溯体系的发展，离不开资金的支持，必须加大财政资金的投入力度，同时，积极构建新型投融资体系，拓宽资金来源渠道。一是在整合现有政策资源和资金渠道的基础上，设立专项发展基金，着力加快农产品质量安全可追溯体系发展的硬件设施建设和软环境改善，重点支持试点企业、试点产品和试点终端的发展。二是加强农产品质量安全可追溯体系相关企业、政府部门与金融机构和风险投资机构之间的

合作，建设企业贷款信用数据库，试行企业信用贷款机制。三是积极发展农村金融，特别发展小额贷款公司，引导小额贷款公司对农业生产的支持，发挥小额贷款公司在支持农产品质量安全可追溯体系发展中的作用，缓解农村金融支撑缺失的问题。四是进一步发挥政策性金融的作用，为农产品质量安全可追溯体系的发展提供贴现、信用保险、无息贷款和融资担保等。

参考文献

陈翠兰：《广州农产品质量安全监管研究》，《广州农村发展报告（2014）》，社会科学文献出版社，2014。

陈红华、田志宏：《国内外农产品可追溯系统比较研究》，《商场现代化》2007年第7期（下旬刊）。

何莲、凌秋育：《农产品质量安全可追溯系统建设存在的问题及对策思考——基于四川省的实证分析》，《农村经济》2012年第2期。

胡求光、黄祖辉、童兰：《农产品出口企业实施追溯体系的激励与监管机制研究》，《农业经济问题》2012年第4期。

农业部市场和经济信息司：《农产品质量安全可追溯制度建设理论与实践》，中国农业科学技术出版社，2008。

王波、王顺喜：《农产品和食品领域可追溯系统的研究现状》，《中国安全科学学报》2007年第10期。

王风云、赵一民、张晓艳、尚明华：《我国食品质量安全追溯体系建设概况》，《农业网络信息》2008年10月26日。

王卓君、王传娟：《农产品可追溯体系参与主体研究——基于山东省出口农产品质量安全示范区的分析》，《认证技术》2012年第1期。

肖静：《基于供应链的食品安全保障研究》，吉林大学，2009。

邢文英：《美国的农产品质量安全可追溯制度》，《世界农业》2006年第4期。

徐翔、宋一鸣、李艳梅、谢静霞：《建立食用农产品溯源机制的途径探析》，《现代经济探索》2009年第10期。

杨天和、薛庆根、褚保金：《中国农产品质量安全问题研究》，《世界农业》2006年第10期。

叶俊焘：《以批发市场为核心的农产品质量安全追溯系统研究：理论与策略》，《生

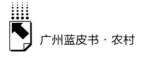
态经济》2010 年第 10 期。

章海亮、孙旭东、刘燕德、刘娟娟：《农产品质量安全可追溯系统的研究进展》，《湖北农业科学》2010 年第 12 期。

赵月皎：《中国食品质量安全追溯制度发展现状》，《吉林农业》2012 年第 2 期。

郑力翔：《农产品质量全程跟踪与溯源技术研究及应用》，《中国集体经济》2011 年第 4 期。

周德翼、吕志轩：《食品安全的逻辑》，科学出版社，2008。

发达国家农产品食品安全监管的
主要经验及对广州的启示

陈旭佳 *

摘　要： 完善的市场监管体系是确保农产品食品安全的重要一环，也是现代农产品市场走向成熟的根本标志，更是农产品产业可持续发展的重要保证。当今世界发达国家或地区，无不拥有严谨、统一、规范、透明的农产品监管体系。本文通过归纳发达国家在农产品食品监管方面的经验，提出促进广州农产品食品安全监管体系建设的政策建议。

关键词： 农产品　食品安全　监督管理

一　引言

完善的市场监管体系是确保农产品食品安全的重要一环，也是现代农产品市场走向成熟的根本标志，更是农产品产业可持续发展的重要保障。当今世界发达国家或地区，无不拥有严谨、统一、规范、透明的农产品监管体系。改革开放30多年来，国家颁布的有关农产品生产、流通与监管的相关政策对广州农产品市场发展起到强有力的助推作用，而广州也逐渐发展成为国内农产品市场最发达、市场体系最完善、市场机制

---

* 陈旭佳，广州市社会科学院经济研究所副研究员。

最成熟的少数几个中心城市之一，同时也探索出一套符合自身实际的农产品食品安全监管模式，在规范农产品市场秩序方面始终走在全国前列。然而，我们必须清醒地看到，目前广州农产品市场秩序仍存在不规范之处，农产品食品安全未能全部达标，农药使用管理也有待改善。不可否认的是，这些现象和问题破坏了公平交易的市场规则，弱化市场机制作用的发挥，对农产品市场的健康可持续发展提出了挑战。应该指出的是，这些现象和问题凸显了广州市农产品食品安全监管体系建设上的漏洞及相关制度设计上的缺陷，也折射出政府职能依然存在错位、越位和缺位的状况。

2013年底，党的十八大出台了《中共中央关于全面深化改革若干重大问题的决定》（以下简称《决定》），《决定》就推进经济市场化改革而在产权保护、混合经济、国企改革、价格改革、反垄断、市场体系等方面提出改革方向与举措，其中更突出明确地提到了市场监管体系的改革要旨，即"改革市场监管体系，实行统一的市场监管，建立公平开放透明的市场规则"。由此可见，《决定》对深化改革和完善市场监管体系的论述，充分表明国家对加快完善市场监管体系的高度重视，也为下一步农产品食品安全监管的制度改革与创新指明了方向。在这一重要的战略关键点上，建立与完善农产品食品安全的监督管理体系，不仅是"菜篮子"民生工程推进顺利与否的重要保障，同样也是保障城市农产品安全供应的责任所在。

显而易见，建设农产品食品安全监管体系，不仅是广州保障农产品市场有序发展所必须，也是当下解决"三农"问题刻不容缓的重大任务，而农产品食品安全监管体系建设，对于一个中心城市的发展而言，则是一项复杂的系统工程和长远之举。为确保建设工作的科学性和前瞻性，需要结合党的十八大改革方向和要旨进行科学的制度设计与创新，这是本文开展研究的必要性及使命所在。基于上述考虑，本文通过归纳发达国家在农产品食品监管方面的经验，进而提出促进广州农产品食品安全监管体系建设的政策建议。

二 发达国家农产品市场监管的主要模式

农产品食品安全监管是对农产品市场所有涉及环节实施的全过程监管，涵盖农产品的生产、销售、流通等环节。毋庸置疑，严谨、统一、规范、透明的市场监管体系，是保证农产品市场健康运行的关键所在，促进农产品资源配置依据市场规则、市场价格、市场竞争实现效益最大化和效率最优化，同时也确保市场在农产品生产和流通领域资源配置处于核心地位。归纳起来，世界发达国家农产品食品安全的监管模式主要包括如下类型。

模式一：自律型市场监管模式。

这种监管模式的典型代表是欧盟国家，通常采用委托经认定的第三方认证机构对农产品的市场准入和上市后进行监督管理，由欧共体各成员国按照标准委任第三方认证机构，并根据该认证机构的认证能力确定其认证范围，最后由欧盟委员会在欧共体公报上公布已认定的第三方认证机构名单、识别编码和工作项目。自律型监管模式的特点：一是行业协会是监管的主导力量。行业协会在农产品监管中扮演重要的角色，不仅数量众多而且力量强大，在农产品的产品市场准入、行业标准制定、违规行为惩罚、市场竞争秩序维护等方面发挥重大作用。二是顺应市场需求设立监管部门。针对无法受到有效调整，同时又损害社会利益的违法行为，政府部门会成立专门的保护消费者农产品安全的委员会，就农产品标准和产品安全问题进行监督。这种监管机构主要是就某一农产品行业发展中的监管盲区而设立，在监管部门分工上更加明晰，因此监管效率也相对较高。三是监管人员实行公务员管理体制。农产品监管人员实行公务人员管理体制，其工资福利和职务升迁根据监管人员的日常绩效考核和工作业绩而定，这种机制保证了监管人员在日常工作中的公平执法。政府在各部门的机构、人员配置及资金、技术条件考虑与其职能相匹配。

模式二：集中型市场监管模式。

集中型监管体现在满足公众利益，确保市场的公平、公正与秩序。这种模式主要由政府主导对农产品市场行为的监督管理，保证政府市场监管职能的履行，确保市场监督过程的客观性和公正性，这在许多国家的实践中得到体现，诸如加拿大的食品监督署，英国的食品标准局（Food StandardsAgency），美国的农业部（USDA）、卫生和公共事业部（HHS）及环境保护署（EPA），都采用集中型市场监管模式。粗略地归纳起来，集中型监管模式具有以下特点：一是监管权力集中于政府部门。农产品监管权力主要集中于各政府部门，不与独立的监管机构分享权力。各主管部门都极力保护和扩张自己部门的管理权限，防止管辖权被其他部门侵犯。这种集权式的政府部门同时作为监管机构的模式，与政府官僚权力集中化的组织制度相互融合。二是注重源头监管促进规范经营。成熟的农产品市场侧重于抓源头，这种趋势培育了农产品市场主体诚信经营、自觉守法的良好素质，在生产环节实现自我规范约束，流通环节保证了消费者的合法权益。企业基本上靠自我管理。例如，在农产品管理方面，较有特点的是可追溯管理模式以及重视企业的召回责任。三是"四位一体"市场监管机制。政府在市场监管的过程中，创造了公平竞争的市场环境，注重企业自我管理体制的建设，通过行业协会规范农产品市场，维护农产品市场的良好秩序，通过发挥消费者和社会监督的作用，形成行业自律、企业自管、政府监管、社会监督有机结合的监管机制，保障农产品市场经营的规范和稳定。

模式三：中间型市场监管模式。

中间型监管模式是以政府为主导、行业组织参与农产品市场管理，可视为将政府监管与自律管理相结合的模式。这种监管模式主要体现为市场参与者利益与公众利益两者兼顾，市场监管中具有较高的行政效率和更广泛的适用范围，主要特点：一是监管主体多元化与政策一致性。农产品监管机构，不仅包括政府机构和准政府组织，同时还涵盖具有监管职能的微观市场主体，以及各种自律性行业协会等第三方机构，表现了监管主体多元化的发展趋势。为了协调政府各部门的工作，处理涉及各部门的事务，还成立了部际协调委员会，由农业局及食品药品管理局牵头，其他部门派代表参加，保证各部门之间农产品食品安全监管政策的一致性。二是监管机构设置合理且独立性强。农产品监管机构不仅设置合理，而且各层级的监管机构之间分工明确，共同维护着市场秩序。比如美国农产品食品管理局在全国各地建立了许多派出机构，分别在美国中部、东北部、东南部、西南部及太平洋区设立5个地区办公室及13个药品检验所，是食品管理局履行农产品监管职责和掌握情况的重要部门。三是非政府组织行业协会有自主权。农产品监管体制要积极利用行业组织的力量参与市场管理，行业协会享有充分的自主权，政府与行业协会之间是一种平等的关系，而不是上下级之间的权属关系。在行业协会内部，协会与会员之间是一种"协会保护会员，会员依靠协会"的关系，这也充分反映行业自律性管理的特点。

三　世界农产品市场监管的主要趋势

随着各国农产品市场的深入发展，发达国家农产品监管体系不断调整，日臻完善。综观当今世界发达国家的具体实践，可归纳出各国市场监管职能变革中的一些共同的成功经验，这对我国农产品市场监管体系建设具有重大的启发作用。当今世界农产品市场监管的经验与启示主要包括以下几方面。

趋势一：从行政命令式监管取向转向市场导向。对于农产品食品安全的监管，在20世纪中期西方国家的监管部门，通常以市场监管主管部门的姿态出现，采用审批、指挥、命令、指令性计划和决策等方式直接干预市场主体。但随着市场经济的不断发展，食品安全监管模式逐步转向市场导向，即要求监管主体采取检查、指导、认可、督促等间接方式来约束农产品生产者与经营者的市场行为，客观上要求政府部门的监管模式逐步从"主管型"向"监管型"转变，从"行政取向"向"市场取向"转变。应该指出的是，对农产品食品安全的监督管理中，要更加注重市场主体的基础性监督作用，不可过多地干预市场主体行为，应顺应市场经济发展规律。可以预见的是，随着农产品市场的不断发育和完善，各种市场中介组织的健全，公民参与监管意识的逐步增强，农产品市场自身的监督作用、调节作用不断强化，而行政监管将会成为市场均衡机制的一种补充。

趋势二：由维护竞争和效率转向更加注重社会公平。对农产品食品安全所进行的监督管理，即要维护竞争和效率，又要打击市场交易的不公平，更重要的是要注重社会公平。不可否认的是，竞争能促进市场交易活动效率的提升，因此只有公平的竞争环境，才能带来市场效率的提升。另外，现有的市场体系也会存在市场失灵的地方，如农产品食品安全未能完全达标，农药使用管理规范仍有待改善等。这些不规范的市场行为，严重破坏了公平的市场交易规则，弱化了市场机制作用，对农产品市场可持续发展提出挑战。但在规范农产品市场竞争的同时，我们也应该更加强调社会公平的作用。应该指出的是，规范的市场竞争要建立在公平公正市场环境的基础之上，通过制度规范各个市场主体的行为，使得市场主体在客观、公正的制度范围内有序竞争，保证各种生产要素在有序的市场中流通，减少由于不规范竞争所引致的社会矛盾和冲突，通过提高市场监管效率来实现经济社会的可持续发展。

趋势三：由人工监管模式转向虚拟化的监管。在"互联网＋"的大趋势背景下，科技信息技术变革对市场经济产生的影响是深远的，网络市场作为一种全新的市场交易概念，对既有的农产品监管模式形成新的挑战。在网络信息的获取方面，消费者所获取的农产品信息是不完整的：例如通过淘宝、天猫等网络交易平台购买农贸产品，消费者仅能按照商家所提供的关于农产品的图片和介绍对农产品的品质进行判断，但消费者需要承担所获取信息与真实农产品信息不一致的风险。这种情况对市场监管形成巨大压力，市场监管者要致力于市场主体的信用信息平台搭建，包括对市场主体的信息搜集、网上商家的信息披露、个人信用记录、信用评级标准的制定、信用危险警示等。应该指出的是，这种交易模式要求监管者要充分运用信息化的监管手段，加强网络交易的实时监管，同时辅之以网上信用保险，对事先约定的特定交易和特定的信用级别进行保险，以减轻信用缺失造成的阻力，以推进农产品网络交易市场的健康发展。

趋势四：更加注重源头监管模式。应该指出的是，重视源头控制是实现农产品流通领域市场监管的有效手段。美国等发达国家非常重视农产品在流通环节的源头控制和预防，提出要加强从农产品生产到最终消费的全流程的监控能力，特别是在农产品食品安全源头监管上，建立了农产品追踪机制和统一数据库，详细记载农产品生产链中被监控对象的移动轨迹，有效减少和控制农产品食品安全事故发生。应该指出的是，目前广州农产品的监管模式依然执行的是分段监管为主、品种监管为辅的监管模式，农业部门和食品药品监督管理部门各负其责，相互之间的监管缺乏信息互通，农产品食品安全预警机制难以发挥有效作用，农产品源头监管状况不容乐观。基于上述考虑，要建立起农产品追踪机制，记录所有农产品的产地和供货者等基本信息，督促市场经营者将供货方提供的供货凭证统一保存备查，提高市场准入工作的效率性与规范性，强化源头预防和监控。

趋势五：综合治理、联合执法与协调配合。农产品交易过程涉及面广，情况复杂。与此相适应，农产品监管工作广泛涉及社会经济的方方面面，存在着不同的管理层次、管理结构和管理职能，既有宏观管理又有微观管理，既有综合管理又有专业管理，既有组织管理职能又有市场调控和监督职能，从而构成一个庞大、复杂的市场管理系统。很显然，如此艰巨的管理任务单靠某一部门是根本不可能完成的，这就需要各方面的协调配合、综合治理。各市场管理部门应当在政府的统一指导下，合理划分职责权限，有机协调配合，共同管好市场。基于上述分析，农产品食品安全的监管模式，要逐渐实现行政性监管、自律性监管和社会监督三者的有机结合。

四 加强广州农产品食品安全监督的对策建议

完善广州市农产品市场监管体系，要贯彻党的十八大《决定》的改革精神，坚持监管与服务相结合，紧扣建立现代市场监管体系的核心目标，以加快政府职能转变为先导，以农产品监管领域建设为突破口，着力从监管目标、体制、方式、手段等方面进行全方位的改革与创新，着力推进部门监管信息共享促进执法资源的整合和协作，全力保障广州市农产品市场安全、交易公平和消费放心，促进农产品市场的健康可持续发展。从当今世界农产品市场监管的经验与启示来看，加强广州农产品食品安全监督，要从行政执

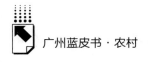

法、消费者维权和社会监督、监管法制、市场准入、质量监管、行业自律等方面进行完善。

（一）构建"宽进严管"的农产品市场准入环境

在改革农产品准入制度方面，要建立健全农产品审批目录管理制度，对审批事项进行动态管理。对企业和社会组织能够自主决定、自担风险、自行调节、自律管理的事项，政府不再审批；对能通过事中、事后监管达到管理目的的事项，取消事前行政许可；除法律、行政法规或国务院决定规定外，取消其他各项涉及企业登记的前置性行政审批事项。在改进农产品准入服务方面，要制定农产品审批服务规范和标准，简化审批程序，优化审批流程，严格规范农产品审批裁量权，主动接受社会监督。进一步完善省、市、县电子监察系统，全程监督行政审批行为。在网上办事大厅设立统一的农产品审批效能投诉受理平台。健全行政效能监察考核体系，建立多元问责机制。对省直和珠三角九市网上办事窗口和分厅的重点涉企审批服务岗位进行效能监察，开展政府绩效管理试点工作。在加强农产品市场主体信用监管方面，进一步完善企业信用分类标准，健全分类指标体系，建立企业信用预警制度，加强企业经营行为引导，强化监管措施和管理机制。依法公开企业信用信息、行政处罚结果信息、监管情况信息、信用修复信息等各项市场主体信用信息。建立企业法定代表人"黑名单"制度，强化企业法定代表人任职限制措施。

（二）建立责任明晰、协同高效的农产品质量监管体系

在加强农产品质量监督管理方面，通过完善产品质量溯源体系，引导销售者与生产者签订产品质量保证及责任追溯协议。依法建立惩罚性赔偿制度，推进缺陷产品召回工作。对不合格产品和经营中的欺诈行为依法予以公布，支持消费者就不合格产品及欺诈行为提出退货及惩罚性赔偿要求，促进经营者在产品质量责任诉讼前主动承担赔偿责任，改革生产领域产品质量监督抽查机制，完善流通领域商品质量监测机制。在完善农产品标准化体系方

面，以技术标准为纽带，在农产品产业集聚区鼓励组建产业技术联盟，制订实施联盟标准，加强重要产品质量监管，不断提升产品质量标准。加强重点消费品质量与安全基础的标准制定工作，引导企业推行先进管理模式。建立完善标准化协调推进工作机制，研究制定标准化战略政策体系，加强标准化政策与科技政策、产业政策、人才政策的衔接。在打造农产品公共检测服务平台方面，围绕广东省农产品产业结构调整，建设现代产业体系的需要，在农产品领域加快国家质检中心建设，推进省级授权质检机构、重点实验室等公共检测技术服务平台建设，建设先进的计量基础标准技术平台，建设高水平的计量技术机构。加强对校准机构管理，规范计量校准服务行为。健全风险评估制度和工作机制，加强风险预警相关基础建设，积极开展高风险产品监测工作，为预防、减少伤害事故提供预警和监控。在加强农产品监管执法机制建设方面，整合执法资源，充实、优化行政执法队伍，加大基层执法装备投入，健全行政执法部门之间的协作机制，建立完善行政执法与刑事司法的衔接机制。完善打假机制建设，深入开展打假专项查处行动，形成打假工作合力，有效遏制假冒伪劣行为。创新质量监管、行政许可和行政执法工作机制，加强政府部门分工协作。

（三）构建"权责一致、行为规范"的农产品执法体制

在深化农产品审批制度改革方面，大力精简农产品审批事项，建立健全农产品审批管理监督制度，实现农产品审批事项动态管理，处理好政府与市场、社会的关系，减少政府对微观事务的干预。优化创新行政审批方式，简化审批流程，提高审批效率，推行农产品审批"统一办理""联合办理""集中办理"制度。在推进农产品执法体制改革方面，深化农产品执法体制改革，稳妥推进综合农产品执法。合理界定各层级政府执法权限，推动农产品执法重心下移。整合执法资源，推动跨部门、跨领域综合执法。合理划分市场监管部门农产品管理与执法职责。完善执法机制，加强执法部门间的协调配合和信息共享，对涉及多部门的事项实行联合执法。在加强农产品执法队伍建设方面，规范农产品执法人员编制和经费管理，制定岗位资格标准，

严格实行农产品执法主体资格审查和农产品执法人员持证上岗制度。明确农产品执法适用辅助人员的范围及辅助人员的招录，规范对农产品执法辅助人员的管理。加强农产品执法人员培训考核，强化行政执法部门负责人依法行政意识和能力培训。加强行政执法电子政务建设，推行执法办案的网上管理。在落实农产品执法责任制方面，规范农产品执法主体，及时核准、公告农产品执法主体及其职权、执法依据。规范农产品执法程序，细化行政执法流程，明确农产品执法步骤，完善农产品执法证据规则。规范农产品执法人员管理，创新农产品执法人员培训、考核机制，提高农产品执法人员法律素质和执法水平。完善农产品复议和诉讼应诉制度，严格农产品执法问责制。在加强农产品执法与刑事司法衔接工作方面，建立农产品执法部门与司法机关的协作机制，加强农产品执法与刑事司法衔接。建设广州市"农产品执法与刑事司法衔接"工作信息平台，实现违法犯罪案件的执法、司法信息互联互通，建立完善信息共享范围、录入时限和责任追究制度。建立健全涉嫌犯罪案件的移送和监督机制，加强对农产品执法机关查办和移送涉嫌犯罪案件工作的监督，切实提高行政执法透明度，坚决纠正有案不移、有罪不究、以罚代刑等问题。

（四）发挥行业组织对农产品行业的自律规范作用

在强化农产品行业组织自律管理方面，建立行业组织信息披露机制和信息管理平台，实现信息共享和社会监督。对失信违法的会员根据情节轻重予以警告、取消会员资格或者除名，对诚信守法经营的会员予以公示，给诚信经营会员企业在信贷、招投标等方面出具诚信证明。在发挥会员主体在农产品行业自律作用方面，提高自觉遵守法律法规、行规行约意识，切实履行社会责任。建立会员主体诚信和守法经营自律机制，制定企业行为准则、行为规范，落实企业规章制度，明确相关职责、责任和惩戒措施。构建与社会公众、消费者互动机制。公布产品标准、服务标准、服务承诺等，接受社会和消费者监督。组建会员主体诚信联盟，自觉维护农产品行业公平竞争和良好的市场环境、消费环境。

（五）构建多元共治的农产品消费维权和社会监督体系

在加强投诉举报平台建设方面，整合优化各职能部门的投诉举报资源，通过政府采购、服务外包等方式，构建高效的消费维权申诉、经济违法行为举报和行政效能投诉平台，规范职能部门处理投诉的程序，强化行政效能监督，依托投诉举报平台，组织具有消费维权和经济违法行为监督职能的行政部门、司法机关、社团组织建立联席会议机制，加强工作沟通和执法协作。在建立健全消费维权和社会监督网络方面，加强农产品消费者权益保护组织建设，充分发挥其在消费维权和社会监督中的作用。建立和完善农产品行业组织和经营者诚信经营、监督互助的自律体系，构建多元消费纠纷解决机制。指导建立综合型的消费维权服务站，在消费集中区域和重点行业建立具有消费宣传教育、消费纠纷调解和社会监督功能的综合型消费维权服务站。发展消费维权和社会监督志愿者队伍，充分发挥社会组织、志愿者的服务和监督作用。在建立和完善消费教育与舆论监督机制方面，加强消费教育和对经济违法行为的监督，曝光消费侵权、经济违法事件。加强消费引导，通过发布消费提示、消费警示、曝光侵权行为、开展消费调查、举办消费咨询、讲座等多种形式，及时传递消费信息，关注消费者的知情权、受教育权，引导消费者科学、合理消费。

（六）构建规范、科学、有效的市场监管法制环境

在完善法规制度建设方面，建立完善政府法制机构与市场监管部门之间的立法反馈与沟通机制，及时掌握市场监管部门的立法需求，按照条件成熟、突出重点、统筹兼顾的原则，将农产品监管中行之有效的做法与措施及时列入立法计划，实现立法与行政执法实践之间的顺畅衔接。在建立健全规范性文件制定监督机制方面，落实规范性文件制定公开征求意见和集体讨论决定制度。建立规范性文件统一编号和规范性文件有效期制度，强化对下级人民政府规范性文件的备案监督，进一步完善公民、法人和其他组织审查建议的处理机制。建立制定程序规范、多元监督有力的规范性文件管理机制。

在加强市场监管法制宣传方面，深入开展法制宣传，通过开设法制宣传平台、组织宣讲、设置法制宣传栏等多种形式开展法制宣传教育，扩大宣传的受众面，为企业和消费者提供个性化的法律政策服务，提升企业守法经营和消费者依法维权意识。通过即时清理和定期清理的方式，及时修改或废止不适应广东省经济社会发展的政府规章和规范性文件，并向社会公布。

参考文献

吕艳花、刘子昂：《生鲜农产品食品安全的营销策略研究综述——以生鲜蔬菜水果为例》，《中国商贸》2015 年第 5 期。

曹继磊、王乐乐、军锋：《食品安全区域化管理国家标准将走向全国——〈初级农产品安全区域化管理体系要求〉理解与实施》，《中国食品》2010 年第 12 期。

潘津、林长光：《农产品生产者视角下的食品安全源头治理对策研究》，《质量技术监督研究》2015 年第 2 期。

刘丽君、曾跃先、刘治国等：《农产品（食品）安全生产技术创新与应用——以沅江市为例》，《依靠科技进步和创新加快发展现代农业学术研讨会优秀论文集》，2009。

郭俊芳、武拉平：《食品安全标准的贸易效应分析——以中国农产品出口为例》，《农业展望》2014 年第 11 期。

金国藩、蒋士强、王静等：《从"海南毒豇豆"事件看农产品食品安全监管与农残检测》，《食品安全导刊》2010 年第 4 期。

周洁红、叶俊焘：《我国食品安全管理中 HACCP 应用的现状、瓶颈与路径选择——浙江省农产品加工企业的分析》，《农业经济问题》2007 年第 8 期。

王志春、尤志中、肖立猛等：《农产品、食品安全监管体制存在的问题与发展对策》，《江苏农业科学》2014 年第 10 期。

王瑛、许可：《食品安全标准对我国农产品出口的影响——基于引力模型的实证分析》，《国际贸易问题》2014 年第 10 期。

孙梅、赵越春、李广水：《食品安全视角下绿色农产品供应商的选择》，《江苏农业科学》2013 年第 12 期。

李长健、江晓华：《行政法视野下的我国食品安全监管问题研究——基于农产品质量安全法出台后的思考》，《西华大学学报》（哲学社会科学版）2006 年第 6 期。

曾寅初、全世文：《我国生鲜农产品的流通与食品安全控制机制分析——基于现实条件、关键环节与公益性特征的视角》，《中国流通经济》2013 年第 5 期。

广州市农村住宅建设和
管理的思路与建议

郭艳华　江彩霞　陈翠兰*

摘　要： 本文紧密结合广州市农村住房建设与管理的现实需求，在充分考虑村庄长远规划发展，尊重农民权益的基础上，着眼于政策需求和政策创新，提出加强农村村民住房建设与管理的总体思路与对策建议。

关键词： 广州　农村住宅　建设和管理　思路与建议

一　广州市农村住宅建设基本情况

2013 年 4 月 12 日，中共广州市委办公厅、广州市人民政府办公厅联合印发《广州市村庄规划编制实施工作方案》，要求全市符合条件的行政村编制村庄规划。在广州市村庄规划领导小组办公室的组织协调下，市规划局对全市农村住宅情况进行了摸查（截至 2012 年底），摸查情况如表 1、表 2 所示。

表 1、表 2 为广州市布置村庄规划摸查时的统计数据，虽然不具有完整的法律意义，但至少也是经过各区申报汇总后的数据。从表 1 和表 2 可以看出，一方面，广州市农村住宅总数 1510319 栋，户均住宅基底面积 140.72平方米，远远超过广州市规定的 80 平方米标准；村民住宅中有宅基地使用

＊ 郭艳华，广州市社会科学院经济研究所所长、研究员；江彩霞，广州市社会科学院数量经济研究所副研究员；陈翠兰，广州市社会科学院经济研究所助理研究员。

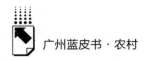

表1 广州市农村住宅建设基本情况

行政区	农村户籍人口（人）	住宅总数（栋）	户均住宅基底面积（平方米）	户均住宅建筑面积（平方米）	人均住宅建筑面积（平方米）	村民住宅平均层数（层）	泥砖房（间）	村民住宅中有宅基地使用权证比例（%）
白云区	404698	206329	100.33	230.39	117.46	3.40	11568	15.09
花都区	467303	190342	102.35	287.00	85.76	1.44	33818	36.45
番禺区	400524	325905	128.39	308.13	117.21	2.40	12538	53.00
南沙区	278921	84467	82.61	182.00	53.50	2.18	1025	78.60
萝岗区	73025	38173	260.63	525.97	117.63	2.00	331	17.76
增城市	544023	376467	186.20	295.40	50.95	1.38	140999	21.50
从化市	429928	288636	124.56	175.61	42.77	1.37	194031	8.42
平均数	2598422	1510319	140.72	286.36	83.61	2.02	394310	32.97

说明：农村户籍人口、住宅总数、泥砖房为合计数。

表2 广州市农村住宅建设需求情况

行政区	预计2014年新增分户人口数（人）	历史欠房（户）	拆迁安置户（户）	需要用地面积（公顷）
白云区	8203	20069	5616	222.72
花都区	6282	16592	2561	203.48
番禺区	5666	7468	1670	258.60
南沙区	4881	14254	5620	148.14
萝岗区	986	4451	376	31.07
增城市	6606	21883	2110	262.93
从化市	6960	6506	1633	444.56
合　计	39584	91223	19586	1571.5

说明：需要用地面积均按照每户80平方米计算；《广州市农村村民住宅规划建设工作指引（试行）》（穗〔2012〕35号）规定，市辖10区建筑基底面积不超过80平方米，从化市、增城市建筑基底面积按照国家和省的有关规定审核；建筑面积不超过280平方米。

权证的比例仅为32.97%，将近2/3的农民住宅不受法律保护。另一方面，预计2014年新增分户人口数39584人，如果还是按照目前的住宅建设模式，即使将农村建设用地都用来建房，恐怕也不能满足村民日益增长的建房需求。因此，农村住宅建设与管理不仅是村庄规划实施最需要考虑的因素，也是农村综合改革与发展的重要内容。

二　农村住宅建设管理存在的主要问题

广州市 2000 年出台了《中共广州市委、广州市人民政府关于加快村镇建设步伐，推进城市化进程的若干意见》，要求城市规划发展区内不再批地建设"一户一宅"，一律由村镇统一建设农民公寓。这一文件实际上抬高了广州农民建房的门槛，由于其他相关配套措施不到位，造成农民建房报建难、审批难，农村建房处于混乱无序状态。

（一）"一户多宅"与新增分户需求的结构性矛盾突出

由于历史原因，广州市农村村民住宅基础数据不完善，未对全市农村宅基地审批，集体使用证核发等做过全面的摸查、统计，家底不清。"一户一宅"在农村基本无法严格贯彻执行，因为多数村民建新不拆旧，加之继承房屋，非本村人使用宅基地等原因造成"一户多宅"情况严重。一方面，部分村民拥有多处宅基地，造成农房空置率高；另一方面，随着经济社会发展及人口增长，部分住房困难村民申请建房的需求越来越多，由于受用地规模、村庄规划未完善等原因限制而无法申请取得农村住宅，"一户多宅"与新增分户需求的结构性矛盾比较突出。

（二）农村建房秩序较为混乱

自 2000 年广州停止审批新建农民住房以来，各区（县级市）基本上是以拆旧建新的形式建房，部分农民以拆旧建新的名义进行扩建、搭建和加建，更有个别村民假借各种名义违规占地建房，有的以发展生产兴办家庭工商业为由要求多用地，有的以父母与子女分家、祖父母与孙子孙女分家等要求立户建房。按规定程序，农民申请建房时，先由村民本人提出申请，经村委会加盖意见后报镇审核和批准。从目前农村建房的现状来看，村委会对村

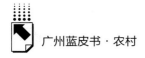

民的建房信息没有进行认真审核把关,部分镇没有审批农民也自行建房,造成农村建房既缺乏统一规划,也不遵守相关建房规定与标准,有新房没新村现象较为普遍。

(三)违法成本低,部门监管力度不足

由于广州土地资源缺乏,土地价值和升值预期大,农村住宅违法用地屡禁不止,据初步统计,农村违规建筑70%是农民建房。现行为配合城市建设而执行的拆迁中,政府有关部门为了让农民同意搬迁(拆迁),促进重点项目早日建成,对于抢建的物业或房屋,同样给予补偿。农村住宅违法用地建设或建成后,各级政府基于维稳等原因,对涉及农村住宅很少组织强制停工和强拆,即使移送法院也极少予以执行,违法成本极低。

(四)现有政策环境下宅基地报批难

在农村建设用地"规模只减不增"政策导向下,大多数村庄基本没有预留规划建设用地,大量土地规划指标落在保障国家、省、市重点项目及历史留用地上,尤其农转用指标审批更难,造成涉及农地的农民建房无法报批。多年来,广州市有国家、重点项目征地农民安置区安排了少量农转用指标,但在纳入城市控规范围的村庄,已暂停受理农村住宅用地申请(包括拆旧建新申请和新申请住宅用地)十多年,由于建设规划滞后,部分村并没有安置区,征地拆迁安置工作缓慢,导致城市控规范围内农村住宅违法用地大量发生。

由于农民宅基地报建每户不超过80平方米(增城、从化120平方米),选址分布零散,如进行用地报批,根据规定必须出具测量报告书、规划选址意见、缴交测量费等相关费用,且每年只能申报一个总批次(每年广州市只下达一次用地指标)上报到广州市审批,报批资料收集复杂烦琐,审批时间长(农用地转建设用地审批权为广州市人民政府,再由省国土厅备案)。因此,农村村民使用农用地(果园地、林地等现状为非建设用地的)建房报批更难。

（五）旧村宅基地空置率较高

由于广州市十多年前就停止了农民新建房屋报批，农民建房的主要形式是拆旧建新，但很多村民在建设新房的同时，原有的旧宅基地虽然与村里签订了拆除协议，但因监管和处罚措施不到位，建新不拆旧现象仍很普遍，而且有多少占多少，节约集约利用率低，造成土地严重浪费和违法用地面积较大。

随着农村经济社会发展及村民对改善居住环境需求的不断增长，绝大多数村庄都建有不同形式的新村，村民多选择在新村建房，而旧村逐渐衰落、凋敝，空置率较高。由于农民受传统意识影响，认为祖屋即使无法居住也不能拆除，以及有些房屋的权属关系不清，加之农民对土地集约、节约利用的意识不强，使得旧村无法改造，造成土地资源大量闲置。

（六）缺乏可操作性强的村民住宅及农民公寓建设指引

村庄规划是指导农村住宅建设的法定依据，但2000年广州停止新建农村住宅后，直到2012年，农民建房的政策依据处于"缺位"状态，由于缺乏村民建房的相关政策指引和规定，村民建房一直未能按照村庄规划实施。与此同时，广州市部分区积极推进农民公寓建设，部分村选定地块建设农民公寓，计划统一解决新增分户及拆迁户的安置，但由于缺乏农民公寓报批的政策指引，农民公寓的建设一直未能开展。

2012年，广州市有关部门出台了《广州市农村村民住宅规划建设工作指引（试行）的通知》（穗府〔2012〕35号）文件，对于农民建房的管理机构、自建住宅的申请条件、建设程序、建设、监管和验收、产权登记与发证、监督与检查、建房高度、面积和建筑风格等都做了十分清晰、明确的规定，各区（县级市）也相应制定了本区（县级市）村民建房的建设指引，但实际上按照这些文件进行建房报建的数量极少。主要原因是文件内容规定与农村建房实际有偏离，加之报建、审批手续程序复杂，多数村民不按照文件规定执行报建，而是根据自己的意愿建房，特别是城中村超高超大建房现象普遍，影响村容村貌。

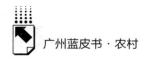

三 存在问题的深层原因分析

（一）二元土地管理制度制约农村发展

目前，二元管理体制在城乡土地管理中表现尤为突出，国有土地和农村集体土地实行不一样的管理制度和管理模式，严重制约农村土地用益物权健康发展。国有土地产权清晰，可以自由流动，通过市场供需关系调节和平衡土地价格；农村集体土地产权不清晰，不能自由流动，难以通过市场配置资源。例如，农村集体建设用地在市场上流转的渠道不畅，较难流转；农民的宅基地和房屋也不能进行市场交换，导致农民拥有的房屋产权不完整，得不到法律意义上的承认，既制约农村经济社会发展，也给城乡土地管理带来新的难题。

（二）相关政策制定没有充分考虑农村发展特点

农村经济社会发展有其独特性的一面，因而涉及农村发展的各项政策在充分考虑城乡一体化的基础上，还要兼顾农村的发展实际和发展特点，否则难以收到实效。综观近年来广州市出台的关于村庄发展的相关政策，就是没有充分考虑农村的独特性和发展实际，片面追求政策的完整性和理想性，在实用性、指导性方面仍与农村发展实际有差距，不接地气。例如，关于农村住宅建设指引，虽然看起来政策制定很完美，设计考虑很周全，但在实际执行过程中很难推进；由于广州市土地资源紧缺，当前迫切需要出台关于农民公寓建设指引，但政策迟迟未能出台，一定程度上影响农村住宅建设与管理。

（三）政府和村民对村庄规划期望目标不一致

在城市化快速推进过程中，由于人口不断增加，城市规模不断扩大，土地资源的稀缺性越来越凸显，迫切要求土地实行集约、节约管理，以提高土地资源利用率和配置效率。政府希望通过村庄规划限制农村无序低效发展，同时还要保护耕地和生态环境，实现集中统一管理；而村集体和村民希望通过村庄规划能争取更多的建设用地以改善居住条件，尽可能实现分散式的发展，村民要求分散与政府集中管理的矛盾比较突出。例如，政府鼓励农民上楼，建设农民公寓，将节约、集约下来的土地集中用于产业发展，但农民受多年来分散居住模式的影响不愿意上楼，导致农村土地集约管理面临较大挑战。

（四）农村土地协调和整合难度较大

一讲到农村建房，传统和惯性思维就是缺乏建设用地指标，要求各级政府增加农村建设用地规模和用地指标。毋庸置疑，用地规模和指标肯定是保障农村发展的重要支撑，但问题的关键还是农村的土地资源没有协调和整理好，农村大量闲置、低效的土地资源如果能够协调和整理好，比争取新的用地指标更有现实意义。目前，广州农村土地管理的现状是，绝大多数的村土地被经济社掌握，而且各个经济社各自为政，村委会统筹村土地有一定的难度，广州市有些村庄的旧村落、旧学校、旧厂房等大量闲置，没有充分利用，导致土地资源浪费。

（五）村庄规划承载的内容和元素太多

广州市农村地区发展问题很多，表现形式多样，多年来积累的问题既需要通过村庄规划的形式梳理出来，也需要通过村庄规划得以解决。2013年4月推进村庄规划编制实施以来，不仅市、区、镇（街）管理部门，村委会及村民等都对村庄规划寄予了很高的期望，希望通过村庄规划解决住宅等一揽子发展需求问题。事实上，对于村庄规划的定位不能过于"高大上"，虽然农村的各种发展问题通过聚焦村庄规划的形式予以表现出来，但村庄规划能够解决的现实发展问题毕竟有限，说到底村庄规划只是一个载体，通过村庄规划梳理出来的问题要多个部门采取多种措施协同推进，单单依靠一个规划部门难以有效推动实施，必须发动和动员全社会力量，为村庄规划实施和住宅建设管理共同献计献策。

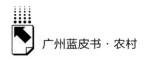

四 农村住宅建设与管理的基本思路

根据《国家新型城镇化规划（2014—2020年）》《中华人民共和国城乡规划法》《广东省实施〈中华人民共和国土地管理法〉办法》、广州市人民政府办公厅《关于印发广州市农村村民住宅规划建设工作指引（试行）的通知》（穗府〔2012〕35号）等有关法律、文件精神，以有利于节约集约利用土地、有效解决农村新增分户住房需求问题、改善农村居住环境、加快城乡统筹发展为根本目的，按照"政策引导、试点先行、镇（街）统筹、村（居）实施、村民自愿、稳步推进"的思路，逐步加强和规范农村住宅管理。

（一）充分发挥市场机制作用

党的十八届三中全会强调要充分发挥市场在配置资源中的决定性作用，农村住宅管理在发挥政府主导作用的同时，也要充分调动和动员市场力量，共同推进村庄发展。在旧村改造、推进和建设农民公寓过程中，适当引入市场机制，否则单凭村社力量，难以完成旧村改造、农民公寓建设任务。但在引入市场开发主体时，政府有关管理部门要设置一定的准入门槛，对市场开发主体行为进行必要的限定，保证旧村改造、农民公寓建设不损害农民利益，确保村庄健康持续发展。

（二）固化现状

结合村庄规划摸查工作成果及村庄建设用地实际情况，划定并实施"固化界线"，即旧村现有住宅边界线（旧村固化线），固化旧村现有住宅建设用地面积和范围，村庄住宅建设或改建需在固化线内安排，固化线以内的住宅予以承认既成事实，固化线以外的新增村民住宅建设项目通过集中建设"农民公寓"予以解决，开通村民住宅报建的合法渠道，加强村庄规划、建设管理工作，为后续乡村建设规划许可证核发奠定基础。

（三）下放审批管理权限

对于涉及村庄规划建设、管理和实施的相关事权应该尽量下放，能下放到区的就下放到区，能下放到镇（街）的就下放到镇（街），简化审批管理程序，提高审批管理效率。例如，农村住宅建设与管理权限，乡村建设规划许可证核发下放到镇（街），镇（街）依据《广州市农村村民住宅规划建设工作指引》（穗府〔2012〕35 号），对符合土地利用总体规划、"一户一宅"、权属清晰等要求的农民建房申请进行审批。充分发挥镇（街）在村庄规划实施中的积极作用，因为镇（街）更贴近农村基层，更了解农村和农民发展需求，因而只要充分放权，管理会更加切合农村发展实际、更加到位。

五　农村住宅建设与管理的建议

农民建房既是村庄规划管理的重要内容，也是村民最为关注、最为敏感，与村民切身利益息息相关的大事，必须采取有效的"疏堵结合"之策，在充分尊重农民发展意愿的基础上加强管理，积极引导村民由分散居住逐渐转向集中居住，加快转变村民的居住方式，改善生活环境，提升乡村建设水平。

（一）明确"一户一宅"的认定标准

进一步明晰"一户一宅"、村民住宅确认的核定细则，为农民住宅获取、分配、建设和管理工作奠定公平合法的基础。根据国家、省有关法律法规及政策要求，对农村宅基地管理的确权、拆旧建新、历史遗留问题解决、农民公寓分配等涉及村庄规划建设和管理的推进实施工作，以符合"一户一宅"条件作为前提和基础，宅基地新增申请、拆旧建新必须遵循"一户一宅"原则，村民申请宅基地新建住宅的，村社必须与申请人签订建房协议。宅基地经区国土房管部门审批后，申请人要按建房协议自行拆除旧宅基地上房屋，将土地证交回村社集体，原批准文件（证）由核发部门注销，新建的房屋应向规划部门申请办理宅基地证。

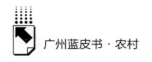
（二）加强政策创新，强化审批服务

1. 落实村民住宅保障机制

一是根据村庄规划和土地利用总体规划，结合广州市实际情况，两规进行协调，合理引导农村宅基地选址，坚决贯彻执行"一户一宅"的法律规定，并保障农村村民宅基地面积达到省、市规定的标准。广州市五区（白云、花都、番禺、萝岗、南沙）农民宅基地基底面积80平方米，增城、从化农民宅基地基底面积120平方米，申请人必须是本村社集体村民并持有本地户口簿者。二是用地必须符合土地利用规划和村庄规划，市国土房管部门对农村宅基地涉及农转用的要进行审核，并适当简化审批程序及减免相关税费（已有规定宅基地不需要缴纳新增费，耕地占补平衡需履行，建议耕地占用税免除或减半）；三是广州市在编制年度土地利用计划时，应将农村宅基地用地纳入计划，并将指标单列，专项用于农村宅基地建设，不得挪作他用。

2. 强化审批服务

一是建立健全村社、镇（街）及职能部门在农村村民住宅建房审批、监管考核制度，梳理办理流程，在办理审批中明确各环节的办理时限，在审批表中明晰各环节责任人，要求在各自审核（审批）环节中签名、盖章，对申请人、村社及各审查职能部门要求如实提交有关材料和反映真实情况，并对申请材料的真实性负责。二是严格执行违法处罚机制。对不符合相关规定的村民建房用地条件的，建议由城管部门及各镇（街）造册登记，并履行职责到位进行违法处罚。

（三）建立宅基地退出机制

按照国家、省、市相关文件规定，新建住宅的须将旧宅基地退回原村集体，但从目前广州农村宅基地管理的实际情况来看，对如何退、不退回又如何执行等均无具体的操作细则规定或指引，因此提出以下建议。

1. 严把竣工验收关

根据《广州市农村村民住宅规划建设工作指引》（穗府〔2012〕35号）

文件规定，新房建成后，申请人须向规划部门申请竣工验收，在明确村民、村社、镇（街）等部门职责后，一并验收旧宅基地处置情况。对于旧宅基地未能全部清理并交还村社集体的，验收不予通过，不予换发新宅基地证。

2. 加大宣传力度，增强节地意识

要加大对农村土地法律法规的宣传教育力度，不断增强广大干部群众的土地忧患意识和责任意识，提高农民依法使用土地的自觉性，逐步形成依法用地、集约用地的浓厚氛围，让建新不拆旧的农民知道自己的行为是违法的。在对建新不拆旧的清理工作中，所在镇（街）要建立纪检、监察、公安等部门联动机制，引导党员干部发挥模范带头作用，对自己有同类现象的，首先带头拆除，发挥党员干部在群众中的凝聚力和号召力。同时，各村、镇都要设立举报箱，确保工作有实效。

3. 强化执法检查，多占从严处罚

法律规定农村居民一户只能有一处不超过标准的宅基地，建新房不拆旧房属于违法占地，应予以依法处理。对违法用地上的建筑物、构筑物，要严格按照《土地管理法》的规定依法拆除，退出多占的土地。对无视法律、不在规定期限内自行拆除的，按照法定程序，强行拆除，并由媒体曝光，达到处罚一人教育一片的目的。在农村宅基地整合方面，授予村委会负责新宅基地分配和旧宅基地收回权限。让宅基地所有权和使用权分离，使用权是农民的，所有权归村委会，村统一收回宅基地使用权后再进行统筹，把宅基地所有权转化成将来的股份分红。让村民成为"一户一宅"的实际执行者和监督者，从根源上破解农村"一户多宅"或无地建房等问题。

4. 完善宅基地退出激励机制

一是在宅基地退出机制中，要考虑有退宅基地不还耕和退宅基地还耕两种情况存在，退出宅基地的激励机制应有多重选择，例如，在城镇提供保障房等；退耕的应以耕地面积入股村集体经济，每年分红。上述方式可以大大鼓励农民向城镇集中，享受城镇公共服务设施资源，也有利于农村土地实现规模化、集约化。二是实行宅基地有偿退出机制。村民有 4 座以上宅基地、愿意退出 1 座的，按每平方米 1000 元进行补偿，村民有 4 座以下、2 座以

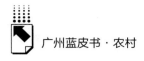

上宅基地、愿意退出 1 座的，按每平方米 500 元进行补偿，退出的土地由村社另行安排。

专栏 1：关于宅基地退出的相关政策规定

国土资源部《关于加强农村宅基地管理意见》第十条规定：凡新建住宅后应退出宅基地的，要采取签订合同等措施，确保按期拆除旧房，交出旧宅基地；《广东省农村土地登记规则》第二十条规定：凡已有旧宅基地的，应注销原土地登记，交回旧宅基地的土地使用证，并将旧宅基地退回原村社集体，才能办理新宅基地的土地登记；广州市人民政府办公厅《关于土地集约节约利用的实施意见》第八十一条规定：已有宅基地的村民申请新建住宅（含公寓式住宅）的，应与所在村民委员会（或集体经济组织）签订旧宅基地退出合同，约定未按时退回旧宅基地的违约责任，确保按期拆除旧房。

5. 实行宅基地有偿使用机制

经村民会议讨论决定，村民委员会（或集体经济组织）可以每年一次向"一户多宅"的村民征收宅基地有偿使用费，征收标准为：除"一户一宅"外，多 1 座宅基地的每年按每平方米 10 元计收，多 2 座宅基地的每年按每平方米 20 元计收，多 3 座宅基地的每年按每平方米 30 元计收，多 4 座或 4 座以上宅基地的每年按每平方米 50 元计收。征收的宅基地有偿使用费，优先用于建设村公共基础设施和公益事业。通过采取上述措施，逐步解决"一户多宅"的情况，引导宅基地有序退出。

（四）尽快出台农民公寓建设指引

市、区有关职能部门要全力推进农民公寓①建设，加强科学指导，规范农民公寓建设行为，并充分调动和发挥镇街及村（居）的积极性，采取镇

---

① 农民公寓是指由农村集体经济组织主导建设的，供本村农村集体经济组织成员或本镇其他符合条件的村民居住的公寓式住宅。农村集体经济组织包括经济联合总社、经济联合社、股份经济合作联社、股份合作经济社等。

（街）统筹协调、村（居）具体实施的推进模式，使试点村农民公寓建设尽快见成效。

1. 加强规划指导

一是规划管理部门要科学规划农民公寓建设的数量、布局、范围和用地规模，按生产、生活、生态等不同功能实行合理分区，逐步使分散的农村居民点适度集中归并。鼓励有条件的地区打破村（社）界线，统一规划，集中建设，连片开发。二是对项目容积率等规划设计条件，根据用地情况和控制性详细规划确定，对于先行试点村容积率可适当放宽，以发挥试点村典型示范作用。三是申报建设农民公寓的集体经济组织，在其建设方案中，必须有旧村、旧宅基地改造计划，并严格按照审批后的建设方案组织建设农民公寓。四是充分发挥和强化村庄规划对农民公寓建设的基础性指导地位，未完成村庄规划或村庄规划未获批准的村，原则上不予建设农民公寓。

2. 加强用地管理

一是建设农民公寓的用地，应尽量使用存量集体建设用地，有集体建设用地指标，而且土地产权在村民委员会的村可优先安排农民公寓建设项目。对农民公寓建设需求强烈、条件成熟、符合农民公寓建设条件但没有建设用地指标的村，经过认定确需占用农地或利用其他地的，可优先安排新增建设用地指标。二是建设农民公寓的村应对已有的宅基地严格管控，不得擅自改建、扩建，确保宅基地建设规模只减不增。按拆旧建新方式建设农民公寓的，经复垦腾挪出的用地指标，全部返还该村集体。三是建成后的农民公寓由广州市国土管理部门颁发房产证，房产证颁发到村集体经济组织，由村集体经济组织进行具体分割。申购农民公寓的村民在集体房产证满 10 年之后，在村集体经济组织同意的前提下，允许其有条件转让，但转让对象必须为本村或本镇内农村集体经济组织成员，不允许与非本村或本镇集体经济组织成员进行交易，转让后不能再申购农民公寓或保障性住房。

3. 明确建设要求

一是农民公寓建设根据土地和规划情况，可以形成多幢公寓小区，也可单幢建设，或者单幢联排联建。农民公寓按城市居住区规范要求进行高起点设计，为多层或高层单元式住宅楼，按实际需要建设多种户型，以满足各类安置户或不同家庭结构的住房需求。二是农民公寓建设可配套建设商业设施、公共服务设施。建设的商业设施可出租、出售，通过规范运营，壮大村级集体经济，增加农民福利。三是建新拆旧、节约土地。建设农民公寓要充分挖掘村（居）的土地潜力，利用"空心村"、旧厂房等闲置建设用地，农民公寓建成后对原有宅基地要由村统一收回规划成产业用地，使建设用地只减不增，节约集约利用土地资源。四是农民公寓建设事关村民切身利益，在充分尊重农民意愿的基础上，资格确认、分配标准、分配模式等要公开、公正、公平，强化职能部门对农民公寓建设的监督职能，确保农民公寓建设依法依规。

4. 多方筹集建设资金

一是多渠道筹集农民公寓建设资金，可由受委托的建设实施单位先行垫资建设，也可由村集体筹集，实行市场化运营，规范化管理。二是鼓励探索利用社会资金，引入投资者以合作开发等方式解决启动资金问题，同时完善合作企业的引入和退出机制，对建设单位进行公开招标，由镇农村资产交易平台进行资金监管，确保项目按时按质完成，并达到预期效果。三是对集体经济组织及村民自筹资金建设农民公寓的，鼓励银行对农民公寓推行按揭业务，以解决村集体或个人资金短缺的问题。

5. 科学制定分配方案

一是农村集体经济组织负责制定农民公寓分配方案，报镇（街）村规划办同意，并获有表决权的2/3以上村民表决同意后方可实施。农民公寓原则上优先安排给符合宅基地申请条件，有新增分户需求、户均宅基地基底面积低于20平方米的村集体经济组织成员。二是农民公寓建设要有长远计划，分期分批推进实施。对于具备资格但没有分配到农民公寓住房的村民，可以保留在后续农民公寓建设分配中的资格，也可以选择由村集体经济组织进行货币补偿，选择货币补偿的村民不再具有申购农民公寓的资格。三是农民公寓出售价格由村集体经济组织确定，并报镇村规划办批准。农民公寓申购价格以略高于成本价出售给本村村民，村民申购后的剩余房屋，以及配套开发建设的相应商业设施可以出售，其租金收入由村集体经济组织掌握，作为日后旧村改造、村庄建设的启动资金，资金管理须公开透明，并定期向村民公布。四是对于具备申购资格，但属于低收入住房困难家庭的村民，根据其分配到的住房面积，在经村民委员会批准，并在村公示的前提下，申购农民公寓可给予一定的优惠，即家庭成员每人可减免 20 平方米的购房资金，确保困难户能够买得起农民公寓住房。五是坚持公开、公平、公正的原则，对符合申购条件的申购人同等对待，对申购顺序采取抽签或随机摇号等方式确定。同时将申购对象、申购程序和房屋价格核定等内容进行公示。

（五）发挥村集体和村民在宅基地管理中的积极作用

1. 发挥村集体在宅基地管理中的积极作用

针对当前村集体只管分配土地给村民使用，而对村民违法使用土地置身事外的现状，同时考虑降低行政监督管理成本的要求，可以尝试由村委会自主管理宅基地。具体操作办法为：村集体每年清理村内空置宅基地和各种符合规划的区域和地块，统计可建房面积及位置，接受全体村民监督，制定可获得宅基地建设者的资格，对现有宅基地使用者按年征收集体土地使用费用，组织力量对违反规定者处以惩罚，或课以罚金，或取消宅基地轮候资格，收费及处罚所得用于宅基地管理工作，镇政府对村集体每年进行不定期检查，对于自我管理和自我整改不力的村委会进行惩罚，可以采取适当减少该村集体建设用地指标的方法。

2. 发挥村规民约的积极作用

农村住宅建设与管理涉及每一个村民利益，为更好地协调村民之间的利益，在依法依规推进的同时，必须充分发挥村规民约对农村内部治理的积极作用，利用村民自治章程约束村民行为，加强宅基地管理。引导各村进一步规范完善本村村民自治章程，将"一户一宅"、占新宅退旧宅、多占多交款等写进村民自治章程，让村民自觉按章程和村庄规划搞好修建、拆迁和旧宅基地清退工作，对那些既不遵守《村民自治章程》配合拆迁或退回闲置宅

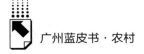

基地，又不按规定缴纳"超占费"的，可由村委会依照有关法律规定走法律程序，靠法制力量强制执行。

专栏 2：南沙区横沥镇开展农民建房报建工作试点①

为保证加快农民建房报建工作顺利进行，横沥镇成立了农民建房报建工作领导小组，统一协调和组织农民建房报建工作。

一是加强宣传发动工作。印刷《南沙区横沥镇农民建房办事指南》，"办事指南"对建房报建流程、建房报建须知、建房资料清单等进行明确规定。

二是成立工作机构。各村设立报建员，负责收集传递各村农民建房意愿，张贴公示材料及收集报建的资料，协助农民建房报建小组工作人员现场勘查和化解用地界线纠纷；镇设立农民建房报建窗口，负责收取村报建员递交的报建申请、报建资料及发放《村庄规划批复》、《建设用地批复》、《单体设计条件》和《乡村建设规划许可证》，对村民建房事务实行报建员申请、统一窗口收发、建设办国土所联合办公，实行内部流程全程监管、统一审批。

三是农民建房相关程序。横沥镇农民建房分阶段实施：第一阶段镇级审核及发放《村庄规划批复》、《单体设计条件》，国土所发放《建设用地批复》；第二阶段区级审核及发放《乡村建设规划许可证》。

（六）加大监督执法力度

1. 健全违法宅基地台账登记制度

各区驻镇（街）城监部门、国土所实行动态巡查，形成违法宅基地用地台账登记制度，对违法宅基地实行巡查、发现、制止、上报工作，做到违法宅基地用地信息日日报、月月报，并且要实现与城监部门的信息互通、资源共享。建议各镇（街）设置一个违法用地、违章建设信息收集、报送人员，形成联合台账登记制度，做到信息畅通、资源共享、便于防控、促进

---

① 资料来源：南沙区横沥镇政府。

查处。

2. 加强专业查控违法宅基地建设力量

由于职能权限，各部门对违法宅基地用地、违章建设执法都有一定限度的制约，如国土部门无权对违法用地进行拆除。建议各镇（街）成立由国土、城监等部门组成的违法用地建设联合执法小组，提高有效查处率，构建长效查处机制。

3. 加强对辖区违法使用宅基地建房监管

在各职能部门动态巡查时，各镇（街）可通过车载流动喇叭，大力宣传城市管理、土地管理等政策法规，对严重违法行为，要公开曝光，用典型案例教育村民，让村民知道违法用地的成本比合法用地大，营造严厉打击违法建设宅基地的社会氛围。

充分发挥镇村社三级在宅基地管理中的作用，将违法宅基地纳入"两违用地"整治范围进行严格管理。严禁未经依法批准将农用地转为宅基地的行为，禁止农民公寓建设区内的村集体安排单家独户宅基地。

参考文献

何维佳、陈美球、王亚平：《当前农村宅基地管理的困境与对策研究》，《中国农学通报》2010 年第 10 期。

杨立宾：《农村宅基地管理问题的探讨》，《中共福建省委党校学报》2009 年第7 期。

彭静：《农村宅基地管理问题探讨》，《农业经济》2012 年第 10 期。

邹世享、史清琪：《关于农村宅基地流转开发的法律制度建设分析》，《资源与产业》2011 年第 4 期。

马俊科、邹谢华、郭威：《农村宅基地管理的探索与创新——以东部沿海为例》，《中国土地》2013 年第 3 期。

B.12

新常态下创新农村基层治理机制的探索

——基于珠三角基层治理建设的个案分析

江彩霞*

摘　要： 建设社会主义新农村，探究农民权利的表达和实现途径，发挥农民主体性作用，是实现农村基层治理创新的关键。面向新时期新常态，农村基层依法治理，在理念上，要规范基层治理的政府定位，以培育公民社会为核心；在机制上，要提升基层治理的运行实效；在载体上，重点发展团体自治，丰富基层治理的实践内涵。

关键词： 城乡统筹　基层治理　社会管理　模式创新

统筹城乡发展，解决"三农"问题，是我国实施全面、协调、可持续发展战略提出的重要部署。2013年中央1号文件提出："顺应农村经济社会结构、城乡利益格局、农民思想观念的深刻变化，加强农村基层党建工作，不断推进农村基层民主政治建设，提高农村社会管理科学化水平，建立健全符合国情、规范有序、充满活力的乡村治理机制。"2014年中央1号文件，又提出要进一步"改善乡村治理机制"。基层治理机制的建立，基层组织建设的完善，能为进一步推进城乡统筹建设提供制度保障与组织保障。随着城乡统筹发展战略的不断深入，建立一套与统筹城乡改革相适应的基层治理机

＊ 江彩霞，广州市社会科学院经济研究所副研究员。

制，显得尤为迫切。通过对农村基层治理机制的研究，探索农村社会管理创新模式，以在未来支撑建立完善农村基层治理机制，加强公众服务和社会管理。

一 基层治理机制建设的必要性

（一）基层治理机制建设是构建社会主义和谐社会的内在要求

从某种意义上说，充分发挥基层组织的作用，是构建和谐社会的重要一环。基层组织是国家政权的基础和重要延伸，公众对执政党的执政效果、执政理念认同，在很大程度上是通过基层治理行为来获得的。原因有三方面：首先，基层组织是与公众联系最密切的组织形式，是贯彻执行上级决策最基本的组织保障；其次，提高基层组织治理能力，能更好地为公众和社会提供基本且有保障的公共产品，有效回应公众诉求，促进政府职能转变；再次，基层组织治理强化了公众对公共权力主体的有效制约和监督作用，从而进一步改善基层政府与民众的关系。

（二）基层治理机制建设助推了基层民主政治建设

基层治理机制建设，能更好地发挥公众力量在发展经济、供给服务、维护秩序、化解矛盾等多个领域中的基础性作用。推行基层治理与组织建设工作，是坚持以人为本，巩固党的执政地位的重要基础工作。基层民主政治建设，其根本目的是要充分保障老百姓当家作主的权利，让社会公众具有更强的民主意识，能更好地促进基层民主政治建设向纵深方向发展，拥有自我服务、自我约束的更多空间。基层治理机制建设，能够推动农村基层民主政治建设事业，朝着更加健康、有序、高效的方向发展。

（三）基层治理机制建设是城市化发展的必然要求

自改革开放以来，我国城市化进程快速发展，改革开放初期，城市数目只有 320 个，城市建成区面积 3.6 万平方公里，到 2013 年底，城市数目已发展到 662 个，城市建成区面积也扩大到 9 万多平方公里。预计到 2020 年，全国的城市数量将会达到 1500 个，届时将有 5 亿农民成为城市居民。城市化是人口向城市聚集的过程，也是乡村地区转变为城市地区的过程。[①] 因此，基层治理机制建设也将面临城市化进程所带来的一系列新变化，如农民身份的转变、失地农民的社会保障、农村社区的转型、单一的农业生产的发展模式等问题，这些都需要政府去加以规范和引导，除此之外，更需要依赖基层组织的有效治理。

（四）基层治理机制建设是珠三角试验区建设的现实需要

统筹城乡发展，就是要求各级政府必须改变"城乡两策，重城抑乡"的思路，要把城市和农村的经济以及社会发展统筹考虑，系统规划，把城市和农村存在的问题综合统一解决。而作为基层组织，就是必须贯彻落实城乡统筹思路，因此，基层组织治理机制的完善程度，决定着其执行力的强弱。统筹城乡综合配套改革珠三角试验区建设，是广东省委落实中央统筹城乡发展的一个重要任务，这也是广州市委、市政府的重点工作。推动试验区建设有两方面的动力：结构调整和机制创新，而机制创新的核心，则在于市场化改革，因此必须进行基层治理机制建设。

二　农村基层治理机制建设的主要内容

推进基层治理机制建设，必须依托社区建设，创新基层组织设置、优化基层治理机制，形成大党建格局，同步推行村（居）民自治制度，进一步深化基层民主政治建设。有效构建党组织领导下，以村（居）民自治为核心、社会组织广泛参与，充满生机和活力的基层治理机制。

---

① 周斌：《城乡统筹背景下的基层治理机制建设研究——基于对成都市新都区基层治理建设的个案分析》《"中国特色社会主义行政管理体制"研讨会暨中国行政管理学会第 20 届年会论文集》，2012。

（一）深化镇（街）机构改革

各个镇、街要按统筹城乡经济社会发展以及社会主义新农村建设的统一要求，进一步创新行政管理体制和运行机制，健全内设机构及其工作职能，把工作重点转移到保障农民合法权益、维护社会稳定、营造发展环境和提供优质服务等方面，包括进一步精简镇（街）行政编制、优化设置党政办事机构、严格配备领导职数三方面要求。

（二）构建大党建格局

构建大党建格局，就是要转变原有的村级党建工作的单一性，形成共建、共治、共创、共享的大党建新格局。按照地域或以单位为主设置党组织，形成与经济社会发展相适应的党的基层组织新格局。同时，积极探索新的更加务实的模式和做法，通过模式创新，积极拓宽党组织的覆盖面，强化责任意识，建立社区党建工作长效机制。

（三）构建新型农村基层群众自治组织

以建立村民议事会制度为突破口，通过综合服务中心或工作站，对接公共服务和社会管理，构建新型村级自治架构。新型基层群众自治组织，主要包括村民会议和民主议事会，其主要职责有三方面：一是在村（居）党组织领导下，支持、帮助、监督村委会的工作。二是对涉及集体利益的党务、政务、村务和财务，进行讨论并做出决定。三是对涉及本村（居）的重大问题，进行讨论并做出决策。

（四）强化农村基层组织工作保障

基层组织是党实行领导和开展工作的基础，因此，必须进一步强化农村基层组织的工作保障。主要内容包括：一要加强村级服务中心建设；二要落实好村（社区）在职干部待遇及村级办公经费；三要保障党组织工作经费；四要解决综合服务中心工作人员的招聘及待遇问题。

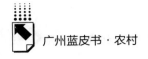
（五）推进农村基层民主政治建设

推进农村基层民主政治建设，就是要不断完善基层民主政治建设，充分发挥党员主体作用，建立基层党员干部激励、约束和保障机制。推行村民委员会定期向村党支部和村民代表会议报告工作制度，激发群众参与改革的积极性，保证改革按照群众意愿进行。同时，创新民主形式，搭建民主平台，丰富民主实践，完善民主管理、民主决策和民主监督的制度和机制，有效保障群众的知情权、参与权、决策权和监督权，最终确保改革能让群众满意、群众受益。①

三 基层治理机制建设的个案分析

珠三角立足实际，坚持"两条腿走路"，分别推进珠三角农村综合改革和全省山区县农村综合改革。从 2008 年开始，珠三角地区开始进行农村综合改革先期探索。2013 年，珠三角地区下发了《珠三角深化社会体制改革工作要点》，提出包括"基层社会管理体制改革"在内的 5 个方面共 40 条改革要点工作。特别是在推进珠三角农村综合改革，探讨基层治理问题上取得一定的成效，已经走出一条极具特色的改革之路。

（一）广州市基层治理机制建设工作

近年来，按照省的部署，广州全面启动省级基层体制改革试点工作，同时制订了《广州市基层社会管理体制改革试点工作方案》，积极探索适合广州发展的农村综合改革新路径，基层社会管理体制改革取得初步成效：一是全面推进以建设南沙新区"社会管理服务创新试验区"为目标的社会体制综合改革和以城市社区、村改居社区、镇村社会管理服务为重点的基层体制改革。二是积极推进以"两代表一委员"联组联动收集社情民意为核心的群众工作机制创新。三是扎实推进省、市社会创新项目建设。

---

① 欧阳淞：《努力开创基层党的建设新局面》，《求是》2007 年 11 月 16 日。

1. 白云区：太和镇大源村特大型村庄治理改革

2014 年 4 月，白云区被中央农办确定为全国农村改革试验联系点。作为珠三角地区唯一的特大城市辖区试点，白云区已启动以太和镇大源村为试点的特大型村庄治理体制改革。

大源村之所作为特大型村庄试点标本，是因为大源村地处广州城乡接合部，辖区面积 25 平方公里，户籍人口 8600 人。由于交通便利，工厂及大型物流场站集聚，流动人口密集，据统计，大源村外来人口已超过 15 万人，出租房屋超过两万多套，是一个不折不扣的特大型村庄。大源村社会治安问题突出，每年有 8000 多宗警情，一直面临较大的社会管理压力。随着城市发展，大源村已初具城市化特征，因此，大源村必须探索一条适合本村庄社会治理的新模式。

一是设立村级社会管理服务站，搭建公共服务平台，吸纳外来人员参与村务管理，实现村社基层组织向城市社区组织发展。大源村改革试点实现了"五个一"目标：建立一支过硬的管理队伍、树立一种科学发展理念、搭建一个高效的服务管理平台、建立一套共同参与的治理机制、形成一批改革试点的成果。

二是设立社会管理服务站是村庄管理体制改革的核心内容，目的是增强基层组织的管理力量，以应对新形势下可能出现的问题。从职能上看，服务站工作包括社会治安、生产安全、消防安全、出租屋管理、环境卫生、计划生育、查控"两违"、信访、维稳等。同时，同地缘流动人员社会自组织是大源村改革试点队伍建设中的亮点，根据大源村流动人员的实际，人口相对较多的同地缘流动人员组建社区自组织，引导他们参与社会共同治理，实现对流动人员有组织的管理。

2. 越秀区："两委一站"社区治理的新探索

"两委一站"社区管理运作模式："两委一站"，是把政务社工和事务社工进行分设，并明确规定社区党委的主要任务，是落实上级党组织布置的各项工作，领导和协调运作社区居委会和政务工作站的各项工作。社区居委会的主要任务，是落实收集民意，集结民力，处理解决辖区内相关居民事务；

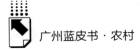

政务工作站的工作职能，是落实并完成社区"两委"及有关政府职能部门交办的各项工作。

实施"两委一站"社区管理模式，有力推进了社区民主自治，同时实现了政府依法行政和社区依法自治的有效对接。同时，也理顺了社区管理上的多方关系，实现了多方突破：建立行政管理和社区自治有效衔接的运行机制；实现社区自治组织的再造，提高社区自治管理能力；建章立制，健全社区管理机制；培育服务社区的中介组织。建立委托管理和购买服务制度；建立专业体系，提高社工队伍的素质；探索新的社区财政机制，为社区建设提供资金保障；建立有效的社区参与制度，提高居民社区参与意识。

广州市新一轮基层社会管理创新还有不少典型案例。比如，海珠区沙园街"三中心一队伍"模式、江南中街"楼宇党支部＋十分钟服务圈"模式、琶洲街"社区工作站＋绩效考核"模式，越秀区北京街"社区信息化助力"模式，三元里街"多元主体参与"服务模式等。

（二）中山市基层治理机制："2＋8＋N"模式

中山是国内集群经济发展最快的地区之一，18个镇中有省级专业镇15个，产业集聚程度居全省前列。产业集群向镇村延伸，加速了城镇化进程，同时也吸引了大量异地务工人员在农村工作生活，外来人口占常住人口比重53%，目前有超过70%的行政村出现了外来人口与本地村民倒挂现象，这改变了农村人口结构，直接导致大部分社区成为一个居民之间彼此陌生、多元化的社区，城市二元结构日益突出，农村基层治理面临新挑战，传统村级管理体系亟待转型。

针对基层治理面临的问题，中山市以深化村级治理体制改革为核心，逐步探索出以"2＋8＋N"模式为重点的建设路子。"2＋8＋N"模式中，"2"，是指各村居都组建了社区服务中心和农村社区建设协调委员会；"8"，是指各社区服务中心承担①民政残联、劳动社保等八项职能，并提供普惠型

---

① 中山市政府网：针对基层治理提出了"2＋8＋N"模式，并做了注解。

公共服务；"N"，是指 NGO，即各村根据自身实际，培育社区社会组织，进一步明确 NGO 构成社区治理板块。

1. 建设农村社区服务中心，社区服务惠及新老居民

中山市把解决村（居）委会"行政化"倾向与拓宽村级服务管理对象结合起来，在村级统一建设社区服务中心，打造承接政府下放职能、覆盖实有人口的扁平化服务平台。自 2008 年以来，中山市按照"一村一社区"模式，投入 6.6 亿元，建设全面覆盖各个行政村的社区服务中心。

一是村级社区服务中心定位明确：既是镇级政府的派出机构，又接受村级党组织领导。社区服务中心规范运作，村级服务范围扩展到实有人口，目前有社保、计生、就业服务、低保救助等相关业务，辖区居民不出村即可办理，并全面向异地务工人员延伸。

二是村级组织精兵简政：村级组织机构从 50 多个压缩为 8 个，承接职能从 120 多项精减到 50 项。2013 年底，建立村、社区行政事务准入制度，规范政府部门对村、社区工作的指导，减轻了村、社区行政协管工作负担。

2. 组建农村社区建设协调委员会，搭建新老居民共同参与社区建设的平台

"2＋8＋N"模式中的社区建设协调委员会，遵循协商民主机制，让社区企事业单位、异地务工人员代表，最大限度参与社区决策、管理、监督、服务，是一个让新老居民代表共同参与社区建设的有效平台。

一是增强农村社区建设协调委员会成员的代表性。成员包括不同阶层、不同群体的代表。至 2013 年底，全市 90% 以上村（居）已组建社区建设协调委员会。二是发挥好村级"政协组织"的职能。农村社区建设协调委员会是村级的"政协组织"，主要职能包括决策参谋职能、民主协商职能、和社会发动职能三方面。三是协商议题科学选定。工作重点放在全民治安、环境卫生、公益慈善和食品药品安全四个领域。四是规范协商流程。协调委员会做出的决策，村居"两委"须在三个月内研究讨论，及时反馈并跟踪落实。

3. 率先探索村（居）委会特别委员制度，拓宽异地务工人员基层自治渠道

为拓展异地务工人员参与社区建设渠道，中山市自 2012 年起，在外来人口集中的区域，试点聘任优秀异地务工人员（每村 2~3 名）为村（居）委会特别委员。目前，已有 89 个村居聘任特别委员，聘任人员达到 252 人，并探索总结"驻、访、议、督"四位一体的工作方法。[①] "驻"，指驻工作室接见。各村居为特别委员提供工作室，委员每月安排一个晚上接待来访群众，接受电话咨询和情况反映。"访"，指走访调查。特别委员定期深入异地务工人员集中的企业及居住区倾听民声，将异地务工人员最关心、最迫切的利益诉求反映到村居"两委"，并对发现的矛盾纠纷主动参与调处化解。"议"，指参与议事。凡是村（居）委会讨论异地务工人员相关议题，必须邀请特别委员参加，同时，特别委员可将收集到的热点问题提交村（居）委会讨论。"督"，指督查落实。特别委员对村（居）民代表大会、村（居）委会涉及异地务工人员服务管理事务，有权进行跟踪、督查，并就落实情况听取群众的意见建议。

4. 培育发展社区社会组织，增进新老居民社区交往和社区信任

"2+8+N"模式注重发挥社会组织协管社会的作用，以社会组织的多元化满足居民多样化的需求，并有效带动新老居民投身社区建设，热心社区公益、促进邻里和睦。

一是完善社区社会组织培育成长机制。至 2013 年底，登记或备案的社区社会组织达到 396 个。二是发挥传统民俗文化的凝聚作用。重视推动本土非物质文化遗产社团化。三是联动参与社区服务。依托社区服务中心的优势，以"一中心多站点"的模式，引导社工服务向村居延伸。四是建设修身学堂。为建立社区社会信任，各村居普遍建设修身学堂。学堂委托第三方管理和服务，按"群众点菜"方式安排课程，聘请专家授课。在修身学堂，新老居民分享身边好人好事、交流各自家乡文化，在互动中增进沟通，培养居民社会公德和家庭美德。

---

① 徐旭珊、通讯员、易剑：《中山聘外来工任村居特别委员》，《南方日报》，2013 年 9 月 15 日。

（三）南海：以"家"理念探索基层治理现代化

在南海，基层治理一直被视为治理体系的基石。从 2010 年 12 月开始，南海区针对本地外来人口较多、城镇化、工业化程度较高等特点，探索以"政经分离"为核心，推进自治共治，促进基层治理体制机制和方式方法的改革创新。自 2012 年 9 月起，南海区以"家·南海"为理念引领社会管理创新，探索基层治理现代化。通过近年来的探索，南海已经形成基层治理的"南海模式"。

1. 实施"社区网格化治理"

社区网格化治理是一次基层治理的流程再造，社会治理是通过"信息收集—任务派遣—任务处理—结果反馈—核查结案"的流程，处理网格事件。网格化不但是管理，更重要的是服务，体现服务型政府的理念。网上办事的步伐不断加快。2014 年 5 月，南海区数据统筹局正式挂牌成立，这是全国首个县区级层面设立以"数据统筹"为重心的部门。8 月，初步开放了 48 个单位的 304 个数据集，共 14 万多个数据记录，涵盖了生活服务、企业服务、城市建设、劳动就业、医疗健康、政府机构和社会团体等 17 个主题。数据统筹开放便利了市民，是有利于社会治理的新手段。

2. "政经分离"，书记、主任、社长各归其位

按照南海"政经分离"制度设计，重塑基层治理架构。通过推行"五个分离"（选民资格、干部管理、组织功能、议事决策和账目资产相分离），全面理顺基层各组织的关系。作为农村自治组织的村（居）委会，与村集体经济组织的经联社分离运作，村委会主任不再兼任经济联社社长，形成"村长管自治、社长抓经济"的分权治理新格局。以丹灶镇石联社区为例，凡与土地、物业出租等方面相关的事项，首先必须经过党总支部审核，再通过集体资产交易平台实现公开上网招标，交易的所有信息"明明白白"。而涉及相关集体财务收支，也需要在集体经济财务监管平台上公开操作，镇和村对财务监管平台实行 24 小时监管。通过公开、透明操作，村民放心，村民明白，"村官"清白。

3. 强化自治，异地务工者共享均等服务

村居自治共治，是指将村居行政服务职能转移到社区服务中心，让自治组织一心一意搞好自治。具体的做法：一是引导村居成立社区参事会、理事会，并进一步扩大各类群体对村居重大事项决策的参与和监督；二是打造"家·南海"社会服务平台，汇聚社会资源，同时，针对不同群体开展不同服务，让"新南海人"感受社区温暖；[1] 三是为健全居民对村居政务、财务的监督，组建社区综合事务监督委员会，成立"街坊会""邻里中心"等民间组织，积极开展互助服务；四是发展社工队伍，构建"社工＋义工"的社区志愿服务体系。

推动社区共融共享，力争实现"城乡均衡"。将所有村居纳入全区规划发展体系，推行"大市政"管理，整合社区及村民小组，促进各类人群的融合。目前，南海所有村（居）均已建立社区行政服务中心，使农村居民不出社区就能办理各类事项。目前，南海中心城区的4个农村小社区已合并成一个大社区，南海政府参考城市社区模式，为大社区内的环卫、市政等公共服务"埋单"，创新了城市社区公共服务供给模式。

（四）顺德大部制后基层治理

顺德区实行大部制后，推进了农村体制综合改革，对村（社区）治理机制进行有益探索。

1. 实行政务村（居）务分离，全面推进村（社区）行政服务站建设

2011年2月，顺德出台《关于加强基层组织建设完善村（社区）管理的实施意见》，按照"一村（社区）一站"或"多村（社区）一站"的方式，全面启动成立村（社区）行政服务站。该服务站作为镇（街道）在村（社区）的行政管理站点和便民服务平台，负责承担政府延伸到村（社区）与群众日常生产、生活密切相关的行政服务。目前，全区203个村（社区）

---

① 中共广东省佛山市委常委、南海区委书记邓伟根：《推行"政经分离"完善基层治理》，《唯实（现代管理）》2013年第9期。

已全面完成行政服务站的建设，区政府对每个行政服务站的建设给予20万元补贴。行政服务站实行站长负责制，站长由村（社区）党组织兼任。村（社区）行政服务站的高效运作，理顺了政府与村（社区）居民的关系，实现政府治理与基层自治的良性互动和有效衔接，有效维护了基层的稳定，促进农村社会的和谐。

2. 推进家庭综合服务中心建设，加强社工服务

积极推进各镇（街）家庭综合服务中心建设，建立政府购买社工服务机制，培育和引入专业社工服务机构。2012年，10个镇（街）都建有家庭综合服务中心或社工服务站，并根据实际情况探索不同的服务模式，主要有三种：一是实行社工服务项目化管理模式，即以"项目购买"的方式直接将社工机构的服务与政府需求对接；二是采取政府整体购买服务模式，即引入专业社工机构，为社区居民提供各种服务；三是通过家庭综合服务中心集合社会工作服务机构、社会组织孵化基地、慈善公益机构、文娱康乐中心等服务平台于一体，打造成"公共资源＋社工站点＋综合服务"的模式。目前全区共有社工服务站点79个，专业社工服务范围覆盖96个村居，得到广大群众的普遍认同。

3. 推动居委会社工化，提升公共服务水平

从2013年2月始，组织94个社区居委会共900多名工作人员接受社会工作专业培训。聘请香港、新加坡等地专家、学者，课程设计既有理论又有实操，为推动居委会社工化奠定良好的组织基础和人员保证。

四 基层治理成功个案的经验启示

完善农村基层治理机制，既是深化基层民主政治建设的实践，也是推进统筹城乡综合配套改革的迫切要求。因此，需要积极探索、完善基层治理机制建立和组织建设工作，着力强化农村基层自治功能，扩大基层民主、改善治理结构，构建在党组织领导下，以政府管理为基础、村民自治为核心、社会组织广泛参与的多元农村基层治理机制。

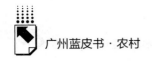

（一）建设强大村居党组织，夯实执政基础

党组织在推动"政经分离"改革过程中，始终发挥着核心领导作用。应加强村居党组织的组织建设和队伍建设。比如，创新党的基层组织设置形式，对党员人数符合条件的村居，可以将党支部升格为村党总支部或党委，按照村民小组或党员年龄段、党员类别等划分党小组；加强村居党员干部队伍建设，着力优化党员干部队伍结构，提升党员干部素质和能力。充分发挥村居党组织的领导监督作用，探索建立村（居）党组织、自治组织与集体经济组织联席会议制度，建立党员干部联系群众工作制度，进一步密切党与群众的血肉联系。

（二）"政经分离"，推进村居管理体制改革

"政经分离"是解决农村各类问题的根本。走好这一步，其他改革才能顺利完成。为此，应稳妥推进"村改居"，进一步厘清和明晰村级各类组织的职能和关系，逐步推动行政事务、自治事务和集体经济组织经营事务三分离，使党组织领导核心地位不断加强，村居自治功能不断强化，村民利益得到更有效的保障，社会更加和谐稳定。

（三）建立由管控向服务转变的基层社会管理机制

社会治理理念创新，打破传统的以"管控为主"的社会管理模式，充分体现和贯彻民本导向与现代服务型政府理念，采取多种手段和有效的方式，积极回应和满足广大群众最关心、最直接、最现实的心声诉求，切实做到为民排忧解难，实现基层社会的和谐与稳定，不断塑造基层政府全心全意为人民服务的良好形象。

（四）以社区融合促进社会融合

实现新老居民的社区融合，需要引入外来人口共同参与规则制定，让本地人和外地人平等成为民事民理的主力军。赋予异地务工人员公平的

"话语权"，以新老居民社区需求为导向，引导居民能动参与，推动社区治理目标内生化，使自上而下的行政管理与自下而上的基层自治结合起来，实现多元共治。中山农村社区建设"2＋8＋N"模式，构建起"行政、自治、社会"三位一体的治理体系，以社区融合破解城市二元结构，促进社会融合。

（五）以基层自治和社会组织建设为重点，创新社会管理

推进社会管理创新，加强基层自治建设，培育发展社会组织，是一个重要的配套改革措施。一方面，应依法依规，着力加强基层民主自治建设。切实减轻村（居）委会行政负担，推进基层组织规范化建设，提高基层经济社会管理水平。建立行政管理事项社区准入制度，改进政府工作方法和服务方式。加强民主建设，发挥好村（居）民代表会议作用。另一方面，大力培育发展行业协会、异地务工人员社会组织和枢纽型社会组织，发挥社会组织服务管理的积极作用。

（六）以信息网络技术为手段创新社会管理

统筹安排，充分调动职能部门和相关单位积极参与和支持社会管理工作，进一步整合公安、计生、民政、社保、人防等多部门的信息资源，实现信息的共享共用，建立起集单位信息、人口信息、房屋信息为一体，覆盖社会事务、人口计生、城市管理、政法综治、医疗卫生、文明创建、信访维稳等方面的基础信息库。充分调动各网格服务团队的积极性、主动性和创造性，构建起科学、规范，更富生机、更具实效的长效工作机制。

参考文献

广州、中山、珠海、南海、顺德区政府网站。

余华林、凌学武：《我国乡村治理中的多元矛盾分析》，《理论界》2006 年第 7 期。

欧三任：《民间组织繁荣背后的农村政治危机及其治理》，《重庆教育学院学报》2010 年第 4 期。

殷琼：《转型期传统权威在乡村社会治理中的地位》，《山西财经大学学报》2010 年第 1 期。

广州农村地区校车管理现状、问题与对策建议

邱志军*

摘　要：　广州需要乘坐校车的学童、学生群体主要有两个：一是在从化、增城、花都区的农村幼儿园、学校就读的学童学生；二是居住在白云、天河、番禺、荔湾区等城乡接合部、城中村，就读于民办幼儿园、民办学校的进城务工人员子女。广州农村地区校车管理问题实际上是一个与农村进城务工人员及其子女高度相关的"准"涉农问题。本文分析了广州农村校车需求及使用情况，指出目前校车管理存在的问题，提出了治理的措施及建议。

关键词：　广州　农村校车管理　问题与对策建议

一　问题的提出

近年来，广州农村地区及城乡接合部校车事故频发，甚至危害学童、学生的人身安全，已经成为全社会普遍关注的一个焦点问题。农村地区校车问题主要是指由民办幼儿园、学校负责为学前教育及义务教育阶段的学童、学生提供的，作为上下学途中往返于家庭与幼儿园、学校之间乘坐的车辆，因

---

* 邱志军，广州市社会科学院经济研究所研究实习员。

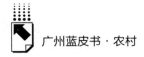

法规执行不力及管理方面的漏洞导致出现"黑校车""超载校车""不合格人员驾驶校车"等一系列问题。

近年来媒体报道的全国近百起校车安全事故数据显示,在死亡人数中有74%是农村学生;49%的校车事故发生在义务教育阶段,50%在幼儿园。①广州的情况和全国基本类似,发生校车安全事故的地方多集中于农村地区和外来人口聚集的城中村、城乡接合部,这些地区的民办幼儿园、学校对校车需求较大,在这些学校就读的学前教育及义务教育的广大学童和学生因此更容易受到伤害。

经调查发现,广州市户籍学童学生,由于采取"划片招生、就近入学"的政策,家与学校的距离较近,对校车的需求不大;而广州需要乘坐校车的学童、学生群体主要有两个:一是在从化、增城地区的农村幼儿园学校就读的学童学生,二是居住在白云、天河、番禺等城乡接合部、城中村,就读于民办幼儿园、民办学校的进城务工人员子女。由此可见,广州农村地区校车管理问题实际上是一个与农村进城务工人员及其子女高度相关的"准"涉农问题。

二 广州校车需求状况

(一)广州农村地区的校车需求

农村地区义务教育及学前教育阶段的学童、学生,对校车产生需求较大的原因,应当追溯到20世纪末到21世纪初,全国进行的轰轰烈烈的撤乡并镇并村活动。计划经济年代,国家普及九年义务教育的要求,是将小学校办到每条村,但随着城镇化的推进,国家根据形势发展需要,因地制宜地调整农村义务教育学校布局,各地的一批农村中小学开始撤销、合并、扩建、改建。自1984年国务院批转民政部《关于调整建镇标准的报告》中规定了县级地方国家机关所在地应设镇开始,到1986年中共中央 国务院下发《关

---

① 《校车安全发展,出路在哪里》,《人民日报》2011年11月21日。

于加强农村基层政权建设工作的通知》，提出乡镇内部机构和职能的调整亟待加强，2004 年中央 1 号文件则为大规模的撤乡并镇并村提供了较为全面的政策支持，要求进一步精简乡镇机构，积极稳妥地调整乡镇建制、并村。而 2006 年《国民经济和社会发展第十一个五年规划纲要》，要求具体到"全面推进农村综合改革，基本完成乡镇机构、农村义务教育和县乡财政管理体制等任务"。其后，作为撤乡并镇的配套措施和优化农村教育资源配置，促进农村义务教育改革发展的一项重要政策，在全国范围内开展了一场大规模的农村中小学校布局调整，这就是撤乡并镇带来的学区及学校布局的集中性调整。

2003～2007 年，广州共撤并中小学校 602 所，其中相当一部分在农村地区。比如从化市自 2005 年以来，共撤销了中学 5 所、小学 144 所；增城市的小学从 2004 年的 291 所减少到 90 多所。在农村教育资源得到集中的同时，中小学学区覆盖面加大，导致学生平均上学距离大大增加，校车的需求也大幅提升。比如从化，2010 年需要坐车上学的农村小学学生有 9369 人；而增城共 8827 人因为学校撤并，导致学校和家的距离超过 3 公里，个别学生上学路长达 10 多公里。① 但很遗憾的是，与此相配套的公共出行交通、校车等各种同步的、必要的保障措施，却没有跟上学校撤并的步伐。

另外，随着农村学前教育的蓬勃发展，大量农村幼儿园的校车需求也不断攀升。从广州农村地区的学前教育资源的布局来看，幼儿园一般只设在镇和中心村，学区覆盖面大，由此催生了无牌、无证、无保险的"三无"校车接送幼儿上下学的非法经营行为。部分民办幼儿园更是打出"有校车接送"作为争夺生源的竞争牌。因此，交通基础设施先天不足的农村地区随着大量民办学前教育机构的涌现，校车安全问题也不断凸显。

（二）广州城乡接合部、城中村的校车需求

随着广州城镇化进程的不断加快，城乡接合部和城中村等中小学学

---

① 数据来源于广州市教育局调研材料。

生对校车的需求在不断攀升。据调查，广州城乡接合部、城中村的校车提供方主要是民办中小学和民办幼儿园。民办中小学和幼儿园，特别是那些非"贵族"的民校民园，出于压缩成本的考虑，选址基本在租金较低的市区城中村、城乡接合部及周边区域。民办中小学或幼儿园主要的招生对象，大多数是没有广州市户籍、积分尚不够入读广州市公校的外来务工人员子女。而且这些民办幼儿园中小学，为争夺生源，很多时候不得不把招生范围不断向边远地区扩展。因此，提供接送学童、学生的校车，就从最初的市场竞争条件，逐步扩展为招生的必要条件。相应的，在广州城乡接合部、城中村的校车需求者大多数是进城务工人员的子女和农村留守学生，这些学生住处较为分散，并且大多数家长工作忙，无法亲自接送子女，相对收费价格不高或者免费的校车几乎是他们的唯一选择。

（三）广州市校车需求和使用情况

1. 广州市全市的校车需求情况

截至 2014 年 3 月，广州市常住总人口 1283.89 万人。全市义务教育阶段学生总人数 1228977 人，就近入学 810123 人，寄宿学生 74656 人，乘坐公共交通上下学 232786 人，乘坐校车上下学 111412 人。全市幼儿园幼儿总人数 378728 人，其中乘坐校车上下学幼儿 24065 人。广州共有校车 3390 辆，其中符合国家标准的专用校车有 2479 辆，由普通客车改装的非专用校车有 911 辆。取得校车驾驶资格的驾驶员 4890 人。[1]

2. 各区的校车使用情况

2012 年广州市校车基本是民园民校在使用，其使用情况为[2]：

越秀区所属公办中小学 78 所，区属公办幼儿园 12 所均没有校车。辖区内注册的所有 22 台校车，都是民办学校和民办幼儿园的。

---

① 《广州 911 辆改装校车将停运　6000 名孩子受影响》，金羊网，http：//gd. qq. com，2015 年 5 月 14 日。
② 数据来源于广州市教育局调研材料。

荔湾区公办学校没有使用校车的情况，全区向 12000 名学生提供接送服务的 163 台注册校车，均为 36 所民办学校使用。

天河区使用校车的民办学校 42 所，民办幼儿园 57 所。目前正规登记在册的校车数量 305 台，主要为约 1 万名学生服务。

白云区是广州市城乡二元结构较典型的区域，面积大、外来务工人员多、分布广。全区登记在册的接送学生校车共计 586 台，每天运送学生约 4 万人次，均是民园民校在使用，公办中小学、幼儿园没有用于接送学生上下学的校车。

黄埔区 16 所民办学校和部分幼儿园共有 9500 人需要使用校车，公办学校不需要使用校车。

据调查，目前广州市内绝大部分的民办中小学幼儿园有校车，校车的运行基本集中在城中村、城乡接合部地区路段。而实际乘坐校车的学童、学生中，进城务工人员的子女、农村留守学生所占的比重最大。

三 广州校车安全管理推进情况

《校车安全管理条例》于 2012 年 4 月由国务院公布实施，2013 年 6 月 21 日广东省实施《校车安全管理条例》公开征求意见，在此情况下，广州市加快了针对新规的落地细则出台实施。

2014 年 5 月，广州公布《广州市实施〈校车安全管理条例〉办法（试行）》（以下简称《办法》），并于 2014 年 9 月 1 日正式实施生效，据此，校车的管理将更为细化及严格有序通过财政资助、税收优惠、鼓励社会捐赠等多种方式，支持使用校车接送学生或幼儿的服务。广州市一些区还针对校车安全管理出台更为详尽的补充意见。比如黄埔区规定校车须报备行驶路线和停靠站点。白云区校车安全管理实行扣分制度：对校车 20 项违法违规行为实行扣分制度，最高一次可扣 20 分。

2014 年 11 月，广州校车安全管理联席会议办公室发布《广州市校车服务方案》，对校车的运行、管理、责任分工、许可要求等各方面做出细化规定，

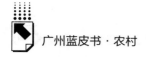

并提出广州校车管理将采用"政府主导、学校运作、部门监督"的模式，鼓励社会资金参与校车运营，同时该方案还对校车司机的要求做了进一步的明确。

四 存在的主要问题和原因分析

（一）合格校车数量与现实需求不协调

广州市的专用校车数量与现实需求的差距大。据媒体报道，截至 2014 年 3 月，广州市义务教育阶段学生总人数约 123 万人，乘坐校车上下学 11.14 万人。全市幼儿园幼儿总人数约 38 万人，其中乘坐校车上下学幼儿 2.4 万人。广州市共有校车 3390 辆，其中符合国家标准的专用校车有 2479 辆，由普通客车改装的非专用校车有 911 辆。数据显示，广州市 3390 辆校车共服务学前教育和义务教育的学生 13.54 万人，平均每 40 名学童学生使用一辆校车。《广州市实施〈校车安全管理条例〉办法（试行）》明确指出，若在国家《校车安全管理条例》出台前获得校车资质的车辆，其运营期限可延长至 2015 年 12 月 31 日；若校车资质在 12 月 31 日前到期则不再延期。从 2015 年 5 月开始，广州就有多所幼儿园和小学校车被陆续停运，原因是部分校车不符合专用校车国家标准，相关部门拒绝继续对其发牌。而根据《办法》相关规定，2015 年底过渡期结束后被停运的校车会更多。据初步估计，非专用校车的停运将导致广州近 6000 名学童学生受到影响。合格校车数量与现实需求不协调，是"黑校车""超载校车"等校车安全问题出现的根源。

（二）缺乏有效的监管合力

校车安全问题涉及公安、交通、安监、教育等部门以及学校的管理责任，家长、学生的安全意识、自我保护意识、守法意识等多方面。部分学生家长在无奈或安全意识较差等情况下，利用改装车、农用车，甚至是拼装车来接送学生。此外，相关部门在积极打击"黑校车"的同时，未能配合对校车的质量、运营安全等方面进行管理，使得脱管、漏管的车辆违法上路有了可乘之机。但校车一旦发生事故，部分相关部门却争相推脱责任，形成"谁都在管，谁都不管"的尴尬局面。

（三）缺乏足够的运行经费

校车的一次购置投入高，后期维护运行费用大，人工价格高，使用效率低，导致校车的购置运行维护成本不断上涨，学校缺乏足够的校车运行维护经费。以广州市海珠区某小学为例，2012 年全校 2000 多名学生，1060 人需要乘坐校车，学校一次性投入 200 多万元购置 9 辆校车。后期运行支出费用包括燃油费用和维修费用，校车司机工资和随车老师补贴。学校每个学生每月缴纳 150 元校车费，然而 9 辆校车运行一年下来，亏损仍在 20 万元以上，还不包括 9 辆校车基本投入的折旧费。目前，在校车完全实行市场化运行模式下，广州农村和城乡接合部的校车运营经费主要由学校及家长承担。部分民办学校把校车作为扩大生源的重要手段，而在学校资金投入不足的情况下，校车质量要求就得不到保障。

（四）校车接送半径过长，超员现象严重

部分农村和城乡接合部的民办小学和幼儿园为扩大生源，经常跨区、跨镇招生，导致校车接送半径拉得较长，又因经费所限无力增加班次，只能严重超载。另外，校车中有很多是兼营学生接送的社会车辆，为增加收入，将超员超载、薄利多销当作其营利的主要途径。

（五）"黑校车"屡禁不止

"黑校车"是指没有取得相关资格证件，未到交警部门登记或者登记为自用，未购买强制责任险，本来不属于校方使用却用来非法营运接送学生的车辆。"黑校车"在城区大多是经过改装的老、旧面包车，在农村地区则是以三轮车、农用车为主。对这些"黑校车"的跟车人员、行车路线以及车

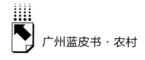

辆是否定期检修等问题，校方管不到也管不了，存在极大的安全隐患。虽然近年来政府各部门加大对黑校车的严打和查处力度，但由于正规校车的投放不足，导致"黑校车"屡禁不止。

（六）校车驾驶员不合格现象突出

部分校车驾驶员没有接受过正规的上岗前安全培训，或是通过非正常的用工程序得到驾驶校车的工作。有的驾驶员更是存在侥幸心理，特别是在农村，这类车辆大多在乡镇内的村级公路上行驶，在这些路段上较少遇到执法的交警、路政稽查人员，所以钻空非法经营和超速超载行驶。有的校车驾驶员缺乏必要的安全意识，认为车辆的核定载客人数是以成年人来核定的，小学生、幼儿体重轻，"两个都抵不上一个成年人"，"多装几个小孩子重量并没有超载"。

（七）跟车教师缺乏专业的安全培训

部分民园民校的开办者为了节约成本降低教师的招聘条件，尽量压低在"软件"即教师的专业化培训和管理方面的投入，甚至有的刻意忽视对教师的培养管理。加上这些教师的工资不高流动性大，随车教师只是完成常规接送，对安全的重视不够，保障不能到位，校车安全隐患随之加大。

五 对策与建议

（一）树立社会化的解决思路

要解决校车问题不能仅仅依靠政府作为，而是应该从社会、学校和学生三方面来入手，树立社会化意识：学校应当按照国家规范，保障校车的安全运营，社会应提供健全的服务，例如增加公交运营线路等。造成当前民校校车供不应求现象的部分原因是学生的"择校热"，对此，应鼓励学生就近入学。目前的违规查处只能治标不能治本，真正的治本还需各部门综合考虑生源的分布规划，以及家长、学生的安全意识、自我保护意识、守法意识的提高。

世界其他国家的先进经验和做法也值得广州借鉴，"校车是美国最安全的交通工具，比父母自驾接送安全 13 倍"，这凭借的不只是坚如磐石的车身和"特权"，更多的是完善的校车管理规范、对生命的尊重和爱护、对校车安全的极度重视和一丝不苟的监督力度等。同样是校车，同样的路况，广州的几家国际学校的校车却做到多年来零伤亡，其管理理念值得借鉴，经验就是校车司机、跟车人员、学生必须服从严格的制度管理，同时形成互相监督、良好合作的安全机制，坚持专注于细节，全部座位有安全带、安排跟车人员监督，要求学生在车上遵守安全守则，不允许超载，确保司机安全驾驶等。①

（二）严格执行广州市校车安全管理办法

继 2013 年 6 月 21 日广东省实施《〈校车安全管理条例〉公开征求意见》之后，《广州市实施〈校车安全管理条例〉办法（试行）》（简称《广州市实施办法》）于 2014 年 9 月 1 日起正式实施。据此，校车的管理将更为细化及严格有序，例如，申请校车使用许可的门槛有所提高，校车标牌领取需凭 6 项资料，符合 5 项要求的车辆才可以申请校车使用许可，并在 3 部门审核通过后领取标牌。对于之前已在运营状态的校车，也需在 3 个月的缓冲期内（2014 年 12 月 1 日前）申领校车标牌，方可继续运行②，等等。根据《广州市实施办法》规定，市、区财政还将逐年加大对民办学校的教育经费投入，适当支持校车服务，并通过财政资助、税收优惠、鼓励社会捐赠等多种方式，支持使用校车接送学生或幼儿的服务。

---

① 《广州洋校车启示录》，《新快报》2012 年 2 月 8 日。
② 《申请校车使用许可门槛提高　校车标牌领取需凭 6 项资料》，《羊城晚报》2014 年 8 月 31 日。

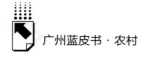

（三）发挥政府主导作用

从《校车安全条例》到《广州市实施办法》的实施，校车问题的治理已经纳入法治轨道。这些立法明确了政府相关部门的管理责任，学校对校车安全的保障责任，也将校车的投入责任进行明确，这使得校车安全问题有望得到根本解决。下一步应当依据"政府主导"的基本原则，进一步明确省级财政、市级财政、区级财政在校车投入中的责任，并根据责任制定问责条款，如果没有明确的政府投入问责制，安全的校车纵使有法律护航，也难以真正上路、持久上路。因此，政府应在校车治理问题上自始至终发挥核心作用，通过立法保证校车的路权，强化动态监管，设计合理的校车行驶路线等。

（四）建立部门协调机制

从国内先进城市校车运营模式看，主要有政府主导、企业主导、政企合作等不同模式，对校车的具体运营，部分城市尝试成立专门的校车公司，或者通过招投标形式把校车运营委托给客运公司。校车运营过程涉及多方面的利益，在进行校车运营的过程中，政府应对学校进行适度的补贴，以弥补其利润的不足，激发企业和社会力量办校车、办好校车的积极性。校车不是光靠教育、交警等几个部门就可以管好的事情。下一阶段的重点应当放在各相关职能部门的衔接机制及其职责的明晰、界定上，防止"都能管"变成"都不管"。

（五）引导家长增强法律意识

关于校车问题，真正迫切需要保护的是边远地区和农村地区的学生。为此，《校车安全条例》规定："对学生居住分散，无法保障就近入学，或在寄宿制学校入学的农村地区，国家通过财政资助、税收优惠、鼓励社会捐赠等多种方式，支持使用校车接送学生的服务"。对此，要采取多种形式让家长与学生全面了解相关的法律法规，强化法律意识，提高监督意识和危机意识，遇到违反法律规定，或法律规定的内容被虚化、没有落实时，应第一时间和学校沟通或直接向有关部门反映，让国家给予的法律红利不被虚化，法律保障能够落实。

（六）严管司机和跟车人员

校车驾驶人的安全驾驶是保障校车安全的关键，合格的跟车老师是保障校车安全的必要措施。《校车安全条例》《广州市实施办法》虽然都有规定，但落实的重点是要解决农村校车司机匮乏的问题：一是学校要投入一定的资金，保障有实效的培训来提高校车司机的驾驶水平，培养合格的跟车人员。二是学校要适当提高校车驾驶员及跟车人员的待遇水平，吸引具有良好安全意识的优秀驾驶员及跟车人员从事校车管理工作，并切实加强对民办学校上述两项工作的监督与检查，确保工作落到实处。

参考文献

《校车安全管理条例》，《中华人民共和国国务院令》（第 617 号），2012。

《广东省实施〈校车安全管理条例〉办法》（粤府令第 208 号），2015 年 3 月。

《广州市实施〈校车安全管理条例〉办法》（穗教发〔2014〕45 号），2014 年 9 月。

李艳萍：《农村中小学校车管理问题研究》，曲阜师范大学 2014 年。

陈艳蓝：《阳江市校车安全管理研究》，华南理工大学，2014。

刘珊珊：《校车安全治理对策研究》，东北财经大学，2013。

胡敏：《我国基础教育阶段校车安全管理研究》，江西师范大学，2013。

张鹏程：《社会安全视角下农村校车安全问题研究》，郑州大学，2013。

郑晓飞：《校车安全管理问题研究》，辽宁大学，2012。

李维柱：《我国校车安全问题分析与综合治理对策研究》，东北财经大学，2012。

杨小溪：《校车安全问题探究》，沈阳师范大学，2012。

王晓霞：《我国校车安全问题归因分析》，《重庆科技学院学报》（社会科学版），2012。

杨中锋：《公平语境中的校车资源配置》，浙江工业大学硕士学位论文，2012。

调查分析篇

Articles of Investigations and Analysis

Ⓑ.14

广州市农村常住居民家庭
收支情况分析与预测

魏承文 *

摘　要：　文章分析了 2014 年广州市农村常住居民家庭收支及生活状
况，对农村居民工资性收入水平低的原因进行思考，提出增
加广州市农村常住居民家庭收入的对策及建议，并对 2015
年广州市农村常住居民收支情况进行预测。

关键词：　家庭收支　生活消费结构　城乡一体化发展

自 2014 年起，按照全省分市县住户调查的统一部署，广州市农村住户

---

* 魏承文，广州市统计局农村处。

调查开始执行国家统计局的城乡一体住户收支与生活状况调查体系。之前，农村住户和城镇住户两套体系相互独立，指标和程序也各不相同。而现调查体系是在原城镇住户调查和农村住户调查的基础上进行整合，规范统一了收支名称，使城乡住户调查在指标和口径达成一致。目前广州市农村住户调查是在国家统计局广东调查总队的指导下，统一抽取样本数，其中城镇住户1206户，农村住户448户。2014年全市农村常住居民（以下简称农村居民）家庭收支及生活状况如下。

一　农村居民收入持续增长，增幅收窄

据全市一体化城乡住户抽样调查数据，2014年广州市农村居民人均可支配收入17663元（见表1），同比增长10.3%，比城镇居民增速高出1.4个百分点，连续7年超过城镇居民可支配收入增速；但因处于经济大环境的新常态下，调结构促消费，下行压力增大，同比增速反而降低2.2个百分点。表现出我市农村居民人均可支配收入增幅缩窄，增长动能趋势放缓。

表1　2014年全市农村居民人均可支配收入情况

单位：元，%

指　标	可支配收入	比重	同比增长
可支配收入	17663	100.0	10.3
（一）工资性收入	12531	70.9	10.8
（二）经营净收入	2658	15.0	4.0
（三）财产净收入	1645	9.3	12.8
（四）转移净收入	829	4.7	19.6

（一）工资是农村居民主要收入来源，增速与可支配收入同步

在我市促进就业、提高最低工资水平及完善社会保障措施的作用下，

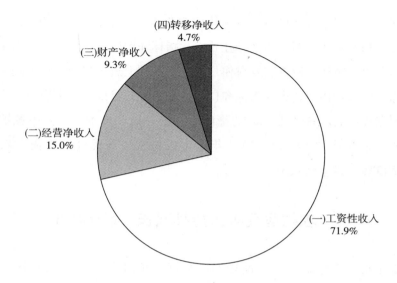

图1　2014年全市农村居民支配收入构成

农村居民工资继续保持增长。2014年农村居民人均工资性收入为12531元，占可支配收入的比重为70.9%，同比增长10.8%，略高于可支配收入同比增速。其中萝岗区因有数量众多的外资企业，方便该区农村居民就近择业，使该区的农村居民全年人均工资性收入领先于各区，为18307元。

（二）社会保障工作推进有新进展，转移净收入较快增长

随着我市广大农村新农保、新型农村合作医疗等社会保障制度进一步完善，加之我市扶贫资金占财政收入比重相对稳定，市财政对农村的转移性支付逐年提高，推动我市农村居民转移性收入快速增长。全年农村居民人均转移净收入829元，同比增长19.6%（见表1），在可支配收入构成中增速最快；农村居民人均养老金或离退休金收入在转移性收入中占比达59.5%。全年农村居民人均转移净收入最少的是番禺区，为205元。这与该区城镇化水平较高，工资性收入高，农村居民经济生活水平较富裕呈反比。

（三）城乡经济结构调整为农村居民财产净收入带来红利

受资本报酬边际递减规律的影响，导致城乡经济结构不断调整和优化，农村居民的集体分配的红利收入和出租房屋收入等较快增长。全年农村居民的人均财产净收入1645元，同比增长12.8%，占全年可支配收入的比重为9.3%。其中，番禺区的农村居民人均财产净收入最高，为5083元。

（四）经营净收入呈低增长态势

受我市观光休闲农业的带动及农村地区批发和零售业的发展，全市农村居民人均经营净收入为2658元，同比增长4.0%，呈低速增长的现象。其中，南沙区的农村居民人均经营净收入为5614元，为市辖区最高，同比增长11.8%。

（五）城乡居民收入比持续缩小

2014年全市城乡居民人均可支配收入比为2.43∶1，比上年（2.46∶1）略微缩小，且比全省城乡人均可支配收入比2.63∶1，及全国城乡居民可支配收入比2.75∶1（见表2）都低，显示我市的城乡收入差距小于全省及全国水平。其中番禺区城乡居民人均可支配收入是1.64∶1，为全市最低，说明番禺区农村在全市各区之中城乡收入差异最小，城镇化进程最高；并且该区的农村居民年人均可支配收入也为全市最高，达25048元。

表2　2014年城乡居民人均可支配收入情况

单位：元

指　标	广州市		广东省	全国
	上年	本年		
城镇居民人均可支配收入	39444	42955	32148	28844
农村居民人均可支配收入	16013	17663	12246	10489
城乡居民收入比	2.46∶1	2.43∶1	2.63∶1	2.75∶1

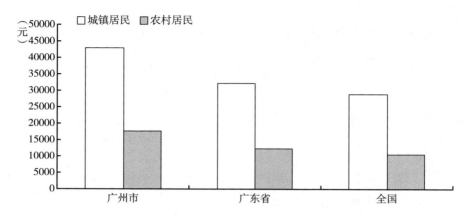

图2　2014年城乡居民人均可支配收入

二　农村居民生活消费结构不断优化，
社会保险支出增速高

（一）生活消费支出不断调整优化，城乡居民交往渐趋密切

在经济新常态下，虽然我市经济增长有所回落，但全市农村居民收入水平却稳步提高，消费需求不断调整，消费结构逐步优化，消费层次继续提升。全年农村居民人均生活消费支出12868元，同比增长10.1%，与全市农村居民人均可支配收入增速几乎同步。消费支出居前四位的是食品烟酒、居住、交通通讯、文教娱乐支出，分别占人均生活消费支出42.9%、14.2%、11.9%和10.9%（见表3）。

表3　2014年全市农村居民人均生活消费支出情况

单位：元，%

指标	消费支出	比重	同比增长
消费支出	12868	100.0	10.1
（一）食品烟酒	5519	42.9	6.8
（二）衣着	616	4.8	8.4
（三）居住	1832	14.2	7.6

指　　标	消费支出	比重	同比增长
（四）生活用品及服务	756	5.9	10.0
（五）交通通信	1525	11.9	16.4
（六）教育文化娱乐	1396	10.8	13.5
（七）医疗保健	819	6.4	27.4
（八）其他用品和服务	404	3.1	6.5

1. 恩格尔系数持续下降

随着食品烟酒类价格水平涨幅收窄，食品烟酒消费增速放缓。2014年全市农村居民人均食品烟酒消费支出5519元，同比增长6.8%，低于全市农村居民人均生活消费支出增速3.3个百分点。农村居民恩格尔系数为42.9%，比上年下降1.3个百分点。但城乡居民生活消费差距依然明显，全年城镇居民恩格尔系数仍比农村居民低10.0个百分点。其中，萝岗区农村居民的恩格尔系数最低，为40.5%；而番禺区的农村居民全年人均在外饮食消费最高，为1680元。

2. 农民居住条件继续改善

居住支出是我市农村居民生活消费支出的第二消费大项，2014年全市农村居民居住支出1832元，同比增长7.6%。随着城镇商品房价格处于高位徘徊，加之传统观念影响，农村居民因建房成本较低，建房积极性提高。2014年人均自有现住房面积49.9平方米，比上年增加4.6平方米，同比增长10.1%。相比城镇居民来说，农民住房较宽敞，租房的比例较低，租金也低，人均租赁房房租支出只有区区的64元。

3. 医疗保健意识不断增强

随着农村居民生活水平提升，农村居民从简单的衣食住转移到自身健康方面来，医疗保健意识不断增强。2014年农村居民人均医疗保健消费支出818元，同比增长27.4%，增速为八大类生活消费支出最高；其中人均消费在医疗服务方面的费用是640元，同比增长41.7%，这与医疗服务费用上涨息息相关。

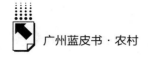

4. 城乡居民交流日益紧密

随着农村地区交通路网不断扩展完善，使农村居民出行更加方便，同时也使机动车、燃料消费持续增长；移动电话沟通便利，几乎人手一机；随着宽带网络的进一步普及，都使通信服务费支出增长较快。2014年我市农村居民人均交通通讯支出为1525元，同比增长16.4%，在生活消费支出中仅次于医疗保健支出增速。其中，萝岗区与番禺区的农村居民人均交通通讯支出最高，分别为3669元与3611元。

（二）农村居民踊跃缴纳新农保，扶贫工作推动社保快速增长

新型农村社会养老保险（简称新农保）自2009年试点以来，按照基础养老金和个人账户养老金相结合的原则，实施以个人缴费、集体补助和政府补贴的缴费方法，由政府对基础养老金给予全额补贴。

随着对社会保险观念的认同，农村居民踊跃认购社保。特别是我市自2011年开展扶贫工作以来，由帮扶单位利用扶贫专项款为所有帮扶村的60岁以上新增贫困户一次性购买15年养老保险，并为35～59岁贫困户购买3～5年养老保险。这些帮扶举措使我市农村居民的社保支出年年快速增长。

2014年全市农村居民人均社会保障支出为729元，占转移性支出比重的73.6%。人均社保支出中，个人缴纳的养老保险占66.7%，个人缴纳的医疗保险占22.8%。全市农村居民人均养老保险支出486元，同比增长74.4%；人均医疗保险支出166元，同比增长101.1%。全市各区中，农村居民人均缴纳养老保险、医疗保险最高的都是番禺区，分别为887元及309元。

新农保是一项重大的惠农政策，该工作的推进有利于农民生活水平的提高，有利于破解城乡二元的经济和社会结构，有利于扩大内需和促进社会经济发展。

（三）农村居民家庭生产经营意愿降低

2014年全市农村居民人均家庭经营费用支出822元，同比下降41.3%。主要表现为第一产业经营费用支出减少较多，由去年的人均经营费用1278元减至543元，同比下降57.5%；而其中减幅最多的是畜牧业经营费用，

由去年的 557 元减至 73 元，下降 86.9%。原因是 2013 年第一季度全市出现禽流感，而白云区某调查户为养鸡大户，其囤积了大量饲料，至今年基本都在消耗这些囤积的饲料，致使全市牧业经营费用增减差异很大。

三 深层原因分析

（一）具有高附加值潜力的农业服务收入极少

当前广州市农业经营活动以出售农产品为主，提供农业服务为辅。2014年全市农村居民人均出售农产品 1283 元，其中种植业产品 1048 元，林业产品 14 元，畜牧业产品 35 元，渔业产品 186 元，而具有高附加值的农业服务收入只有区区的 0.4 元。主要是广州市农业经营活动存在以下问题。

（1）大多数农产品同质化严重，品质特色及个性化不鲜明，地域独占性不突出，以至对消费者的印象不深刻。

（2）仅仅作为种植基地，产业发展空间就相对狭窄，没有成熟的产业体系，农户对价格波动就缺乏屏障，容易导致滞销和价格暴跌。农产品经营者只是生产初级农产品，深加工开发能力有待提高，特色的农产品资源没能形成规模优势和经济优势，进而影响产业发展后劲。

（3）农产品品牌培育力度不够，没形成品牌效应，文化元素少，营销手段单一，市场竞争能力不强。

（二）农村居民工资性收入不及城镇的一半

2014 年全市农村居民人均工资性收入为 12531 元，占可支配收入比重 70.9%；城镇居民工资性收入为 28875 元，占可支配收入比重为 67.2%。比较二者发现，一是城乡居民工资性收入都是可支配收入的主要来源，对增收的贡献最大；二是可支配收入构成中，农村居民比城镇居民更依赖于工资性收入；三是绝对量之间有较大差异，农村居民工资性收入仅是城镇居民的 43.4%。由此看出，农村居民工资性收入持续增长还有较大的提升空间。

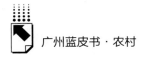
农村居民工资性收入水平低主要有以下原因。

（1）农村居民自身素质偏低和组织化程度不高，制约了工资性收入增长。在现代经济社会下，劳动者所受教育水平与其收入总体上是成正比的。农村居民文化技术素质普遍偏低，致使农村居民在劳动力市场竞争中处于弱势地位，就业竞争力和维权能力不足，就业不稳定，被迫接受不平等条件，接受低工资待遇。

（2）工资性水平偏低且增长缓慢。虽然农村居民有进城务工经商的自由，但对农村居民的就业歧视一直存在，大多数农村居民只能在低端劳动力市场就业，劳动强度大，工作时间长，许多企业却把当地最低工资标准作为农民工工资水平的参照物，没有建立以贡献和效益为依据的工资增长机制，导致农村居民工资水平普遍较低。

（3）工资被拖欠、克扣、吞噬现象依然存在。有些企业主不按时足额支付农村居民工资，或拖欠工资，甚至恶意欠薪逃匿，引发群体性事件发生，影响社会稳定。

（4）就业不稳定造成收入不稳定。农村居民在就业方面缺乏保障，职业变换更频繁，失业风险远高于城镇职工。就业不稳定，加大了农村居民外出务工的成本，也失去了因就业经历累计所带来的收入增长。

四　对策建议

（一）挖掘农产品特色，拉长产业链，打造品牌，提升附加值

1. 建立过硬的农产品品质，挖掘产品特色

一是有些品种的农产品基于气候或地理环境的因素，本身的内质就较突出，这样通过建立过硬的农产品品质，能持续保持产品的附加值。二是在农产品朴素内质的基础上继续挖掘，寻求一处人无我有，人有我优的特色空间，这在市场细分化的今天，更利于抢占一片独有的市场空地，使得消费者更能记住这一特色产品的自然属性。

2. 延长产业链，加强利益联结机制

一是农产品经营者想方设法延长产业链条。传统的农产品销售模式认为，只要把农产品卖出去就可以了，因此一直以单纯的出售初级农产品为主。但是，在市场竞争越来越激烈的今天，仅仅简单的卖出已经显得有些落伍。农民可以通过加强与消费终端的联系，积极探讨客户需求，使产品供有所求，求有所供。二是加强与农户利益联结机制建设，建立稳定的利益共享机制，采取股份分红、利润返还等方式让农民分享产业化发展的成果，使农产品的销路和价格有更大的保障。三是农产品经营者通过精深加工，化资源优势为产业优势，提升农产品附加值。

3. 打造品牌，通过文化元素提升附加值

实施品牌化战略，加大农产品品牌的整合开发力度，提高知名度。一是将农产品与各种文化特色或是民间传说相结合，大大提高消费群体的兴趣，使之披上一层文化色彩。这种产品与文化特色的捆绑式销售，使其不但拥有出众的自然属性，而且有值得回味的人文空间。二是将现代营销植入其中，把产销服务做得更加通畅完善，提高市场占有率，由此带来的好声誉也会成为产品的一种附加值。

（二）深化制度改革，加大劳动法监管和农村居民培训的力度

1. 深化户籍制度及其配套制度的改革，为农村居民平等就业创造一个良好的制度环境

深化户籍制度改革，把附加在户籍制度之上的利益和资源分配功能逐步剥离，使之成为只是识别人口信息的主要载体；实现城乡人口一元化管理，为农村居民转移就业创造一个平等的制度环境。

2. 建立健全农民工工资正常增长机制和支付保障机制

一是进一步完善政府指导线制度。二是建立完善农民工工资支付保障制度、工资支付监控制度、工资保证金制度等，严格规范企业工资支付行为，确保农民工工资按时足额发放给本人。

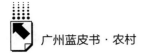

3. 加大监管力度，坚决遏制拖欠、克扣农民工工资的发生

首先，加大劳动法规宣传力度，为维护农村居民合法权益营造良好环境。其次，加强劳动保障监察的执法力度。一是要加强劳动保障监察队伍建设，提高劳动保障监察部门的执法能力，加大执法力度；二是要完善日常巡视检查制度，提高用人单位的违法成本。

4. 加大培训力度，有效提高农村居民素质

首先，大力发展农村教育事业。一方面教育资源配置向农村倾斜，改善农村办学条件；另一方面优化教育结构，在促进农村基础教育均衡发展的前提下，积极发展农村职业技术教育。其次，构建多层次农村居民培训体系。使农村居民能够根据市场需求与自身发展的需要随时随地参加培训，切实提高农村居民转移就业能力和融入现代文明的能力。

五 2015年全市农村居民收支预测

2014年，我市实施城乡一体化住户调查，统计指标口径和报表都有了较大变化。收入方面采用可支配收入取代纯收入指标，而生活消费支出指标的细项也有调整。

（一）可支配收入预测

基于以下因素，我们调低农村居民可支配收入的期望值。预测2015年全市农村居民同比增长约9.4%（见表4）。

（1）根据资本报酬边际递减规律（趋同效应），作为农村居民可支配收入的主体工资性收入同比增长将向城镇居民工资性收入靠拢，因此取二者同比增长的均值为基数。

（2）按收入四大项分，鉴于全市目前经济下行压力较大，预测农村居民工资性收入同比增速在基数上下调0.5个百分点，为9.1%；经营净收入同比增幅下调1.0个百分点，为6.7%；财产净收入的主要构成来源红利收入、房屋租金收入将呈现一降一升，按基数不变，为13.3%；转移净收入因我市老龄人口持续增多、农村居民个人养老金收入略增，同比增幅上调1.0个百分点，为16.0%。

表4　2015年全市农村居民人均可支配收入预测值

单位：%

指　标	2014年城乡居民收入同比增长			预测调整	预测2015年同比增长
	农村居民	城镇居民	城乡同比增长平均		
可支配收入	10.3	8.9	—	—	9.4
（一）工资性收入	10.8	8.3	9.6	-0.5	9.1
（二）经营净收入	4.0	11.3	7.7	-1.0	6.7
（三）财产净收入	12.8	13.8	13.3	0.0	13.3
（四）转移净收入	19.6	10.4	15.0	1.0	16.0

（二）生活消费支出预测

（1）取2009～2014年最近5年的生活消费支出，分别计算支出八大项的年均增速。

（2）在农村居民收入增幅小幅度降低的前提下，即使经济处于下行趋势，但由于生活消费支出呈刚性特征，增速短期内也难以降低。

（3）预测2015年农村居民生活消费支出同比增长约10.9%，恩格尔系数将比2014年下降约0.3个百分点（见表5）。

表5　2015年全市农村居民人均生活消费支出预测数

单位：元，%

指　标	2009年人均消费支出	2014年人均消费支出	2009～2014年平均增速	预测2015年农村居民消费支出
生活消费支出	7742.2	12867.8	10.89	14269.5
（一）食品烟酒	3402.4	5519.4	10.16	6080.2
（二）衣着	350.0	615.9	11.96	689.6
（三）居住	967.9	1832.2	13.61	2081.6
（四）生活用品及服务	406.2	756.3	13.24	856.4
（七）医疗保健	413.9	818.9	14.62	938.6
（五）交通通信	1140.9	1525.2	5.98	1616.3
（六）教育文化娱乐	887.7	1396.4	9.48	1528.9
（八）其他用品和服务	173.2	403.5	18.43	477.9

B.15
广州市农业生产情况分析与预测

黄静文*

摘　要： 本文分析了 2014 年广州市农业生产发展情况，指出当前农业生产存在的主要问题，提出加快农业生产发展的对策建议，并对 2015 年广州市农业生产情况进行预测。

关键词： 特色农业　转变生产发展方式　城乡一体化发展

2014 年，广州市认真贯彻中央一号文精神，主动适应经济发展新常态，加快转变农业生产发展方式，大力发展现代农业、都市农业，全市农林牧渔业生产保持平稳发展态势。

一　农业生产发展情况

2014 年，全市实现农林牧渔业总产值 398.30 亿元，同比增长 0.1%。实现农林牧渔业增加值 236.01 亿元，同比增长 1.5%。

全市农林牧渔业总产值（以下简称总产值）总体呈现"三增两降"的态势，其中：种植业、渔业、农林牧渔服务业分别实现产值 214.15 亿元、73.29 亿元和 41.95 亿元，同比分别增长 4.7%、2.4% 和 3.2%，分别影响总产值增长速度提高 2.5 个、0.42 个和 0.33 个百分点；林业、畜牧业分别实现产值 4.04 亿元和 64.87 亿元，同比分别下降 2.1% 和 16.0%，分别影

---

* 黄静文，广州市统计局农村处。

响总产值增长速度下降 0.02 个和 3.17 个百分点。

2014 年，全市农林牧渔业结构调整较大，各业产值占总产值比重两年对比有所变化，其中：种植业产值占总产值的比重仍为最大，占总产值的 53.8%，比上年提高 1.8 个百分点；渔业、农林牧渔服务业今年占比均有所上升，分别提高 1 个和 0.3 个百分点；畜牧业产值占总产值的 16.3%，占比下降幅度较为严重，比上年下降 3.1 个百分点（见表 1）。

表1　2014 年广州市农林牧渔业总产值及其构成对比

指标名称	产值（亿元）	比上年增减（%）	影响总产值增减（个百分点）	占总产值比重（%）		两年对比增减（个百分点）
				2013 年	2014 年	
农林牧渔业总产值	398.30	0.1	0.06	100.0	100.0	
（一）种植业	214.15	4.7	2.5	52.0	53.8	1.8
（二）林业	4.04	−2.1	−0.02	1.0	1.0	0
（三）畜牧业	64.87	−16.0	−3.17	19.4	16.3	−3.1
（四）渔业	73.29	2.4	0.42	17.4	18.4	1.0
（五）农林牧渔服务业	41.95	3.2	0.33	10.2	10.5	0.3

（一）种植业生产情况较好

1. 粮食生产稳步发展

广州市各级政府和有关部门继续高度重视粮食生产工作，进一步加大扶持力度，出台各项有效的措施和办法，逐步稳定全市粮食生产，千方百计提高粮食单位产量。

2014 年，全年粮食作物种植面积 134.61 万亩，与上年持平；粮食产量 44.31 万吨，同比增长 1.7%。其中水稻种植面积 90.73 万亩，同比下降 1.1%；产量 31.49 万吨，同比增长 3.7%。早稻生长期受"5·23"特大暴雨洪涝灾害影响，增城、从化部分镇街早造水稻田受浸。但通过贯彻粮食补贴、水稻政策性保险等政策，以及做好灾后的农作物复耕复产指导工作，引导农户及时抢种和补种，早稻生产保持平稳。我市早稻种植面积 46.07 万亩，同比下降 1.1%；产量 16.03 万吨，增长 1.2%。下半年晚稻分蘖期、拔节期、孕穗期、抽穗期以及成熟期天气状况等外部条件均较适宜，晚稻产量增长较大，在种植面积较去年下降 1.1% 的情况下，产量 15.46 万吨，增长 6.4%。全年玉米种植面积 23.92 万亩，同比略增 0.3%；产量 7.06 万吨，下降 5.9%。薯类种植面积 16.97 万亩，增长 6.1%；产量 5.08 万吨，增长 1.2%。豆类种植面积 2.96 万亩，略减 0.1%；产量 0.69 万吨，增长 2.5%。

2. 蔬菜生产总体形势良好

除"5·23"洪灾外，2014 年没有出现较大的台风和连场暴雨等灾害性天气，蔬菜生产发展形势良好，为全年蔬菜生产供应打下了良好的基础。"5·23"洪灾对露地蔬菜生产虽然造成了一定的影响，但农民及时补种及强化后期管理，没有因为天气原因造成蔬菜减产。2014 年，全年蔬菜播种面积 216.68 万亩，同比增长 3.2%；产量 357.25 万吨，增长 4.1%。平均亩产 1649 公斤，比上年略有增长。全年蔬菜产值 118.07 亿元，增长 4.1%。蔬菜增产的主要原因：一是农业技术人员深入基层进行测土配方，结合本地实际，指导农民科学施肥，积极做好气象和病虫害预测预报工作，农户田间管理措施到位；二是我市加强特色蔬菜园区的投入，积极推进专业蔬菜村和无公害蔬菜生产基地的建设，打造蔬菜观光示范园，不断提高蔬菜的产业化、集约化水平。目前我市已拥有 15 个蔬菜生产基地、30 个蔬菜专业村；三是近年来广州市加大了对蔬菜大棚等设施的投入建设，引导发展设施栽培和蔬菜反季节栽培，使蔬菜生产的抗灾能力不断加强，蔬菜生产效率和土地产出率不断提高。

3. 花卉生产前景向好

一方面由于中央八项规定严禁公款消费，单位与政府部门厉行节约，单位团购花卉大幅缩减，大型园艺产品和较高档次的花卉销售明显回落。但另一方面由于市民的生活水平不断提高，个人购买花卉产品的需求快速增长，花卉和小型园艺产品行情逐渐向好，总体上全年花卉产值上涨较为明显。2014 年，全年花卉种植面积 25.67 万亩，同比增长 0.5%。实现花卉产值

38.88亿元，增长5.4%。其中鲜切花实现产值5.29亿元，增长7.4%；盆景及园艺产品实现产值33.59亿元，增长5.1%。预计我市花卉的产值在未来仍会有大幅度的提升空间，主要原因如下：一是广州将打造"世界花港"项目，目前世界花港中的荷兰园已经初具雏形，园区内引进了多种荷兰知名花卉品种，包括大丽花、朱顶红、马蹄莲、玉簪和鸢尾；二是花卉作为我市的特色产业，各区分别建设了多样的花卉园区以及种植基地。其中番禺区形成两条花卉产业带：以化龙镇为中心的东北部荫生花卉、观叶植物、绿化苗木带，以及以沙湾镇为中心的西部兰花种植带；花都区以盆景为特色的赤坭镇瑞岭村，产品内销全国各省市，外销荷兰、美国、英国、澳洲等地；增城市建设中新非洲菊鲜切花基地，逐步建设中新、小楼和派潭三个特色花卉产业带。其余区也分别建设了各具特色的花卉园区，预计花卉种植行业将会蓬勃发展。

4. 水果总产量增幅较大

2014年，全年水果种植面积93.72万亩，同比略有增长；水果总产量46.50万吨，同比增长10.9%。主要是因为荔枝、龙眼大幅度增产所致，2014年我市荔枝在种植面积略减的前提下产量仍有6.87万吨，同比增长30.1%。龙眼则在种植面积增长1.6%的情况下产量上涨28%，达3.84万吨。主要原因除了天气适合荔枝、龙眼挂果生长，还有赖于生产管理和指导服务工作的加强，果农做好了有机肥施肥和防虫措施，荔枝、龙眼染虫率下降。加上加强了放蜂，提高了荔枝、龙眼的授粉率，这都使荔枝、龙眼的亩产得到了很大的提高。除荔枝、龙眼外我市其余水果大多喜获丰收，其中香蕉种植面积7.29万亩，增长4.5%，产量16.39万吨，增长7.3%；橘子种植面积4.32万亩，增长1.1%，产量4.60万吨，增长3.0%；番石榴种植面积1.33万亩，增长2.6%，产量2.84万吨，增长8.3%。

（二）林业结构调整较大

2014年，全市继续实施"森林围城、森林进城"战略，加快推进"青山绿地、碧水蓝天"工程和"五个更"工程，林业生态效益显著，生态环

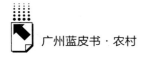

境进一步改善。全市森林覆盖率达到42.0%，建成绿道2463公里。2014年新增人工造林1.68万亩；低产低效林改造面积2.35万亩，比上年同期增加近三倍；未成林抚育实际面积2.24万亩，同比下降63.9%；成林抚育面积6.99万亩，同比增长44.5%。

（三）畜牧业生产降幅明显

1. 生猪存出栏大幅度减少

2014年，全年生猪出栏151.35万头，比上年同期减少80.66万头，同比下降34.8%。其中上年同期仍占我市三成的增城市全年生猪出栏只有3.63万头，同比减少68.32万头，下降95.0%。全年生猪产值22.59亿元，同比减少12.88亿元，下降34.8%，分别影响全市畜牧业产值、农业总产值增速下降17个和3.3个百分点。2014年末生猪存栏73.23万头，同比减少38万头，下降34.2%。其中增城区生猪存栏1.63万头，同比减少15.64万头，下降90.5%。

造成生猪存、出栏大幅下降的主要原因：一是"散小乱养猪场"大规模整治行动继续推进的同时，新建规模养殖场因审批、基建等原因未能完全投产使用，清退猪场所致生猪减少量未能及时得到补充。二是在养殖成本上升和收购价格偏低的双重挤压下亏损面扩大，生猪养殖场（户）养殖意愿低下。2014年上半年"猪粮比"低于6∶1的盈亏平衡线，甚至一度跌入5∶1的深度亏损线。下半年情况虽有所好转，但生猪养殖场（户）总体亏损仍十分严重，这较大地打击了养殖场（户）的积极性，使养殖场（户）养殖生猪意愿下降，进而导致生猪存出栏下降。

2. 家禽养殖逐渐回暖

2014年一季度后，随着H7N9禽流感疫情逐步消退，加上后期家禽价格的回升，家禽养殖场（户）补栏意愿加强，家禽的生产有所恢复并逐渐回暖。但生鲜鸡上市政策给家禽后市带来不确定性，小规模养殖场（户）补栏较为谨慎。总体而言，家禽生产保持平稳。2014年全年家禽出栏量10653.96万只，同比增长0.8%，其中鸡的出栏量5377.64万只，增长

0.3%。年末家禽存栏量 2724.9 万只，增长 2.4%，其中鸡的存栏量 1462.83 万只，增长 2.7%。

2014 年全年禽蛋产量 2.46 万吨，同比增长 9.1%。其中鸡蛋产量 1.31 万吨，增长 17.2%。禽蛋增长较快的主要原因是蛋鸡存栏数量大幅度增长为禽蛋的增加提供了前提性保障。年末蛋鸡存栏量 114.47 万只，增长 28.1%。

（四）渔业产品量价齐升

2014 年，我市渔业呈现量值齐升的态势。全市水产品总产量 47.85 万吨，同比增长 0.3%，实现渔业产值 73.29 亿元，增长 2.4%。其中：海水产品产量 8.73 万吨，增长 1.7%，实现海水产品产值 20.96 亿元，增长 9.4%；淡水产品产量 39.12 万吨，增长 0.1%，实现淡水产品产值 52.33 亿元，下降 0.3%。水产品产量稳步提高主要得益于全市大力开展养殖池塘标准化改造以及连年推进设施渔业建设。产值增幅高于产量增幅，主要原因是各地积极引进、试养优质品种，优化养殖品种结构，繁育养殖胭脂鱼、岩原鲤、宝石鲈、丰产鲫、黄唇鱼、笋壳鱼、石斑鱼、鲻鱼、黄鳍鲷、娃娃鱼等优质鱼虾类。其中番禺海鸥岛常年养殖黄鳍鲷、南美白对虾、笋壳鱼等优质水产品。增城、从化区 2014 年养龟业蓬勃发展，规模不断扩大，养殖龟类包括鳄龟、草龟、石金钱龟、金钱龟等。优质水产品养殖规模的不断扩大使得水产养殖收益节节飙升。

（五）农林牧渔服务业后期发展潜力大

农林牧渔服务业对提升农产品品质和农产品市场竞争力具有重要作用，为农业生产活动提供各种支持。2014 年，全市实现农林牧渔服务业产值 41.95 亿元，同比增长 3.2%。占总产值的 10.5%，比上年提高 0.3 个百分点。农业灌溉服务、出售种子种苗、农产品初加工等收入同比均大幅上涨，这主要得益于近年来各级政府不断加大"三农"投入，有效扶持农业生产发展，使农林牧渔服务业得以快速发展。

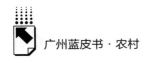
二 存在的主要问题

（一）荔枝收购价格大幅下降，农民增产不增收

2014 年适逢荔枝生产"大年"，天气适合荔枝挂果生长，加上管理得当，荔枝的亩产得到了很大的提高。由于受天气影响，各地不同熟期荔枝集中上市，荔枝收获期明显缩短，未能形成有效的错峰销售，荔枝收购价格大幅下降，甚至与成本价持平，造成增产不增收的局面。

（二）生猪量价齐跌，畜牧业产值下滑明显

2014 年我市继续推进"散小乱养猪场"大规模整治行动，而新建的规模养猪场尚未达到设计产能，生猪产量大幅下降。加上生猪养殖户重度亏损，生产规模有所收缩。生猪量价齐跌，畜牧业产值大幅下滑，对我市农业生产造成了不小的影响。

（三）农业信息获取相对滞后，产销矛盾较为突出

农业信息包括市场供求信息、政策信息、管理信息等。农产品生产周期长，调整结构慢，信息获取的相对滞后使农业生产不能及时适应市场的需求，生产带有较大的盲目性和滞后性，许多农户在生产中只注重数量，产品的品种、质量和结构跟不上市场需求的变化，致使农产品供求脱节、结构失衡。

（四）传统农业后继发展动力不足，现代农业潜力未能充分释放

目前我市农业生产仍以传统农业为主，随着耕地资源的逐年下降，传统农业发展的依托性基础逐渐削弱，农业生产受制于气象、土地等外部因素影响，加大了生产的不确定性，预期效益较不稳定。加上传统农业因规模化、集约化不足等原因局限性较大，主要从事以种养为主的初级农产品生产，未

能形成附加值高的农业产业链。传统农业后继发展动力不足，而现代农业仍处于起步阶段，潜力未能充分释放。

三 对策建议

（一）拓宽销售渠道，提高产品附加值，发展特色农业

为防止农产品在丰收之年遭遇滞销，销售价格下跌导致增产不增收的现象，为此建议：一是拓宽农产品销售渠道，改变以往种植品种和销售渠道的单一化，打破传统销售方式，运用媒体推广平台，通过新兴的网络销售渠道进行产品推广销售，发展农产品电子商务；二是加快农产品加工业发展，推进深加工、延长产业链、提升产品附加值，引导企业由初级加工向精深加工拓展，由数量、价格竞争向品牌竞争转变，由粗放经营管理向科学质量管理提升；三是以休闲观光旅游促农业发展，打造好我市特色农产品，举办农产品展销节或推介会，通过旅游观光带动农产品销售，积极发展品牌化个性化的特色农业。

（二）促进增效提质，完善价格调控体系，保障畜牧业健康发展

针对畜牧业当前形势，建议从促进增效提质和完善价格调控体系两方面保障畜牧业总体健康发展。

促进增效提质，建议继续推进畜牧业转型升级。着力发展标准化、规模化、产业化养殖，推进传统饲养方式转变，不断推进生态循环平衡的养殖生产基地建设。在对不符合养殖标准的大量违章乱搭建的畜牧养殖场进行清理的基础上，构建一批标准化生产养殖的畜牧示范养殖基地，培育一批起点高、规模大、效益好的品牌龙头企业。

完善价格调控体系，一要建设一批产供销一体的生产基地，方便产品直接对点超市、农贸市场等。此举可以有效减少中间环节，避免流通以及运输成本高、收购商压价、生产者无法掌握市场话语权的弊端；二要构建价格联动机制，在饲料价格、人力成本等生产要素攀升时，生猪收购价也应随之上

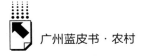

升；三要完善生猪价格指数保险以及目标价格补贴制度，在"猪粮比"低于6:1时采用补足差价的方式来保障养殖户利益，保证畜牧业生产者不致亏损。

（三）及时发布市场监测信息，引导农户合理安排生产，提高农业生产效益

针对信息获取的滞后使农业生产不能及时适应市场需求的问题，建议相关部门及时向农户提供生产和市场信息的指导和服务，健全农情信息的收集、发布、传递机制，加强农资市场价格、质量监管。从产、供、销多方面掌握农资市场价格的变化，及时提供监测预警信息服务，引导农户规避市场风险，合理安排生产，提高生产效益，使农业生产与市场需求相适应，尽量避免产能过剩或市场供应量不足等现象的出现。

（四）积极发掘农业新增长点，推进现代农业进一步释放潜力

建议积极挖掘农业新增长点，继续扶持一系列地方优势特色产业，抓好广州特色农业产业基地和现代化园区建设。加大特色农业产品生产建设、宣传推广等工作的扶持力度和投入力度。开发利用广州新的特色农业资源，增强全市农业产品的品种多样性，进一步发挥农业生产优势，推进现代农业进一步释放潜力。大力发展生态循环、可持续性的现代农业，重点支持广州特色设施种养业（花卉、观赏鱼等）、农产品加工业、农村服务业、观光休闲农业等现代农业。发挥龙头企业、合作经济组织等的辐射带动作用，推动种养散户协同发展。继续推进设施农业建设，增强农产品抗风险能力，改变农业"看天吃饭"的生产格局。

四　2015年农业生产情况预测

根据2014年我市农业生产发展趋势来看，若2015年不出现较大的自然灾害和重大疫情，预计2015年农林牧渔业增加值有1%左右的增长，大农

业生产保持平稳发展。

种植业方面，预计 2015 年种植业会稳中有升。随着水稻育优示范园、花卉和水果产业化基地、专业蔬菜村等一系列农业相关工程的建设，种植业总体形势向好。特别是我市花卉产业前景良好，发展潜力巨大，仍有一段提升空间，未来将成为我市种植业的新增长点。

林业方面，全市将继续实施"森林围城、森林进城"战略，加快推进"青山绿地、碧水蓝天"工程和"五个更"工程，预计 2015 年林业也将平稳发展。

畜牧业方面，预计 2015 年畜牧业总体形势仍会面临不小的挑战。对于家禽生产而言，广州家禽生鲜上市试点工作的开展对整个家禽养殖业造成一定的影响，这项工作的开展虽有效地阻断了禽流感的传播途径，使得家禽养殖场（户）避免了因外部疫情影响造成的大规模亏损。但另一方面家禽养殖场（户）因后市不明朗大多仍持观望态度，视市场反应再进行后期补栏操作，家禽的生产情况仍受政策实施效果以及走向所制。对于生猪生产而言，在"散小乱养猪场"整治行动过后，随着畜牧业的转型升级，规模养猪场将逐步投产使用，生猪养殖形势预计比 2014 年有所恢复。总体而言，2015 年畜牧业生产形势仍然有待观察，仍不宜持乐观的态度。

渔业方面，预计 2015 年仍将继续增长。一方面全市大力开展低产鱼塘改造、养殖池塘标准化改造和设施渔业建设；另一方面各地积极引进、试养优质品种，优化养殖品种结构，提高水产养殖收益。预计渔业的发展仍有一段增长的空间。

农林牧渔服务业方面，由于近年来各级政府不断加大"三农"投入，有效扶持农业生产，农林牧渔服务业得以快速发展，预计 2015 年能保持增长态势。其中农业机械服务、农业初加工、出售种子种苗以及观光休闲农业等都有望继续增长。

广州市北部山区农村居民收入和
消费情况分析与预测

卢志霞*

摘　要：　文章分析了 2014 年广州市北部山区农村居民收入和消费情况，对拓宽农村居民的增收渠道进行思考，提出促进广州市北部山区农村居民收入的对策及建议，并对 2015 年广州市北部山区农村居民收支情况进行预测。

关键词：　家庭收支　生活消费结构　城乡一体化发展

2014 年，广州市着力于加快推进城乡一体化进程、加大对北部山区的开发建设力度，积极拓宽农村居民的增收渠道，全面推进农村扶贫开发工作，使得北部山区农村居民收入继续保持快速增长，生活水平得到持续改善。但在经济环境整体下行影响下，要继续保持北部山区农村居民收入增长的趋势，还要努力拓展农民增收渠道，培育农民收入增长的新增长点。

一　总体情况

据全市北部山区 240 户农村住户抽样调查监测点调查统计，2014 年广州市北部山区农村居民人均纯收入为 13270.94 元，同比增长 12.6%，增幅

---

* 卢志霞，广州市统计局农村处。

比去年回落 0.8 个百分点，扣除价格因素实际增长 10.1%，比全市农村居民可支配收入的实际增速（7.7%）高出 2.4 个百分点。北部山区农村居民人均生活消费支出 9911.54 元，同比增长 12.2%；恩格尔系数为 43.24%，同比下降 2.22 个百分点。

二 北部山区农村居民收入持续增长，城乡差距缩窄

（一）连续三年超过全市农村居民人均纯收入增速

2014 年，广州山区农村居民人均纯收入比全省农村居民可支配收入高 1025.34 元，同比增速达到 12.6%，比全省农村居民可支配收入增速高 2.0 个百分点，同比增幅超过同期广州市经济增长速度 4.0 个百分点，连续三年超过全市农村居民人均纯收入增速，连续五年实现两位数增长，年平均增长率 14.5%（见图 1）。

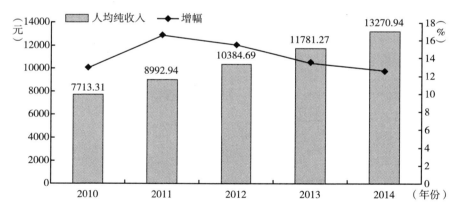

图 1　2010～2014 年广州市北部山区农村居民人均纯收入及增长变动情况

（二）城乡差距不断缩小

广州市城镇居民人均可支配收入与北部山区农村居民人均纯收入之比由 2013 年 3.35∶1 缩减至 2013 年 3.24∶1，广东省城镇居民人均可支配收入与

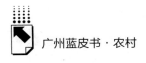

北部山区农村居民人均可纯收入之比由 2013 年 2.51∶1 缩减至 2014 年 2.42∶1，城乡差距不断缩小。

三　北部山区农村居民收入结构出现新特点

与 2013 年相比，2014 年广州市北部山区农村居民收入结构出现新的变化，主要表现为：在构成收入的四驾马车中，工资性收入和转移性收入的占比有所提升，对总体收入增长的贡献明显，而家庭经营纯收入的占比出现较为明显的下降。

（一）工资性收入保持平稳快速增长，主引擎作用明显

在我市提高最低工资收入标准、实施促进就业系列措施、第二、第三产业平稳发展等多种因素作用下，2014 年我市北部山区农村居民工资性收入保持较快增长，全年人均工资性收入为 9057.55 元，同比增长 13.2%，拉动北部山区农村居民人均纯收入增长 8.9 个百分点，对收入增长的贡献率为 70.7%，占纯收入的比重为 68.25%，较去年占比增加 0.31 个百分点。

（二）家庭经营性收入增速持续回落，对收入贡献减弱

2014 年，广州市北部山区农村居民全年人均家庭经营纯收入为 3150.33 元，同比增长 2.0%，占纯收入的比重下滑至 23.74%，同比减少 2.47 个百分点，对收入增长贡献率为 4.2%，同比减少 15.7 个百分点。2012~2014 年三年间人均家庭经营收入的增长率分别为 19.2%、9.9%、2.0%，增速持续下降。

（三）财产性收入较快增长，对收入贡献在低水平徘徊

2014 年，广州市北部山区农村居民全年人均财产性收入为 337.43 元，同比增长 34.5%，拉动人均纯收入增长 0.73 个百分点，对收入增长的贡献率为 5.8%，占人均纯收入的比重为 2.54%，近五年财产性收入占人均可支配收入的比重分别为 2.5%、2.2%、2.2%、2.1%、2.5%。

（四）转移性收入的拉动作用增强

2014 年，广州市北部山区农村居民全年人均转移性收入为 725.63 元，同比增长 65.7%，拉动人均纯收入增长 2.4 个百分点，较去年提高 1.4 个百分点，对收入增长的贡献率为 19.3%，占人均纯收入的比重为 5.47%。

四 北部山区农村居民生活质量稳步提升，改善型需求逐步增加

在收入稳步增长和城乡社会保障体系不断完善的良好趋势下，广州市北部山区农村居民消费能力逐步增强，生活质量不断提升。2014 年，广州市北部山区农村居民人均生活消费支出达到 9911.54 元，同比增长 12.2%。农村居民消费观念改变，消费质量和消费结构日趋合理、健康，八大类消费支出占比呈现"四升四降"（见表 1）。

表 1　2013～2014 年广州市北部山区农村居民人均生活消费支出构成

单位：元，%

类别	2014 年		2013 年		2014 年比 2013 年增长
	数额	比重	数额	比重	
生活消费支出	9911.54	100.00	8837.39	100.00	12.2
食品消费支出	4286.50	43.25	4018.47	45.47	6.7
衣着消费支出	482.74	4.87	438.48	4.96	10.1
居住消费支出	1679.67	16.95	1573.80	17.81	6.7
家庭设备.用品消费支出	683.88	6.90	514.99	5.83	32.8
交通和通信消费支出	1404.83	14.17	1163.04	13.16	20.8
文化教育.娱乐消费支出	626.85	6.32	458.35	5.19	36.8
医疗保健消费支出	539.07	5.44	465.08	5.26	15.9
其他商品和服务消费支出	208.02	2.10	205.19	2.32	1.4

（一）消费和收入增长同步

收入是决定支出的基础因素，随着广州市北部山区农村居民收入水平的

不断提高，消费水平也日益提高，由图2可以看出，二者在数量上的差异保持一个相对固定的比例。2009年广州市北部山区农村居民人均纯收入是6832.39元，2014年达到13270.94元，平均每年增长14.2%；2009年北部山区农村居民的人均消费支出是5648.63元，2014年达到9911.54元，平均每年增长11.9%。

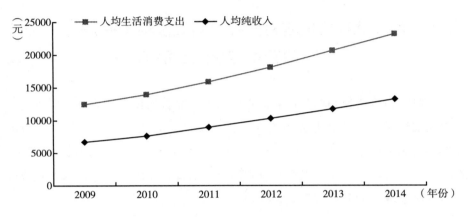

图2　2009～2014年广州市北部山区农村居民收支变化情况

（二）饮食质量得到改善，饮食结构更加多元

2014年，广州市北部山区农村居民人均食品烟酒消费支出同比增长6.7%。食品类同比增长10.3%，其中，粮食和蔬菜消费占食品消费的比重为27.49%，同比下降1.05个百分点，肉、禽、蛋、奶消费占食品消费的比重为39.47%，比上年增加2.16个百分点，水产品及制品消费占食品消费的比重为5.84%，同比增加1.61个百分点。可以看出，膳食结构继续向营养、健康型发展。

（三）服务性消费成为农村居民生活消费新的增长点

随着山区农村居民生活水平的不断提高，消费观念的逐渐转变，对各项服务性消费表现出较高的需求。2014年，广州市北部山区人均食品消费服务性支出 636.62 元，比上年增长 2.4%，人均医疗保健消费服务性支出 409.75 元，比上年增长 13.1%，人均通信服务消费服务性支出 460.12 元，比上年增长 23.0%，其他消费支出 116.19 元，比上年增长 68.3%。

（四）居住消费加快，居住条件不断改善

随着山区农村居民收入水平的提高，农户改善居住条件和生活环境的需求迅速增加，自 2013 年起，居住消费支出的比重已经超过交通和通信消费支出成为第二大消费支出项目。2014 年，广州市北部山区农村居民人均居住消费支出 1679.67 元，同比增长 6.73%。人均水电燃料及其他支出 735.34 元，比去年增加 196.49 元。人均期末拥有住房面积 33.95 平方米，比去年增加 1.5 平方米，同比增长 4.6%。

（五）信息产品广泛普及，交通和通信需求增强

随着交通和通信事业的迅速发展，农村居民的生活方式发生转变，导致居民用于改善交通工具方面的支出不断增加。2014 年，广州市北部山区农村居民人均交通通信消费支出同比增长 20.8%。其中，交通工具及服务支出同比增长 43.4%。同时随着移动电话迅速普及农村家庭，农村居民通信消费支出逐年提高，通信类支出同比增长 18.9%，其中通信工具和通信服务分别增长 4.0% 和 23.0%。

五 北部山区农村居民增收趋势分析

（一）工资性收入受内外因素制约，增长难度大

工资性收入是北部山区农村居民最大收入来源，但就目前而言由于宏观环境以及劳动力自身因素影响，收入增长难度较大。一是转型发展期经济增速放缓，产业结构调整，用工成本攀升，企业运营成本增加，生产经营压力增大，企业开展生产经营活动拉动就业岗位增加的难度加大。二是北部山区

农村劳动力整体素质不高，影响外出务工人员的收入水平和就业选择。从受教育程度来看，2014年广州市北部山区农村劳动力中，初中以下文化程度劳动力人数占全部劳动力人数的比重为70.86%，大专及以上文化程度劳动力人数占全部劳动力人数的比重为11.21%。从行业看，北部山区农村劳动力主要从事农林牧渔业、制造业、居民服务和其他服务业以及批发零售、住宿餐饮等劳动密集型行业。学历、就业层次、职业技能方面的不足极大制约了工资性收入的增长空间。

（二）家庭经营收入增长面临困境

家庭经营收入之所以表现出较为明显的下降趋势，主要是因为面临如下困境：一是第一产业增收后劲乏力。北部山区农村居民人均耕地少，传统农业占据主导地位，农业产业化程度低，优质、高效、生态、绿色农产品的比重偏小，粮食增产潜力不大，受自然条件影响较大，产业相对脆弱。2014年广州市北部山区农村居民第一产业纯收入占家庭经营收入比重为56.25%，同比下降10.66个百分点。第一产业在家庭经营收入中的主体地位正在逐渐削弱。二是生产经营成本高位运行，农产品价格遭遇"天花板"。2014年广州市北部山区人均家庭经营费用支出857.83元，同比增长14.5%，广东省农产品生产者价格增幅降低1.3个百分点，受"天花板"和"地板"的双重挤压，农村居民第一产业经营收入空间收窄。四是北部山区农村家庭经营第三产业虽然发展迅速，但纯收入增长不稳定，2010～2014年北部山区农户家庭经营第三产业纯收入增长率分别为23.2%、42.2%、-7.10%、25.2%、20.1%。第三产业仍是以家庭式的批发零售、交通运输、居民服务业为主，占比分别为46.72%、24.63%、16.69%，这些行业竞争力不强，增收能力有限。

（三）财产性收入与全市农村居民平均水平差距大，有较大提升空间

2014年，广州市北部山区农村居民人均财产性纯收入337.43元，全市农村居民人均财产性净收入1645.09元，两者绝对值差距较大。人均财产性

收入中，比重排在前三位的分别为集体红利收入 122.26 元，转让承包土地经营权收入 87.51 元，租金收入 65.52 元，三者之和所占比重为 81.58%。北部山区农村居民拥有财产的"生钱"功能尚未得到有效释放，农村金融基础落后和农民理财意识薄弱，财产性收入作为农民共享农村经济发展成果的重要渠道，来源的多样性仍显不足。目前，随着居民手中的存款不断增加，土地流转需求增大，空置住房增多，如何引导北部山区农民将手中的金融资产和固定资产增值是增加财产性收入的根本途径。

（四）转移性收入促进北部山区农村居民增收的空间有限

转移性收入较快增长主要源于政府保障覆盖面和政府保障水平的加大。一是广州市最低生活保障金从 2014 年 1 月 1 日起，番禺、萝岗、南沙区农村低保标准从每月 540 元提高到 600 元；白云区、花都区、从化区、增城区从每月 480 元提高到 560 元。二是广州市于 2011 年启动城乡社会养老保险改革，农村基本养老保险整体转换为城镇企业职工基本养老保险，离退休金养老金有较快增长。2014 年北部山区农村居民参加新型农村养老保险的人数比例较去年提高 9.3 个百分点，领取的"离退休金养老金、新型农村养老保险收入"人均达到 438 元，较上年增加了 376 元。随着基数的不断提高，政府保障在促进农民转移收入增长中的作用趋弱，期望通过大幅度增加转移性收入来提高农民收入的空间正在收窄。

六　促进山区农村居民收入增长的对策建议

虽然我市北部山区农村居民收入水平有了大幅提高，但是在经济增速放缓、产业结构转型、农业经营收入空间收窄的大趋势下，要确保收入水平稳步提升、探索刺激农村居民增收的新增长点任务仍然很艰巨。

（一）推进农业转型升级，大力发展现代农业

大力发展现代农业、特色农业、都市农业是农村居民增收的重要途

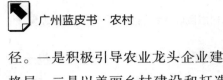

径。一是积极引导农业龙头企业建立产业基地联结农户的农业产业化发展格局；二是以美丽乡村建设和打造"名镇名村"、"一镇一品"为契机，积极打造增城小楼迟菜心、从化吕田芥菜等农产品品牌，提高农产品附加值和市场竞争力；三是加快专业合作社及中小企业发展，培育特色农业集群发展，提高农业规模效益。四是将农业与休闲旅游、岭南文化体验相融合，探索民宿经济、休闲农家乐等新型旅游概念，推进农村集体经济加快发展。

（二）盘活北部山区农村居民资产，拓宽财产增收渠道

提高农民在土地增值收益分配中的比例，是土地制度改革的既定方向。增加北部山区农民财产性收入就要抓住当前土地制度改革的机遇。一是加快农村房屋、土地承包经营确权步伐，充分释放农村土地的承包权、宅基地使用权等财产属性；二是完善农村土地流转制度，完善流转交易市场、价格评估机构、流转程序，鼓励土地承包经营权在市场上向专业大户、农村合作社、农业企业流转等；三是推进农村金融市场发展，解决农户贷款难问题，培养农村居民充分利用手中资产进行投资和理财的意识。

（三）改善农民就业环境，增加务工收入

一是继续推进广州市城乡一体化进程，特别是推进农村基础设施、公共服务等方面一体化进程，以城乡一体化带动北部山区农民收入水平的提高。二是充分利用北部山区生态资源，发展农产品展览业、物流配送等农业服务业，为北部山区农村居民提供更多创业和本地就业的机会。三是加强对外出务工农民培训。根据产业转型升级需求、务工需求等，制定农民工转移培训计划，做到培训内容与转移岗位对接，做到培训和劳务市场紧密结合，切实提高农民工技能水平和就业能力。四是营造农民工和城镇居民平等就业氛围，彻底打破歧视农民工的屏障，促进农民积极有序地参与城市建设用工竞争，给农民工更加广阔的生存空间，创造出更多增收机会。

（四）关注低收入群体，加大社会保障投入力度

农村居民内部收入差距影响北部山区农村居民的全面增收，关注低收入群体，继续完善社会保障体系对于缩小北部山区农村居民内部收入差距意义重大。一是继续上调农村低保、新农保养老金标准，进一步完善农村新型合作医疗制度，逐步提高低收入农民的医疗费用报销比例。二是加大扶贫开发的深度，建立精准扶贫机制，对有劳动能力和无劳动能力贫困户分别实施"造血型"和"输血型"帮扶措施，对症下药。

七　2015年广州市北部山区农村居民收支情况预测

受宏观经济下行压力的影响，2015年广州市北部山区农村居民人均纯收入增幅较去年有所下降，预计增长10%；广州市2015年企业职工最低工资标准将普涨19%，北部山区农村居民人均工资性收入预计将随之增长14%，经营性净收入则受生产资料价格和农产品生产价格影响，增幅继续缩减至1.5%；随着扶贫力度的加大、新农合新农保的覆盖、农村居民土地及其他资产"生钱"功能的继续释放，北部山区农村居民财产性净收入和转移性收入呈现较快增长；预计2015年广州市北部山区农村居民人均生活消费支出增长9%，恩格尔系数为42.2%，较去年有所下降。

B.17
广州市贫困地区农民收支
情况分析与预测

卢志霞[*]

摘　要：　文章介绍了广州市贫困地区农民收入现状的总体情况，对阻碍贫困地区农民增收的制约因素进行分析，提出促进广州市贫困地区农民收入的对策及建议，并对 2015 年广州市贫困地区农民家庭收支情况进行预测。

关键词：　贫困地区农民　家庭收支　生活消费结构

自 2013 年新一轮农村扶贫开发工作开展以来，广州市以大幅增加贫困户收入、增强村集体经济实力、加快脱贫奔康步伐为主要任务，着力激活相对贫困地区发展动力，大力提高扶贫对象自我发展能力，多渠道转移农村剩余劳动力，有效地促进了贫困地区农民收入的整体水平的提高。为了解和监测我市农村贫困状况和贫困缓解趋势，我局和市扶贫办联合建立了全市农村贫困地区扶贫开发贫困监测体系，对全市 430 条纳入新一轮扶贫开发工作的贫困帮扶村[①]（下称贫困地区）按随机抽取原则抽取 45 条村，每村抽取 10 户，全市共抽取 450 户具有本地户籍的农村居民家庭（包含贫困户和非贫

---

* 卢志霞，广州市统计局农村处。

① 贫困村：据市扶贫办资料，将全市 2012 年村集体年收入低于 20 万元的行政村共计 430 条村纳入新一轮扶贫开发工作的贫困帮扶村，其中增城 205 条、从化 207 条、南沙 9 条、萝岗 6 条、白云 2 条、花都 1 条。

困户①）进行家庭收支抽样调查。本文主要利用 2014 年贫困监测抽样调查数据从贫困地区农民收入和支出角度探讨在广州经济和社会进入新常态阶段如何进一步提高贫困地区农民收入能力，实现广州全面建成小康社会的目标。

一 贫困地区农民收入现状

（一）总体情况

据全市 450 户贫困地区农村居民家庭贫困监测抽样调查统计，2014 年广州市贫困地区农村居民人均可支配收入 11087.27 元，低于全市农村居民平均水平 6575.53 元，是全市农村居民平均水平的 62.77%。从区来看，拥有贫困村最多的增城和从化两市贫困地区农村居民人均可支配收入分别为 11894.38 元和 9771.39 元。

（二）收入结构情况

1. 工资性收入是带动贫困地区农民人均可支配收入增长的主要驱动因素

在城乡一体化进程的推进过程中，贫困地区农村劳动力逐渐向城镇及第二、第三产业转移，工资性收入是带动贫困地区农民收入增长的主要驱动因素。2014 年我市贫困地区农村居民人均工资性收入 6952.15 元，在人均可支配收入中比重最高，占比 62.70%。与全市农村居民平均水平相对比，从降低程度来看，工资性收入和财产净收入降低比率较高，分别为 44.5% 和 81.8%，但因财产净收入金额较低，只占贫困地区人均可支配收入的 2.71%（见表 1），因此工资性收入对我市贫困地区农民收入贡献最大。在劳动力市场，由于农村居民知识水平相对较低、专业技能较少，大多从事劳

---

① 贫困户：贫困户指低保户和低收入户（不含五保户），由镇村根据农户家庭贫困标准提出申请，经各级民政部门审定后批准确定。非贫困户：贫困村中不符合低保和低收入户条件的农村常住户。

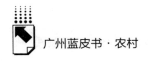

动密集型岗位，工资增长受到较大制约，农村居民持续较快增收的基础不够
稳固。

表1   2014 年广州市农村居民人均可支配收入来源

单位：元，%

类　　别	贫困地区	比重	全市平均	比重	与全市农村居民平均水平差距	下降比率
工资性收入	6952.15	62.70	12530.94	70.95	-5578.79	-44.5
经营净收入	1748.50	15.77	2657.39	15.05	-908.89	-34.2
财产净收入	300.10	2.71	1645.09	9.31	-1344.99	-81.8
转移净收入	2086.52	18.82	829.38	4.69	1257.14	151.6

2. 转移净收入高于全市农村居民平均水平，政府和社会的救济和补助是转移净收入的最主要组成部分

随着广州市对贫困地区财政投入的增加、政府惠农政策力度的加大以及最低生活保障、养老保障等各项公共服务水平的改善，转移净收入成为贫困地区农民的第二大收入来源。2014 年，我市贫困地区全年人均转移性收入2086.52 元，高于全市农村居民平均水平 1257.14 元，占人均可支配收入比重为 18.82%，比全市农村居民平均水平的 4.69% 高出 14.13 个百分点，其中，社会救济及补助在转移性净收入中比重最高。2014 年我市贫困地区人均社会救济及补助收入 1767.67 元，占转移性净收入的比重为 84.71%。随着扶贫工作的持续推进，通过大幅度增加转移性收入来提高贫困地区农民收入的空间逐渐收窄，转移性收入对于农民增收的后劲略显不足。

3. 贫困地区农民经营净收入主要来自于第一产业，农业收入所占比重最大

我市贫困地区农民主要从事农业生产，第一产业经营净收入在农民家庭经营净收入中占比最高，而农业收入又是第一产业经营净收入中最主要组成部分。2014 年贫困地区农民人均家庭经营净收入 1748.50 元，其中第一产业经营净收入 1075.28，占比 61.50%；第二产业经营净收入 199.84 元，占比 11.43%；第三产业经营净收入 473.38 元，占比 27.07%。第一产业经营净收入中农业收入 795.74 元，占比 74.00%，林业收入 156.06 元，占比 14.51%，牧业和渔业收入为 123.48 元，占比 11.48%。贫困地区主要"靠天吃饭"，产业结构相对单一，第一产业农产品附加值较低，市场议价能力较弱，受原材料、运费等成本变动以及国内需求波动冲击较大，农民增收难度较大。

4. 财产净收入比重偏低，远低于全市农村居民平均水平

2014 年广州市贫困地区人均财产净收入仅 300.10 元，占人均可支配收入的比重为 2.71%，与全市农村居民平均水平相差 1344.99 元，对贫困地区农民收入的贡献水平较低。贫困地区农民拥有财产释放的"生钱"功能十分有限，各项财产性收入人均均不超百元，其中，集体红利收入人均 46.86 元，转让承包土地经营权收入人均 28.22 元，利息收入人均 60.35 元，租金收入 77.59 元，其他财产性收入 87.07 元。

（三）贫困地区内部农民收入差距明显，贫困户收入结构有待优化

贫困户收入是贫困地区农民收入的"短板"，只有有效提高贫困户农民收入，才能实现贫困地区农民收入的全面增长。2014 年，广州市贫困地区内部贫困户和非贫困户农民收入差距较大，贫困户人均可支配收入 8048.24 元，非贫困户人均可支配收入 14579.42 元，两者绝对值差距为 6531.18 元，人均可支配收入比为 1∶1.81。

从收入结构来看（见图 1），贫困户人均可支配收入中，转移净收入和工资性收入占比最高，总占比 88.67%，非贫困户则以工资性收入和经营净收入占比最高，总占比为 94.74%。其中，贫困户工资性收入 3483.61 元，占人均可支配收入比重 43.28%，比非贫困户低 31.82 个百分点。转移净收入 3652.75 元，占人均可支配收入比重 45.39%，比非贫困户高 43.46%。经营净收入 773.64 元，占人均可支配收入比重 9.61%，比非贫困户低 10.02 个百分点。财产净收入 138.24 元，占人均可支配收入比重 1.72%，

比非贫困户低1.61个百分点。非贫困户主动性收入①占比高于贫困户水平，而贫困户被动性收入占比高于非贫困户水平。贫困户收入结构有待进一步优化。

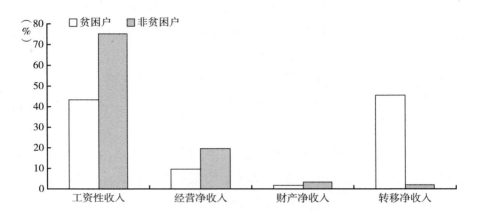

图1　2014年广州市贫困地区贫困户和非贫困户收入情况

二　贫困地区农民支出情况

2014年，广州市贫困地区农村居民人均生活消费支出9570.35元，与全市农村居民平均水平相差3297.44元，是全市农村居民平均水平的74.37%，恩格尔系数为47.06%，高出全市农村居民平均水平4.17个百分点。

（一）贫困地区食品、居住、医疗等刚性消费需求仍然占主导地位

从广州市贫困地区农村居民消费结构来看（见图2），食品烟酒支出3990.22元，占生活消费支出的比重为41.69%，衣着支出327.72元，占比

---

①　主动收入也称为劳动收入，是指通过劳动获得的各种报酬，对于农村居民而言主要包括工资性收入和经营净收入。被动收入是指非劳动获得的收入，与资本增长、负扣税机制等因素有关，对于农村居民而言主要包括财产净收入和转移净收入。

3.42%，居住支出 1923.63 元，占比 20.10%，生活用品及服务支出 436.25 元，占比 4.56%，交通通信支出 1050.50 元，占比 10.98%，教育文化娱乐支出 953.48 元，占比 9.96%，医疗保健支出 792.02 元，占比 8.28%，其他商品和服务支出 96.52 元，占比 1.01%。

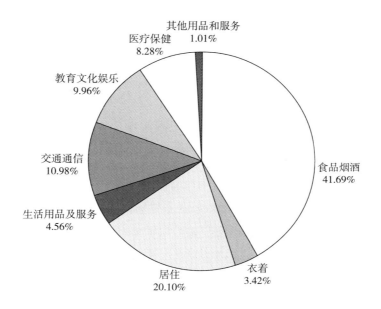

图2　2014 年广州市贫困地区农村居民生活消费支出构成

与全市农村居民平均水平比较（见表2），生活消费支出中，食品烟酒支出比全市低 1529.21 元，降低 27.7%；衣着支出比全市低 288.17 元，降低 46.8%；居住支出比全市高 91.43 元，增加 5.0%；生活用品及服务支出比全市低 320.02 元，降低 42.3%，交通通信支出比全市低 474.67 元，降低 31.1%；教育文化娱乐支出比全市低 474.67 元，降低 31.7%，医疗保健支出比全市低 26.86 元，降低 3.3%，其他商品和服务支出比全市低 306.98 元，降低 76.1%。贫困地区农村居民食品、居住、医疗等刚性消费需求在生活消费支出中占有绝对大的比重，表明贫困地区农村居民在生活消费中压缩衣着、生活用品及服务、交通通信、教育文化娱乐、其他商品和服务支出等方面消费以负担基本生活消费，生活压力较大。

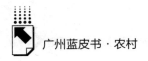

表 2　2014 年贫困地区农民居民消费与全市农村居民消费比较

单位：元，%

项目	贫困地区农民	全市农民	贫困地区与全市差距	下降比率
食品烟酒	3990.22	5519.43	−1529.21	−27.7
衣着	327.72	615.89	−288.17	−46.8
居住	1923.63	1832.20	91.43	5.0
生活用品及服务	436.25	756.27	−320.02	−42.3
交通通信	1050.50	1525.17	−474.67	−31.1
教育文化娱乐	953.48	1396.44	−442.96	−31.7
医疗保健	792.02	818.88	−26.86	−3.3
其他商品及服务	96.52	403.50	−306.98	−76.1

（二）贫困地区平均消费倾向①高于全市农村居民平均水平

2014 年我市贫困地区农村居民平均消费倾向为 86.32%，全市农村居民平均消费倾向为 72.85%，虽然贫困地区农村居民人均收入绝对低于全市农村居民平均水平，但平均消费倾向却相对高于全市农村居民平均水平。另外食品、居住、医疗三大刚性需求占消费支出主导地位，表明贫困地区农村居民人均可支配收入用于支付食品、居住、医疗等刚性支出外，手中的余钱无几，贫困地区农村居民生活质量亟待提高。

三　阻碍贫困地区农民增收的制约因素分析

监测调查显示，广州市贫困地区农民与全市农民收入水平以及贫困地区内部农户之间收入水平存在较大差距，贫困地区农民进一步增收的难度较大。制约贫困地区农民增收的因素主要体现在以下几方面。

（一）宏观环境因素

1. 经济"下行"压力

受经济增速放缓，产业结构升级，压缩过剩产能，淘汰落后产业等方面

---

① 平均消费倾向 = 生活消费支出/人均可支配收入。

影响，一方面，用工成本攀升，企业运营成本增加，生产经营压力增大，企业开展生产经营活动拉动就业岗位增加的难度加大。另一方面产业结构调整，就业难度增大。经济进入到新常态阶段后，伴随着经济结构的调整，劳动就业市场结构必然进行相应调整，农民工工资水平继续快速增长的空间有限。

2. 农业生产资料及农产品生产价格变化

据价格调查数据显示（见图3），2010～2014年广东省生产资料价格指数分别为101.7%、109.6%、104.0%、99.7%、99.9%；农产品生产者价格指数分别为107.9%、112.4%、103.4%、103.5%、102.2%，从曲线总体走势判断，两条曲线贴合较为紧密，2012年以前，农产品生产者价格与农业生产资料价格之间的差距逐渐缩窄，至2013年二者之间的差距有短暂的拉大趋势后，2014年差距又从重新开始逐渐缩窄，近年来受农产品生产者价格和农业生产资料价格的双重挤压，农民农业经营利润空间不大，农民收入受到影响。

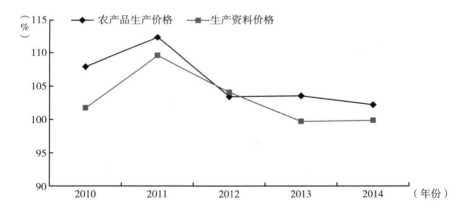

图3 2010～2014年广州市农产品生产价格和农业生产资料价格指数走势

（二）微观环境因素

1. 农业生产条件差，投入产出率低

农业生产很大程度上仍然处于靠天吃饭的状态，农业生产旱涝保收不稳定。人均耕地有限，农业技术应用水平低，受小农意识和土地流转程度较低

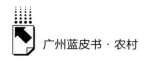

影响，生产经营较落后，收入存在较大不稳定性。

2014 年，贫困地区平均每户家庭经营收入、家庭经营支出分别为 4159元、1822 元，分别为全市农村居民平均水平的 41.22% 和 57.42%，家庭经营投入产出比为 1∶2.28，明显低于全市农村居民平均水平的 1∶3.18。人均年初经营耕地面积 0.36 亩，比全市农村居民平均水平低 0.12 亩，机耕面积占耕地面积比重 16.63%，机收面积占播种面积的比重 11.25%，分别比全市农村居民平均水平低 21.81 个百分点和 15.64 个百分点。

2. 贫困地区金融服务基础薄弱

贫困地区贷款难成为经济发展和农民增收的"瓶颈"，农户发展生产的资金需求难以得到满足，制约了农民产出和收入的增长。我市农村居民主要通过私人借贷方式融资，很少通过银行信用社贷款。监测调查显示，2014年贫困地区期末农业生产性固定资产投资来自银行、信用社贷款人均仅为115 元，而人均个人借款筹资高达 678 元。

（三）人力资源因素

1. 劳动力文化素质低下

文化素质偏低已成为贫困地区农民增收掣肘，农民文化整体素质较低，一方面造成农民难以有效接受新信息、新技术、新方法，缺乏市场竞争意识，缺乏应用新品种、新技术和开拓市场的能力；另一方面，文化素质偏低直接影响了外出务工人员的就业选择和工资性收入水平。

2014 年，广州市贫困地区被监测的 450 户农户实有劳动力 878 人，从年龄结构来看（见表3），41～60 岁劳动力所占比重为 49.32%，60 岁以上劳动力占 4.78%，20～40 岁劳动力占 41.46%，16～19 岁劳动力占 4.44%，贫困地区农村劳动力整体年龄结构偏大，中年劳动力是主力军。从受教育程度来看（见表4），广州市贫困地区劳动力文化程度以初中以下为主，其中文盲占比 2.28%，小学文化程度的劳动力占比 12.98%，初中文化程度占比58.43%，高中文化程度占比 18.68%，大专文化程度以上占 7.63%。从从事主要行业来看，我市贫困地区农村居民从业人员主要分布在农林牧渔业

（39.87%）、制造业（14.00%）、居民服务和其他服务业（14.38%）以及批发零售、住宿餐饮（12.13%）等劳动密集型行业。

表3　2014年广州市贫困监测农户劳动力年龄结构

单位：人，%

年龄区间	人数	占比	年龄区间	人数	占比
总数	878	100.0	35～40岁	93	10.59
16～19岁	39	4.44	41～50岁	239	27.22
20～24岁	119	13.55	51～60岁	194	22.11
25～29岁	83	9.45	61～65岁	28	3.19
30～34岁	69	7.86	66岁及以上	14	1.59

表4　2014年广州市贫困监测农户受教育程度

单位：人，%

受教育程度	人数	占比	受教育程度	人数	占比
总数	878	100	高中	164	18.68
文盲	20	2.28	大学专科	49	5.58
小学	114	12.98	大学本科	17	1.94
初中	513	58.43	研究生	1	0.11

2. 人口负担重，人口老龄化问题突出

2014年贫困监测抽样调查显示，贫困户平均每户整劳动力为1.2人，人口负担系数为3.12，比非贫困户高1.73。贫困户15岁以下和60岁以上的人口比重为32.48%，比非贫困户高14.12个百分点。贫困户老人负担系数比非贫困户高21.24个百分点。有8.97%贫困户属于纯老人户，20%贫困户属于无劳动力户。劳动力不足，人口老龄化等问题直接影响贫困地区农民收入的持续提高，同时也带来空巢老人、留守儿童等各种社会问题。

（四）贫困户自身因素：贫困地区农民过度依赖物质扶贫

一方面，由于历史和自然原因，贫困地区农民无法通过自身努力提高收入水平，容易产生"等要靠"思想，自己本身没有脱贫愿望，只是被动等

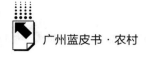
待政府和社会力量的救济；另一方面，长期现金与实物的物质扶贫，造成贫困村对外界过分依赖，"造血功能"的技术扶贫还没有占主导地位，未能形成产业扶贫的长效扶贫形式。

四 对策建议

从现在起，离全面建成小康社会还有5年，离广州市新一轮扶贫目标完成时间还有2年。在经济发展进入新常态，扶贫形势进入新阶段的情况下，既要依靠贫困地区农民自身的力量，又要强调政府扶持和引导的作用，采取综合有效措施，促进贫困地区农民收入的持续增长。

（一）提高贫困地区的劳务输出质量

劳动力是贫困地区的基本资源，也是提高贫困地区农民收入的内生动力。因此改善农村劳动力外出就业的环境，多方面为本地农民提供就业机会，提升农村居民工资性收入显得尤为关键。一是通过有计划地组织劳动力转移，搞好供需衔接，加强就业指导，从而提高他们获取较高报酬的机会，增强自我发展能力；二是进一步拓展农村第二、第三产业就业空间，加大对农民的适用技术培训，降低贫困地区农民对土地的依附程度，让更多农民在第二、第三产业找到就业机会；三是制定出台优惠政策，加强对贫困户劳动力的技术培训。根据务工需求、产业方向等，制定劳动力转移培训计划，做到培训内容与转移岗位对接，做到培训和劳务市场紧密结合，全面提高农民工劳动技能和素质，力争贫困地区农民技术型劳动力转移比重逐步提高。

（二）不断完善扶贫资金投入机制

当前，贫困地区农户的资金短缺现象十分严重，农户贷款难和农行、信用社放贷难的问题同时并存。应积极探索新形势下用好扶贫信贷资金的新途径，提高小额贷款的起点，减少贷款的手续，充分发挥其在贫困农民脱贫致富中的关键作用。

（三）推进农业产业化，巩固农民脱贫致富的产业基础

农业产业化是带动贫困农民调整农业产业结构、增加农民收入的有效途径。农业产业化能够延伸农业产业链，提升农产品附加值，提高农民从事农业生产的积极性，保持农业的可持续发展。在政策、项目、资金、财税、金融、土地、人才等方面着力建设一批规模大、标准化、品牌化、科技水平高、经营能力强、资金实力强、地方特色优势产业、能真正带动贫困农户发展规模种养业的扶贫龙头企业，形成龙头企业建立产业基地、产业基地联结贫困农户的农业产业化发展格局，带动贫困县农民脱贫致富。

（四）加快发展县域经济，培育脱贫致富发展环境

一是积极推进传统农业向现代农业转型。以美丽乡村建设和打造名镇名村为契机，创立更多附加值高、市场竞争力强的农产品品牌；二是加快专业合作社和中小企业发展，带动特色农业集群发展，提高农业规模效益；三是结合村庄特色错位发展生态旅游业，开发农村休闲游、农业体验游等旅游经济，探索扶贫开发和生态建设协调发展的新模式。

（五）拓宽财产增收渠道、提升财产性收入

增加贫困地区农民财产性收入在土地制度改革的当下面临更好的机遇。随着土地流转、征地制度改革、集体经营性建设用地入市，以及集体经营性资产股份合作制改革，农民的财产性收入有很大的增幅空间。加快农村房屋、土地承包经营确权步伐，提升房屋、土地财产权益，逐步建立与经济水平波动相协调的土地租金机制。

（六）建立有针对性的精准扶贫机制，提高扶贫效率

通过扶贫驻村干部精确掌握贫困户的人数、构成、特点及致贫原因，有的放矢，有针对性地开展扶贫，确保真正困难的农户得到帮扶。对于具有劳动能力的贫困户，通过技术培训、产业支持、发展资金扶助、增加就业机会

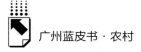

等方式，增强其"造血"功能。对于无劳动能力的贫困户，则根据当前的经济发展水平和物价水平，适当提高现有的农村低保标准，进一步完善农村新型合作医疗制度，逐步调整低收入农民的医疗费用的报销比例，真正提高低收入农村居民的受益程度，减少因病致贫的现象发生，完善兜底性"输血"功能。

（七）多方参与，形成合力

面对数量众多的贫困群体，光靠政府的力量是不够的，要在政府担任扶贫主体的前提下，通过优惠政策、激励机制和广泛宣传，动员社会界广泛参与到扶贫开发中，贫困地区农村居民也要充分发挥主动性和创造性，最终形成扶贫开发的强大合力，共同实现贫困地区农民增收和建设全面小康社会的目标。

五　2015年广州市贫困地区农民家庭收支情况预测

2015 年，广州市委、市政府将继续加大对贫困地区的财政投入和帮扶力度，预计 2015 年广州市贫困地区农民家庭人均可支配收入达到 12196 元，同比增长 10%，其中贫困户农民家庭人均可支配收入达到 9014 元，同比增长 12%；随着贫困地区农村居民收入的增长，预计 2015 年广州市贫困地区农民人均家庭消费支出 11928 元，同比增长 9%。

附 录

Appendix

B.18

1978年以来主要年份广州市农村基本情况统计图表

指 标	计量单位	1978 年	1980 年	1990 年	2000 年	2010 年	2013 年	2014 年
农村常住户数	户	548539	687274	990115	865440	1400022	1472407	1510590
农村常住人口	人	2433004	3145755	3753108	3117788	4959184	5122171	5244323
农村从业人员	人	1245517	1210423	1460531	1639875	3105903	3192836	3272547

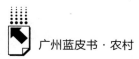

续表

指　标	计量单位	1978 年	1980 年	1990 年	2000 年	2010 年	2013 年	2014 年
农林牧渔业从业人员	人	1165987	1106432	940090	898786	767508	680042	660284
农业机械总动力	万瓦	56891	65716	174421	246999	217617	195599	199587
年末常用耕地面积	公顷	185735	184327	164635	118460	100647	98148	96398
年末水产品养殖面积	公顷	7793	8649	14391	30787	28800	28315	28364
农林牧渔业总产值	万元	79940	89465	439322	1630468	3221258	3899763	3983015
农林牧渔业增加值	万元	50287	62438	257288	943719	1885645	2284630	2360057
农林牧渔业商品产值率	%	57	58	74.05	85.81	90.48	91.92	91.79
粮食播种面积	公顷	309524	277462	226443.13	153019	89801	89749	89738
粮食产量	吨	1110649	1245835	1195293	881069	430438	435548	443145
花生播种面积	公顷	21881	25008	15324.47	10123	6915	7071	7066
花生产量	吨	33085	43002	38812	25625	17974	18914	19016
甘蔗播种面积	公顷	17484	16286	18269.33	804	5235	6685	6755
甘蔗产量	吨	1343382	1409417	2026304	76035	575997	789839	801621
蔬菜播种面积	公顷	36896	37691	71843	129647	138918	140036	144453
蔬菜产量	吨	556839	474530	1263415	3064896	3259936	3433166	3572476
水果产量	吨	51742	67931	308886	329650	399179	410555	456626
生猪产量	头	865210	939324	1215131	1914392	2338382	2320137	1513530
家禽产量	万只	—	—	434375	15027	11368	10569	10654

续表

指　标	计量单位	1978 年	1980 年	1990 年	2000 年	2010 年	2013 年	2014 年
肉类总产量	吨	50545	55666	144391	327702	323584	313235	254739
牛奶产量	吨	10691	10593	30043	41487	61530	59137	59227
禽蛋产量	吨	—	—	21260	29526	26591	22547	24602
水产品总产量	吨	31629	31761	87172	325191	441435	476825	478464
农村居民人均全年纯收入（旧口径）	元	250	323	1539	6086	12676.00	18887	—
农村常住居民人均全年可支配收入（新口径）	元	—	—	—	—	—	16013	17663
农村居民人均全年生活消费支出	元	222	259	1219	4453	8987	11688	12868
农村居民恩格尔系数	%	67.13	54.68	49.05	38.21	45.91	44.21	42.89
农村居民人均年末居住面积	平方米	6.84	10.43	24.36	30.6	43.67	45.32	49.87
城镇居民人均全年可支配收入（旧口径）	元	442	606	2749	13967	30658	42049	—
城镇常住居民人均全年可支配收入（新口径）	元	—	—	—	—	—	39444	42955
城乡居民收入比（以农村居民收入为1）	—	1.77	1.88	1.79	2.29	2.42	2.23	—
城乡常住居民收入比（以农村居民收入为1）	—	—	—	—	—	—	2.46	2.43

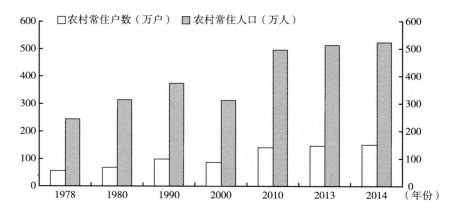

图1 广州市农村户数与人口

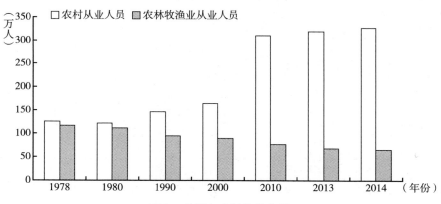

图2 广州市农村从业人员

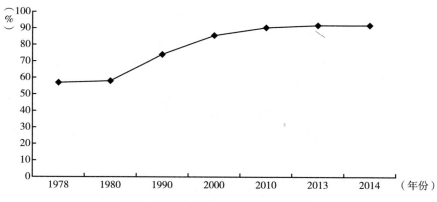

图3 广州市农林牧渔业商品产值率

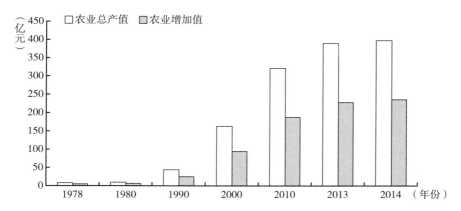

图4 广州市农业总产值与增加值

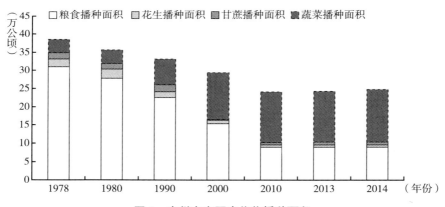

图5 广州市主要农作物播种面积

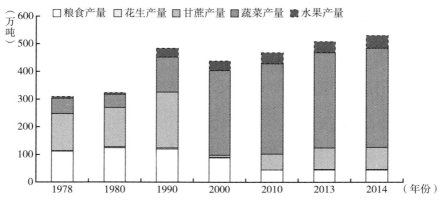

图6 广州市主要农作物产量

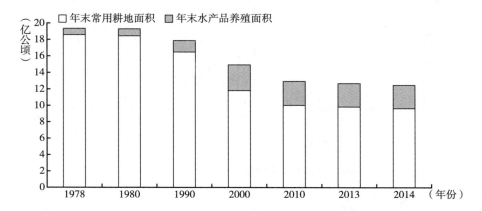

图7 广州市耕地及水产养殖面积

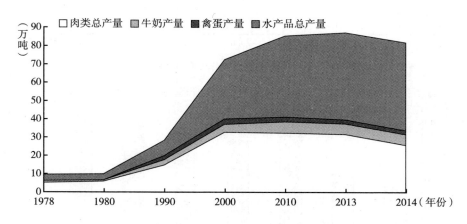

图8 广州市牛奶、畜禽和水产品产量

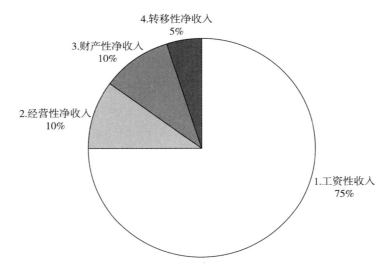

图9　2014年广州市农村常住居民可支配收入结构

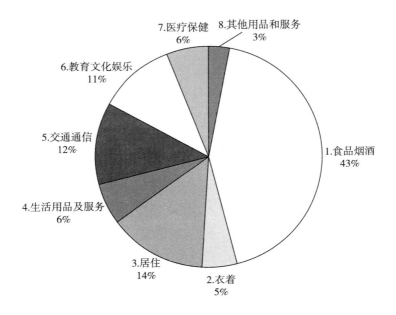

图10　2014年广州市农村常住居民生活消费支出结构

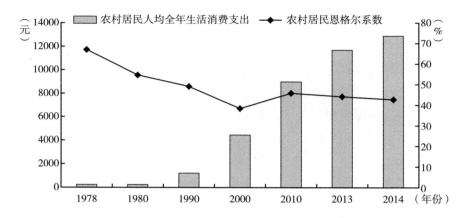

图11　广州市农村居民生活消费支出及恩格尔系数

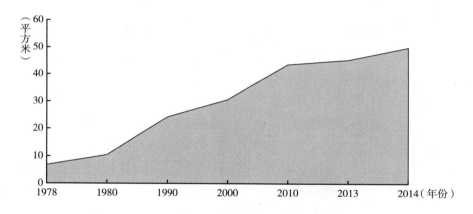

图12　广州市农村居民人均居住面积

❖　皮书起源　❖

"皮书"起源于十七、十八世纪的英国，主要指官方或社会组织正式发表的重要文件或报告，多以"白皮书"命名。在中国，"皮书"这一概念被社会广泛接受，并被成功运作、发展成为一种全新的出版型态，则源于中国社会科学院社会科学文献出版社。

❖　皮书定义　❖

皮书是对中国与世界发展状况和热点问题进行年度监测，以专业的角度、专家的视野和实证研究方法，针对某一领域或区域现状与发展态势展开分析和预测，具备权威性、前沿性、原创性、实证性、时效性等特点的连续性公开出版物，由一系列权威研究报告组成。皮书系列是社会科学文献出版社编辑出版的蓝皮书、绿皮书、黄皮书等的统称。

❖　皮书作者　❖

皮书系列的作者以中国社会科学院、著名高校、地方社会科学院的研究人员为主，多为国内一流研究机构的权威专家学者，他们的看法和观点代表了学界对中国与世界的现实和未来最高水平的解读与分析。

❖　皮书荣誉　❖

皮书系列已成为社会科学文献出版社的著名图书品牌和中国社会科学院的知名学术品牌。2011 年，皮书系列正式列入"十二五"国家重点图书出版规划项目；2012~2014 年，重点皮书列入中国社会科学院承担的国家哲学社会科学创新工程项目；2015 年，41 种院外皮书使用"中国社会科学院创新工程学术出版项目"标识。

法 律 声 明

    "皮书系列"（含蓝皮书、绿皮书、黄皮书）之品牌由社会科学文献出版社最早使用并持续至今，现已被中国图书市场所熟知。"皮书系列"的 LOGO（⚏）与"经济蓝皮书""社会蓝皮书"均已在中华人民共和国国家工商行政管理总局商标局登记注册。"皮书系列"图书的注册商标专用权及封面设计、版式设计的著作权均为社会科学文献出版社所有。未经社会科学文献出版社书面授权许可，任何使用与"皮书系列"图书注册商标、封面设计、版式设计相同或者近似的文字、图形或其组合的行为均系侵权行为。

    经作者授权，本书的专有出版权及信息网络传播权为社会科学文献出版社享有。未经社会科学文献出版社书面授权许可，任何就本书内容的复制、发行或以数字形式进行网络传播的行为均系侵权行为。

    社会科学文献出版社将通过法律途径追究上述侵权行为的法律责任，维护自身合法权益。

    欢迎社会各界人士对侵犯社会科学文献出版社上述权利的侵权行为进行举报。电话：010 - 59367121，电子邮箱：fawubu@ssap.cn。

社会科学文献出版社

S 子库介绍
ub-Database Introduction

中国经济发展数据库

涵盖宏观经济、农业经济、工业经济、产业经济、财政金融、交通旅游、商业贸易、劳动经济、企业经济、房地产经济、城市经济、区域经济等领域，为用户实时了解经济运行态势、把握经济发展规律、洞察经济形势、做出经济决策提供参考和依据。

中国社会发展数据库

全面整合国内外有关中国社会发展的统计数据、深度分析报告、专家解读和热点资讯构建而成的专业学术数据库。涉及宗教、社会、人口、政治、外交、法律、文化、教育、体育、文学艺术、医药卫生、资源环境等多个领域。

中国行业发展数据库

以中国国民经济行业分类为依据，跟踪分析国民经济各行业市场运行状况和政策导向，提供行业发展最前沿的资讯，为用户投资、从业及各种经济决策提供理论基础和实践指导。内容涵盖农业，能源与矿产业，交通运输业，制造业，金融业，房地产业，租赁和商务服务业，科学研究环境和公共设施管理，居民服务业，教育，卫生和社会保障，文化、体育和娱乐业等 100 余个行业。

中国区域发展数据库

以特定区域内的经济、社会、文化、法治、资源环境等领域的现状与发展情况进行分析和预测。涵盖中部、西部、东北、西北等地区，长三角、珠三角、黄三角、京津冀、环渤海、合肥经济圈、长株潭城市群、关中一天水经济区、海峡经济区等区域经济体和城市圈，北京、上海、浙江、河南、陕西等 34 个省份及中国台湾地区。

中国文化传媒数据库

包括文化事业、文化产业、宗教、群众文化、图书馆事业、博物馆事业、档案事业、语言文字、文学、历史地理、新闻传播、广播电视、出版事业、艺术、电影、娱乐等多个子库。

世界经济与国际政治数据库

以皮书系列中涉及世界经济与国际政治的研究成果为基础，全面整合国内外有关世界经济与国际政治的统计数据、深度分析报告、专家解读和热点资讯构建而成的专业学术数据库。包括世界经济、世界政治、世界文化、国际社会、国际关系、国际组织、区域发展、国别发展等多个子库。